즐거운 모금
행복한 기부

모금과 기부의 패러다임 전환 : 거래에서 변화로

나남
nanam

옮긴이_ 송철복

경희대 영문과를 졸업한 뒤 〈경향신문〉에서 홍콩특파원 · 북경특파원으로 근무했으며,
공정거래위원회 외신대변인과 금융위원회 정책홍보팀장을 지냈다. 〈이데일리〉 논설위
원을 거쳐 현재 (주) 일요서울신문사 수석편집위원으로 활동하고 있다. 저서로 《이것이
국제감각이다》, 역서로 《세계화와 그 불만》, 《모두에게 공정한 무역》, 《24억 기업가
들이 온다》, 《엘니뇨의 비밀》, 《직업의 지리학》 등이 있다.

아름다운재단 기부문화총서 9

즐거운 모금, 행복한 기부
모금과 기부의 패러다임 전환 : 거래에서 변화로

2015년 12월 20일 발행
2015년 12월 20일 1쇄

지은이 • 제니퍼 맥크리어 · 제프리 C. 워커 · 칼 웨버
옮긴이 • 송철복
발행자 • 趙相浩
발행처 • (주) 나남
주소 • 413-120 경기도 파주시
　　　회동길 193
전화 • (031) 955-4601 (代)
FAX • (031) 955-4555
등록 • 제 1-71호 (1979.5.12)
홈페이지 • http://www.nanam.net
전자우편 • post@nanam.net

ISBN 978-89-300-8827-5
ISBN 978-89-300-8655-4 (세트)

책값은 뒤표지에 있습니다.

아름다운재단 기부문화총서 9

즐거운 모금
행복한 기부

모금과 기부의 패러다임 전환 : 거래에서 변화로

제니퍼 맥크리어 · 제프리 C. 워커 · 칼 웨버 지음

송철복 옮김

나남
nanam

THE GENEROSITY NETWORK:

New Transformational Tools for Successful Fund-Raising

by Jennifer McCrea and Jeffrey C. Walker with Karl Weber

독창성, 비전, 열정, 격려, 그리고 지혜로 '혁신적 모금'의 시작을 도와준 잭 메일리에게. 또 내 예쁜 아이들 애비와 제이크에게. 그리고 힘이 되는 멋지고 사랑스런 가족, 메어리, 존, 로비, 마이클, 노린, 크리스토퍼 맥크리어, 그리고 주디, 스티브, 앤디, 벤, 에밀리, 캐롤린 도비즈, 그리고 재닛, 톰, 캐이티, 토미, 알렉스 루크티치에게.

— 제니퍼 맥크리어

내가 이 책을 쓰도록 해준 아름답고 놀라운 아내 수, 그리고 진심으로 자랑스러운 언제나 활력이 넘치는 아이들 코트니, 라이언, 모건, 헌터에게. 그리고 우리가 삶의 모든 기쁨과 슬픔을 함께 나누는 카힐 가족에게 감사드린다. 당신들을 친구라고 부르는 것은 축복받은 일이다. 여러분 모두를 사랑한다.

— 제프리 C. 워커

일과 삶을 통해 '너그러움'이라는 단어의 뜻을 가르쳐 준 아내 메어리-조 웨버에게.

— 칼 웨버

아름다운재단 기부문화총서의 아홉 번째 책이 출간되었다. 기부문화 관련 지식에 대한 수요는 날로 커지는 데 반해 그 갈증을 해소시켜 줄 전문서적의 공급은 그리 원활하지 않은 것이 우리의 현실이었다. 기부문화총서 발간은 그러한 현실을 조금이라도 개선하기 위한 노력의 일환으로 시작된 것이다. 그 작은 노력이 어려운 여건 속에서 아홉 번째 결실을 맺은 것은 그동안 헌신하는 자세로 수고를 아끼지 않은 관계자들이 있었기에 가능한 일이었다.

이번에 소개하는 책은 비영리 분야에서 오랫동안 종사한 제니퍼 맥크리어와 제프리 워커의 역저 《즐거운 모금, 행복한 기부》(*The Generosity Network*)이다. 저자들은 비영리단체 및 모금 분야에 오랫동안 몸담으며 꾸준히 축적한 마법 같은 지혜를 우리에게 나누어 준다. 모금에도 새로운 사고와 혁신적인 접근방식이 절실하게 필요한 시기에 이들은 모금방식의 새로운 지평을 우리에게 제시한다.

저자들은 스트레스와 실적에 쫓기면서 어려운 도전과 맞닥뜨리고 있는 비영리 경영과 모금 분야 종사자들이 높은 보상을 받으며 즐거운 마음으로 업무에 몰두할 수 있는 신선한 관점을 보여 준다. 그들은 돈이 중심이고, 목표 지향적이며, 미리 준비된 대본에 의존하는 과거의 모금방식으로는 실패의 늪에서 벗어날 수 없다고 한다. 그러나 열린 마음으로 호기심을 갖고, 사람 대 사람의 관계 형성에 집중하여 일한다면, 새로운 발견과 성장을 통해 놀라운 업적을 이룰 수 있을 것이라고 말한다. 나아가 진정한 파트너십과 깊은 인간관계로 연결된 나눔 네트워크는 비영리 지도자들과 종사자는 물론 기부자와 후원자들에게도 활력과 열정을 불어넣을 것이라고 강조한다.

최근 우리나라의 비영리섹터는 눈부신 발전을 거듭했고, 기부문화도 상당히 성숙해지고 있다. 그러나 기부문화가 정착된 만큼 모금을 하는 단체도 많아졌으며, 경쟁도 심화되고 기부 피로도가 쌓이고 있다는 지적도 심심치 않게 들려온다. 비영리단체 종사자들이 모금을 두려워하고 모금부서에서 일하는 것을 부담스러워하는 양상까지도 나타난다. 그런 와중에 우리의 사회지도층은 관련 조사에서 '적절하게 기부할 곳을 찾지 못해'서 기부하지 않는다는 응답을 지속적으로 하고 있는 상황이다. 기부자들은 마땅치 않은 기부처를 탓하면서 망설이는데, 모금담당자들은 기부자를 만나는 것조차 힘들어 하는 실정인 것

이다. 우리 비영리기관들이 당면한 이런 심각한 문제에 이 책은 명쾌
한 해법을 던져 준다. 저자들은 '성공'이란 '현재의 모든 문제를 해결하
는 것'이 아니라 '더 많은 사람들이 타인의 문제에 공감하고 해결을 위
해 함께 참여하는 과정'이라고 말한다. 따라서 우리 비영리단체들이
해야 할 일은 '더 많은 시민들이 함께 참여할 수 있는 장을 확장해 가는
것'이라고 결론지을 수 있다. 그런 점에서 이 책은 모금과 비영리 활동
의 진정한 의미를 함께 찾을 수 있도록 도와주는 등불의 역할을 한다.
우리나라의 모든 비영리단체 종사자들이 이 책을 통해 가야 할 길을
모색하고, 성공적인 모금전략을 수립할 수 있기를 기원하며 일독을
권한다.

예종석 아름다운재단 이사장 · 한양대학교 경영대학 교수

"행동하는 사랑"

이 책의 저자인 제니퍼 맥크리어를 처음 만난 것은 2005년, 푸에르토리코에서 내가 주관한 '새로운 인간애를 위한 연합' 콘퍼런스에서였다. 그 콘퍼런스는 우리 지구의 미래를 위해 아주 중요하고, 나 또한 오랫동안 열정을 쏟은 주제를 다루었다. 이는 다음과 같은 질문에서 시작했다.

"우리는 어떻게 세계 곳곳, 예컨대 정치와 기업에서부터 과학과 자선에 이르는 서로 다른 영역에서부터 사람들을 모을 수 있을까? 어떻게 인류가 연대를 형성하여 지속가능하고, 정의롭고, 평화로우며, 건강한 세상을 만들도록 할 수 있을까?"

이는 엄청나게 큰 과업이다. 이를 위해서는 여러 역동적인 네트워크의 협력이 필요하고, 당연히 제니퍼도 여기에 합류했다. 제니퍼는 선을 위해 일하는 업계에서 가장 집요하고 유능한 네트워크 활동가였기 때문이다. 그 콘퍼런스에는 금융가이자 자선가인 레이 챔버스도 참석했다. 레이는 제니퍼와 마찬가지로 내가 '행동하는 사랑'이라고 부르는 가장 대표적인 사람이다. 이 계기를 통해 나는 제니퍼와 그녀의 활동을 알게 되었다.

이후 나는 제니퍼와 즐거운 만남을 이어 가기 시작했다. 함께하는 모든 행사장에서 제니퍼는 중요한 프로젝트를 위해 돈, 관심, 에너지, 자원을 모으려고 노력했다. 프로젝트는 세계에서 가장 못사는 지역의 빈민을 돕는 일일 수도, 미국의 교육제도를 개혁하는 일일 수도, 전염병을 치유하거나 중요한 문화예술 기관들이 계속 생존하고 번성하게 하는 일일 수도 있었다. 제니퍼의 관심과 열정에는 한계가 없었다. 명분에 가치가 있다는 것이 확인되면 그녀는 행동을 개시했다. 그리고 세상은 훨씬 더 풍요로운 곳이 되었다.

나는 또 다른 저자인 제프 워커 또한 오랫동안 알고 지냈다. 우리도 레이 체임버스를 통해 처음 만났고, 내가 주관한 뉴멕시코 주 타오스 워크숍에 제프가 참여하면서 더 잘 알게 되었다. 이 워크숍은 우리들이 선량함, 기쁨, 침착함, 이타심, 연민, 사랑 — 동양의 전통에서 '신성한 태도들'이라 일컫는 위대하고 영원한 진리 — 처럼 크고 이상적인 가치는 물론 직관과 창조성까지 경험할 수 있도록 의식을 확장하는 것에 중점을 둔 모임이었다.

제프는 당연히 이 모임에 관심을 보였다. 그는 자선활동과 사회적 명분을 위한 활동에 전념하기 전에는 크게 성공한 사업가였는데, 그 때에도 늘 더 깊고 인간적이며 창의적인 방식으로 세상과 관계를 맺는 방법을 찾고자 했다. 그 모습은 '치열한 사업가'에 대한 고정관념과는 상당히 달랐다. 그리고 나는 제프와 제니퍼가 협력할 때 — 그들이 오랜 시간에 걸쳐 파트너로 영입한 창의적이고 열정적인 개인들의 네트워크를 움직일 때 — 달성할 수 없는 것은 거의 없다는 것을 알아냈다. 타오스에서의 워크숍 이후 나는 제프와 제니퍼를 수시로 만났고, 서로의 생각을 나누면서 함께 일했다.

오늘날 사람들은 우리 세계의 무엇이 잘못되었는지에 대해, 즉 환경문제, 끈질기게 지속되는 가난, 종족분쟁, 폭력에 대해 이야기한다. 이는 중요한 토의주제이다. 하지만 가장 포괄적인 범위에서 정의할 수 있는 지속가능성, 평화, 복지(물리적인 복지뿐만 아니라 정서적이고 정신적인 복지, 나아가 재정적 복지, 직업 관련 복지, 사회적 복지, 공동체 복지, 심지어 지구 차원의 복지)를 어떻게 실현할 수 있는지에 대한 구체적이고 실질적인 방식의 이야기가 필요하다. 이 목표를 달성하기 위해서는 인류가 새로운 종류의 진화, 즉 물리적 진화가 아닌 마음, 영혼, 정신의 진화를 경험할 수 있어야 한다.

나는 이러한 '진화론적 자각'이 제프 워커, 제니퍼 맥크리어와 같은 수많은 사람들이 하고 있는 일의 핵심에 가깝다고 생각한다. 이를 온전히 달성하든 못하든 간에, 그들이 생각을 공유하고 수많은 사람들 사이의 정신적인 교류를 일깨우는 과정에 의해 인간은 한 단계 더 진화할 수 있을 것이다.

여기서 위대한 과학자 조너스 소크가 언급한 "가장 현명한 사람들의 생존"이라는 구절이 떠오른다. 물질주의를 뛰어넘는 비전을 제시한 소크는 현대 인류에게 진화는 다윈주의에서 말하는 적자생존이 아니라고 한다. 우리는 더 이상 유기체들이 제한된 자원을 놓고 다투는 자연의 상태 속에서 살지 않는다. 이제 인간의 진화는 특정 유전자 집단의 생존을 위한 투쟁보다는 새로운 정보의 흡수, 더 깊고 재빠른 사고 방식의 창안, 인간의 물리적 한계를 극복하고 자연으로부터 더 큰 능력을 얻어 내기 위한 기술의 사용, 나아가 인류의 더 높은 비전과 정신적 기량의 개발을 통해서 이루어질 것이다.

게다가 지금은 결정적 타이밍(*tipping point*)으로 보인다. 정보화 시대인 오늘날에는 누구든 기술지식을 파멸적이거나, 반대로 창의적인 목적을 위해 사용할 수 있다. 그 선택은 정부, 교회, 기업, 또는 고립된 천재들이 아닌 우리 모두에게 달려 있다. 하지만 우리의 정신적인 비전이 최소한 우리의 지적, 기술적 기량만큼 빨리 진화한다는 것을 전제할 수 있을 때에만, 모든 사람이 함께 책임지는 쪽으로 기술이 발전하리라 기대할 수 있을 것이다.

그러면 이러한 진화는 어느 방향을 향하고 있는가? 우리가 가는 곳은 바로 제니퍼와 제프 같은 사람들이 모이는 곳이다. 여러 해에 걸쳐 나는 창의적이고 총명한 사람들이 스스로 역동적인 네트워크를 조직하는 것을 보았다. 이 네트워크는 페이스북과 인터넷 같은 기술적 연결고리로 강화되기도 하지만, 궁극적으로는 사회적이고, 지적이며, 정신적인 생각이 연결되는 것이다. 더욱 흥미롭게도, 스스로 조직되는 이러한 네트워크들은 서로 연결될 수밖에 없는 사람들 — 비슷한 의도를 공유하며, 그 의도를 실현하기 위하여 지능과 기타 자원들을 한데 모으는 — 의 집단으로부터 형성된다.

요컨대 인간의 진화는 더 이상 경쟁에 관한 것이 아니다. 이는 협력과 새로운 수준의 의식, 즉 고도로 복잡하지만 명쾌하고 스스로 발전하는 의식의 출현에 관한 것이다. 만약 당신에게 어떤 의도가 있다면, 그 의도를 중심으로 진화가 시작된다. 물론 의도는 인간의 열정이 그렇듯 개인에 따라 매우 다르다. 그러나 모든 의도가 공유하는 정신적 본질은 바로 앞서 언급한 '행동하는 사랑'이다.

위대한 종교는 하나같이 사랑의 중요성을 강조한다. 그러나 행동 없는 사랑은 소용없고, 사랑 없는 행동은 무의미하다. 이 둘이 합쳐질 때에야 비로소 무수히 많은 것들을 이룰 수 있다. 이러한 생각은 제프와 제니퍼가 쓴 이 멋진 책의 핵심이며, 두 사람과 같은 부류의 사람들이 하는 자선사업의 핵심이다.

세계 전역에서 역동적, 창의적, 운명적으로 관계를 맺은 사람들로 이루어진 수천 개의 자기 조직적 네트워크들이 생겨나고 있다. 이 책이 그 네트워크 사이에서 하나의 촉매제로 기여하기를 바란다. 또한 이 책이 전 인류의 이익을 위해 지혜와 창의성, 그리고 에너지와 정신적 재능을 더욱 열심히 공유하는 이 떠오르는 네트워크 안의 수많은 개인들을 격려하기를 희망한다.

2013년 2월, 뉴욕 주 뉴욕에서
디팩 초프라

아름다운재단 기부문화총서 9

즐거운 모금
행복한 기부

모금과 기부의 패러다임 전환 : 거래에서 변화로

차 례

14

"본문에 앞서"

이 책은 명분을 위해 함께 헌신하는 파트너를 찾고자 하는 모든 사람을 위한 책이다. 자선기관, 비영리기관, 재단, 대학, 병원, 그리고 훌륭한 명분을 위해 기금을 모으고 여타 자원을 유치하는 일을 책임지는 사람 모두가 이 책의 독자이다. 미국의 비영리 부문을 구성하는 180만 개 기관, 또는 전 세계 1천만 개 비영리단체에서 일하는 사람이라면 누구나 다 여기에 포함된다. 사실 비영리기관에 관여하는 사람들은 모두 금전을 비롯한 여러 지원을 이끌어 내는 데 중요한 역할을 하기 때문이다.

좋아하는 기관이나 명분을 위해 시간을 기부하는 수백만 명의 미국인 또한 이 책의 독자에 포함된다. 미국인들은 지역 자선단체, 교회,

유대교 회당, 불교 사찰, 회교 사원, 모교, 예술 또는 문화 기관, 봉사단체, 공동체 사친회, 걸스카우트, 보이스카우트, 어린이 야구단, 도서관 등 다양한 기관에서 자원봉사를 한다. 이 모든 독자를 위해 우리는 파트너를 영입하고 그와 함께 일하는 것을 더 쉽고, 효과적이고, 재미있게 만들어 줄 아이디어, 수단, 기법, 접근법을 알려줄 것이다. 이러한 내용을 잘 활용한다면 이전보다 모금을 더 많이 할 수 있을 뿐만 아니라, 시간, 재능, 인맥, 기관의 지원 등 모든 종류의 자원을 더 많이 유치하는 데 성공할 수 있을 것이다. 나아가 비영리기관이 본연의 목표를 달성하고, 그 과정에 참여하는 사람들이 보다 쉽게 개인적 만족과 사회적 이득을 얻을 수 있을 것이다.

이 책에 담긴 11가지 비결

1. 더 오래가는 나눔의 관계를 만들 수 있는 '관계방식'의 비결: 주고받는 관계에서 변화의 파트너로.

2. 재즈악단에서 배우는 비영리기관의 성공적 파트너십. 그리고 이를 실험할 수 있는 간단한 방법들.

3. 유능한 모금가가 되는 것을 막는 심리적, 정신적 장애물을 파악하고 완전히 극복할 수 있는 비결.

4. 잠재적 기부자와의 첫 만남 이후, "만나서 좋았다"에 그치지 않고, 깊고 발전적

인 관계로 나아가는 방법. 좋은 파트너들로부터 더 많은 헌신을 이끌어 낼 수 있는 완전히 새로운 교류 비법.

5. 비영리 모금가 모두가 가장 두려워하는 '요청'(asking)이라는 괴물을 물리치는 간단하지만 거의 알려지지 않은 방법들.

6. 소규모·저비용 만찬행사로 전통적인 모금행사보다 더 많은 파트너관계를 가능하게 하는 비결. 그리고 이러한 행사를 통해 더 크고 장기적인 재정적 성과를 만드는 방법들.

7. 세계 저편, 또는 가까운 현장을 찾아가는 여행을 통해 무관심한 지인을 열정적인 평생 파트너로 만드는 비결.

8. 멀리 떨어진 파트너와 비영리기관이 아바타를 통해 깊이 있고 생생한 관계를 이어 갈 수 있는 방법들.

9. 뒷짐 지고 있는 이사회를 아이디어, 재능, 인적 네트워크의 연결고리이자, 재정 지원의 중심으로 변화시키는 구체적인 방법들.

10. 소셜미디어와 통신기술을 이용하여 작은 기관이 지역 전체, 나아가 지구 전체의 사람들과 개인적 관계를 맺고, 그들을 열렬한 지지자로 만드는 방법.

11. 파트너와의 교류를 강화할 수 있는 효과적인 소통 방법, 파트너와 교류할 때 사용하지 말아야 할 표현, 주의해야 하는 메시지.

자신을 알고, 남을 알고, 요청하는 법을 알자

먼저 이 책의 전반적인 접근법과 관점을 밝히겠다.

비영리 모금을 다룬 책은 이미 수십 권이 있다. 많은 책이 흥미롭게 저술되었으며, 수많은 독자에게 유용함이 입증되었다는 조언과 기법을 제공한다. 하지만 모금에 관한 어떤 책에서도 다루지 않은 사각지대가 있고, 우리는 그 사각지대를 조망하고자 한다. 사실, 기존의 모든 책에서 모금의 기술은 엄격한 거래관계에서 출발한다. 그러한 책에서는 모금을 세일즈의 일부로 취급하기 때문에, 세일즈맨이 사용하는 것과 유사한 전략 및 전술에 초점을 맞춘다. 목표는 거래를 성사시키는 것이며, 이는 기부자로부터 수표를 얻어 내는 것을 의미한다.

그러나 우리가 보기에 모금에 대한 이러한 인식은 한심할 정도로 잘못되었다. 무엇보다 효과적이지 못하다. 비영리 영역에서 진정한 성공을 이루고자 한다면, 모금을 생각하는 방식을 거래(*exchange*)적인 것에서 변화(*transformational*)적인 것으로 완전히 바꿀 필요가 있다.

모금을 거래적인 것으로 보는 기존의 접근법으로 인해 비영리세계에 몸담은 우리 대부분은 모금을 필요악, 즉 기관의 사명과 동떨어진 것이지만, '우리가 살고 싶어 하는 세계'라는 더 큰 비전을 위해 감내하는 것이라고 여기게 된다. 하지만 곰곰이 생각해 보면, 모금은 필요악이 아닌 성스러운 일이며, 연민, 기쁨, 헌신, 파트너십을 최상의 상태로 표현할 수 있는 매력적인 실천 방법이다.

모금에 대한 이러한 생각은 모든 사람이 삶을 변화시키기를 원하고,

각자의 자원을 활용하여 지구의 가장 큰 문제를 해결하는 데 참여할 수 있다는 믿음에서 시작된다.

모금에 대한 오해는 돈만 강조하는 **모금**이라는 단어 자체에서 일부 기인한다. 물론 돈은 우리가 추구하는 좋은 일을 위해 매우 중요한 자원이다. 하지만 시간이나 창의성, 또는 관계망처럼 중요하면서도 활성화되지 않은 자원들도 많다. 이 책은 모금에 관한 가장 넓은 정의에서 시작하여, 훌륭한 목표와 프로젝트, 기관, 그리고 비전을 위해 필요한 모든 자원의 활성화로 나아가고자 한다.

모금의 효율성을 떨어뜨리는 잘못된 관점 하나는 모금을 '도움 요청'이라고 보는 것이다. 이는 의존의 언어이다. 이러한 관점은 우리가 자원이 부족한 세상에 살고 있으며, 모금가는 부유하고 힘센 기부자로부터 지원을 구하는 애원자라는 통념을 만들어 낸다.

이 책은 '도움 요청'이 아니라, 개개인의 독특한 자원을 활용하여 공동의 비전을 향해 모두가 함께 일하는 방법을 제시한다. 이로써 모금에서 '의존'과 '부족'의 느낌은 사라진다. 오히려 우리는 자원이 풍부한 세계에 살고 있으며, 자원이 좋은 명분과 연결될 수 있도록 문을 열어 달라는 파트너들이 기다리고 있음을 발견할 수 있게 된다.

따라서 이 책에서는 설득력 있는 세일즈맨이 되는 방법이나 효과적인 모금을 위한 전술과 전략을 논하지 않을 것이며, 기부자의 열정을 찾아내어 이를 활용할 수 있는 방법을 알려 주지도 않을 것이다. 이 책의 핵심 메시지는 **진정한 나눔은 관계에 뿌리를 둔다**는 것이다. 모금은 무엇보다도 관계의 한 형태이다. 우리가 파트너에게 줄 수 있는 선물은 중요한 일을 후원할 기회뿐만이 아니다. 그들만의 재능을 발견하여 그 재능을 특정한 문제의 해결에 쓸 수 있도록 관련된 공동체에 참여하게 하고, 그로써 그 재능을 키울 기회를 주는 것이다. 그리고 이것이야말로 우리 시대의 가장 긴박한 과제에 초점을 두는 방식이다.

이 과정은 다음의 3가지 공통요소에서 출발한다.

첫째, 자신을 알자!

"너 자신을 알라"는 고대 철학의 고전적인 가르침으로서 모든 지혜의 출발점이 되는 기본적인 실천명령이다. 이는 또한 대단히 실용적인 조언이기도 하다. 이 책에서는 좀처럼 다루기 어려운 '우리와 돈에 대한 관계'를 논하는 것에서 시작하여, 모금의 가장 근본적인 동기가 무엇인지를 깊이 있게 성찰할 것이다. 먼저, 대부분이 한 번도 제대로 생각해 보지 않았을 돈에 관한 일련의 질문들을 살펴보자.

- 내 삶에서 돈은 무엇인가? 나는 돈에 관해 공개적으로 이야기 하는 것을 편하게 느끼는가? 그렇다면 왜일까? 아니라면 왜일까?
- 나는 돈을 성적표로 생각하는가? 아니면 좋아하는 일을 위해 필요한 도구로 생각하는가?
- 돈에 대한 나의 태도의 기저에는 남에게 의존하는 것에 대한 두려움이 존재하는가?
- 남을 통제하거나 존경 또는 애정을 사려고 돈을 사용한 적이 있

는가?

- 나는 '부'가 의미하는 바를 다시 정의할 생각이 있는가?

위의 질문과 함께 돈을 어떻게 쓰는지도 생각해 보아야 한다. 또한 다른 사람으로부터 돈을 요청받을 때, 두려움, 걱정, 감사, 분노, 기쁨 등 어떤 감정이 느껴지는지 돌이켜 볼 필요도 있다.

모금전문가(*full-time fund raiser*) 든 다른 식으로 비영리 명분에 관여하는 자원봉사자든 이러한 도전적인 질문을 생각해 보는 것은 대단히 중요하다. 이런 성찰이 없다면, 돈은 우리 일을 개선하고 삶을 풍성하게 하는 자원이 아니라, 우리를 조종하는 수단으로 작용할 위험이 있다.

돈과의 관계는 우리가 깊이 들여다보아야 할 내면세계의 일부에 불과하다. 이 밖에도 통제 욕구, 타인에게 자신을 완전히 개방할 의지, 성공과 실패의 의미에 대한 깊은 신뢰, 가장 강력한 욕구를 형성하는 표현할 수 없는 가치들이 있다. 물론, 이 책은 심리학 자습서가 아니다. 하지만 명분을 좇는 팀의 일원으로서 진정 유능한 실무자가 되려면, 그리고 스스로 만족하는 수준에 다다르려면, 반드시 자신을 완벽하게 이해하는 것에서 시작해야 한다. 이 책은 이를 위한 활동과 질문들을 제시할 것이다.

둘째, 남을 알자!
특히 파트너관계를 맺고 싶은 사람을 알아야 한다!

모금은 곧잘 힘들고 겁나는 일로 여겨진다. 왜냐하면 자원을 요청하는 것이 우리를 취약하게 만든다고 믿기 때문이다. 우리는 거절과 의존을 두려워한다. 이 때문에 파트너들과 잠재적 파트너들 — 변화를 일으키고 싶어 하는 우리와 같은 인간들 — 을 본래 모습 그대로 볼 수 없게 된다.

우리가 아는 많은 자선사업가들은 모금가를 비롯한 다른 사람들이 오직 돈을 위해 자신에게 잘해 준다는 두려움을 갖고 있다. "그들은 나를 걸어 다니는 수표책으로 여깁니다"라는 말은 우리가 흔히 접하는 불평이다. 돈 걱정이 관계에 나쁜 영향을 미쳐서 기부자와 모금단체 모두가 마음을 열고 진실해지기가 더 어려워진다는 것은 실로 모순이 아닐 수 없다.

이러한 모순을 이해하고 피하도록 배운다면, 우리는 우리의 일을 더욱 가치 있는 일, 아름답고 성스러운 일로 받아들일 수 있을 것이다.

이 책의 목표는 독자들이 기관의 파트너들을 진솔하게 바라보고, 그들에게 이렇게 말할 수 있는 수준까지 도달하도록 돕는 것이다. "나는 당신을 당신 자체로 존경하고 사랑합니다. 나는 우정의 과정을 통해 당신을 깊이 알고 신뢰하고 싶습니다."

셋째, 요청하는 법을 알자!

어떤 사람에게 파트너가 되어 달라고 요청하는 것은 비영리 분야의 많은 사람들에게 매우 두려운 일이다. 하지만 일의 비전을 믿고 다른 사람들과 진정 한팀이 될 수 있다는 것을 믿는다면, 그리고 각자가 기여할 수 있는 다양한 가치를 이해하고 존중한다면, 요청의 핵심은 정말 단순하다.

뛰어난 세일즈맨과 마찬가지로, 뛰어난 모금가들은 자신감으로 가득 차 있다. 문제는 자신감만으로는 부족하다는 것이다. 열린 마음을 가진 자신감이 필요하다. 이는 사람들과 진정성 있는 관계를 맺으며 함께 일하고, 오랜 시간 함께하며 공통의 비전을 만들어 갈 수 있다는 자신감을 의미한다.

이러한 맥락에서 파트너 요청을 할 때는 기분이 좋다. 거절당한다는 생각은 있을 수 없다. 지금 추진 중인 통로로 갈 수 없다면 다른 통로를 찾겠다는 열정만 있을 뿐이다. 무릎 꿇지 않고 당당하게 돈(또는 다른 자원)을 요청하는 것은 기쁨 — 사람들이 자신의 자원에 새로운 의미를 찾을 수 있도록 돕는 것 — 이다.

이러한 새로운 요청방식을 익히기 위하여 아래 질문을 생각해 보도록 하자.

- 나는 위험을 감수할 마음이 있는가? 다른 사람들과 함께하기 위해 감수해야 하는 어려움을 피하려 하는가? 아니면 위험을 헤치

며 진정한 관계를 맺을 것인가?

- 나는 현재 및 잠재적 파트너를 단순한 기부자나 자원봉사자의 역할로서가 아니라 온전한 인간으로 바라볼 마음이 있는가?
- 나는 다른 사람들이 열정을 발견하도록 도울 수 있는가? 그 열정이 나나 우리 기관과 상관없는 것이라 해도 마찬가지인가?
- 나는 공동체의 명분을 위해 일하는 팀의 일원으로서 팀을 위한 기회, 성장, 그리고 커뮤니티를 발굴하는 사람이 될 의향이 있는가?

자신을 알자, 남을 알자, 요청하는 법을 알자는 3가지 주제는 새로운 모금 스타일의 핵심이다. 그리고 이 책의 가장 핵심적인 요약이기도 하다. 나머지는 모두 그에 대한 설명이라고 볼 수 있다.

이 책의 저자 제니퍼 맥크리어와 제프 워커의 사회적 배경은 서로 매우 다르지만 상호보완적이다. 두 사람은 자신들의 사회적 배경을 바탕으로 이 책을 저술했다. 제니퍼 맥크리어는 지난 25년간 모금가, 컨설턴트, 코치, CEO와 모금가를 위한 조언자 및 '애큐먼기금'(Acumen Fund), '그라민아메리카'(Grameen America), '티치포아메리카'(Teach for America), '컬럼비아대학교'(Columbia University), '로드아일랜드 디자인스쿨'(Rhode Island School of Design), '퀸시 존스 재단'(Quincy Jones Foundation), '크리에이티브 커먼즈'(Creative Commons) 등 수많은 비영리기관의 이사로 일했다. 그녀는 또 하버드 대학의 '비영리기관을 위한 하우저센터'의 선임 연구위원이다. 이곳에서 그녀는 '혁신적 모금'(Exponential Fundraising) 과정을 계획하고 이끈다. 이는 비영리 모금의 실무적·심리적·사회적·정신적 측면과 팀 만들기, 네트워크 만들기를 다루는 획기적인 과정으로서, 세계 유수의 비영리기관 설립자, CEO, 최고 경영자가 수강한다.

제프 워커는 영리사업에서 성공적인 경력을 쌓은 뒤 자선활동 분야로 왔다. 1983년 그는 한 명의 파트너와 함께 '케미컬 은행'(Chemical Bank) 최초의 벤처 캐피털 부서를 창설했다. 그 부서는 시간이 흐르면서 발전을 거듭해 120억 달러를 운용하는 대단히 성공적인 투자회사로 성장했다. 동시에 제프는 비영리 분야에서도 적극적으로 활동했다. 그는 '몬티첼로'(Monticello), '버지니아대학교 매킨타이어스쿨'(University of Virginia McIntire School), '빅애플서커스'(Big Apple Circus), '밀레니엄 약속'(Millennium Promise), '버클리음대'(Berklee College of Music) 등 많은 비영리기관에서 이사로 일했다.

이렇듯 두 사람은 삶의 여정을 각각 다른 지점에서, 즉 제니퍼는 모금가와 비영리 컨설턴트로, 제프는 경제계 리더와 자선가로 시작했다. 하지만 2005년 푸에르토리코에서 열린 '새로운 인간애를 위한 연합' 컨퍼런스에서 만났을 때, 두 사람은 직업적으로나 심리적으로, 심지어 영적으로까지 서로 놀라우리만치 비슷하다는 것을 발견했다. 두 사람 모두 소중하게 여기는 명분을 지지하는 열정을 삶의 원동력으로 삼고 있었다. 두 사람은 또, 다른 사람들을 좋은 명분에 참여시킬 수 있는 효과적이고 혁신적인 방법을 연구하고 실험하기 시작했다. 시간이 흐르면서 두 사람은 미리 정해진 직업적 역할에 따라 규정되어 갑갑하게 느껴졌던 한계를 넘어섰다. 더 이상 단순한 '모금가'와 '자선가'가 아닌 다양한 활동을 하는 개인으로서 진화하고 성장하여, 그냥 제니퍼와 제프가 되는 단계까지 왔다. 그리고 그들은 함께 멋진 일을 해내고 있다.

마치 원정대를 이끄는 탐험가처럼, 두 사람은 거의 알려지지 않은 땅 앞에 있었다. 그곳은 너그러움이 가득하고, 세계를 변화시킬 씨앗이 싹을 틔우고, 꽃을 피우며, 자원이 풍부한 곳이었다. 그들은 비영리기관 설립자, 명분에 이끌린 사회적 기업가, 연구원, 전문가, 자선가, 재단 책임자 등 그 탐험에 동참하고 싶어 하는 사람들이 갈수록 많아지고 있다는 것을 깨달았다. 이들은 어떻게 하면 그 탐험에 동참할 수 있는지 물었다. 이것이 바로 '나눔 네트워크'(The Generosity Network)의 탄생이다. 이 네트워크는 여러 방향으로의 발명과 발견과 변화를 일으키며 성장하고 확대되었다.

이후 제니퍼와 제프는 광범위한 프로젝트에서 협력했다. 두 사람은 경제개발과 의료 서비스에서부터 교육과 환경에 이르는 여러 분야의 비영리기관을 위한 캠페인을 출범시키고 관리하는 일을 함께 진행했다. 그들은 'MIT 미디어랩'(MIT Media Lab), '퀸시 존스 뮤직 컨소시엄'(Quincy Jones Musiq Consortium), 'MDG 보건동맹'(MDG Health Alliance), '하버드 케네디스쿨'(Harvard Kennedy School), 그리고 '밀레니엄 약속'처럼 다양한 비영리기관을 뒷받침할 수 있는 강력한 팀을 조직하는 것을 도왔다. 그들은 비영리 리더들과 협력하여 조직역량을 개선하고, 이사회를 활성화했으며, 브랜드를 재정의했다. 또한 미션을 재정립하고, 프로그램의 효율을 배가시켰다. 그들은 1억 달러에서 10억 달러에 이르는 기부가 이루어질 수 있도록 기관을 돕고, 수십억 달러 규모의 모금을 완성했다.

이제 제프와 제니퍼는 작가 칼 웨버와 힘을 모아 그들이 배운 것을 이 책을 통해 공유하고자 한다. 제니퍼의 '혁신적 모금' 과정에서 학생들에게 제시하는 "음악단원을 위한 지침"(다음 쪽 참조)에서 말하는 태도로 이 책을 읽어 주길 바란다. 그것이 이 책에서 가장 많은 것을 얻을 수 있는 방법이 될 것이다.

'나눔 네트워크'는 언제나 새로운 구성원을 찾고 있다. 팀에 온 것을 환영한다!

2013년 2월, 뉴욕주 뉴욕에서
제프 워커와 제니퍼 맥크리어가
칼 웨버와 함께

음악단원을 위한 지침

이 책은 다음과 같은 마음으로 읽었으면 한다. 그리고 그 내용을 친구, 동료, 파트너와 공유하길 바란다.

- 열린 마음. 새로운 아이디어를 기꺼이 생각해 보려 할 때 학습이 발생한다. 잘 알고 있는 사람이 아니라 배우는 사람의 관점을 가지자.
- 용기. 반대나 편견, 완전한 무기력에 직면하여 새로운 아이디어를 실천하기 위해 요구되는 자질이다.
- 유머. 집단을 더 창의적이고 협조적이며 생산적으로 만드는 윤활유.
- 호기심. 어린이는 거의 모든 것에 관심이 있기 때문에 끊임없이 배운다.
- 대담함. 크게 생각하고 크게 꿈꾼다면 이룰 수 있는 것에 한계가 없다.
- 끈기. 도중에 차질이 있더라도 그 과정에서 성장하고 배운다는 것을 알고 과감히 **출발**할 준비를 하자.
- 겸손과 자기인식. 자기 자신을 알자. 그리고 안도와 기쁨 속에서 늘 명심하자. 자신이 우주의 중심이 **아니라는** 것을!

제 1 부

주기, 받기, 성장하기

Chapter 1

'다른' 방식은 없다
너그러움 개념의 근본적인 변화

발견을 향한 여정은 새로운 풍경이 아니라
새로운 눈에서 시작한다.
— 마르셀 프루스트

제니퍼는 하버드대학 하우저센터의 '혁신적 모금' 과정에서 다음의 질문을 던지면서 수업을 시작한다.

"모금이란 무엇일까요?"

짤막한 질문이지만 강의실 여기저기에서 터져 나오는 답변은 놀랄 정도로 다양하다. 많은 답변이 모금에 대한 야심만만한 시각을 담고 있다.

"모금은 관계를 구축하는 것입니다."

"사람들의 열정과 우리가 하는 일을 연결하는 것입니다."

"공동체 ― 우리와 가치를 공유하면서 함께 세상을 변화시키려는 사람들의 집단 ― 를 만드는 일이지요."

"네트워크를 활짝 여는 것입니다."

"돈, 시간, 헌신, 창의성 등 모든 종류의 자원에 접근하는 것이에요."

"우리의 스토리텔링에 관한 것입니다."

"기부자들에게 자신을 표현하는 새로운 방식을 알려 주는 것이죠."

아마도 가장 이상적이고 야심 넘치는 답변은 이러할 것이다.

"모금은 개인과 조직의 변화를 위한 수단입니다."

일상적인 단어 하나에 거창한 의미가 많이도 따라붙는다! 세계에서 가장 바쁜 비정부기구(NGO) 리더들과 관리자들이 빡빡한 일정 중 많은 시간을 할애하여 '혁신적 모금' 과정에 참석하는 것 또한 이렇듯 복잡한 모금의 의미들 때문일 것이다. 이 실용적 이상주의자들에게 모금은 단지 목표액 달성이나 연례 모금 캠페인에서 일정한 호응을 얻어 내는 일이 아니다. 이들에게 모금은 창의적인 인간관계를 통해 세계의 변화를 만드는 것이다.

다음으로 제니퍼는 두 번째 질문을 던진다.

"모금을 하면서는 어떤 느낌이 드나요?"

이 질문에 대한 답변은 매우 감정적이다. 첫 질문에 대한 답변처럼 고결하게 들리지 않는다.

"저는 모금을 싫어해요."

"모금은 저를 겁먹게 합니다."

"생각하고 싶지 않아요."

"내가 하는 일 중 최악이에요."

"차라리 뭔가 다른 일을 하고 싶을 지경입니다."

끝으로, 제니퍼는 결정적인 질문을 던진다.

"무엇이 모금을 그토록 힘들게 합니까?"

이 질문에 대한 답변은 매우 개인적이다. 그리고 무척 흥미로운 사실을 드러낸다.

한 학생은 "돈을 둘러싼 오명 때문이에요. 사람들은 돈이야말로 최후의 금기사항이라고 말합니다. 돈에 관해 이야기하기가 섹스나 종교 또는 정치에 대해 이야기하기보다 더 어렵다는 뜻인 것 같습니다"라고 답변한다.

또 다른 학생은 "모금은 온통 주는 자와 요청하는 자 사이의 권력관계인 것 같아요. 저는 제가 애원하는 입장인 것이 정말 싫습니다. 무릎을 꿇고 다가가 기부자에게 넘치는 금고에서 몇 푼 꺼내 달라고 애원하는 것 말입니다. 그건 저를 무척 불편하게 만들어요. 그리고 그때의 기분은 … 뭐랄까 … 왠지 모멸적입니다!"라고 말한다.

"거절에 대한 두려움 때문이에요. 기부를 요청하다 보면 예전에 거절당했던 기억들이 모조리 생각나거든요. 내 데이트 신청을 거절했던 여자들, 입학지원을 거절했던 대학들, 합격으로 연결되지 않았던 모든 취업면접이 떠오릅니다. 그 실망스러운 발언들을 떠올리기만 해도 가슴 속의 깊은 두려움이 증폭되며 '당신은 아직 멀었어!'라고 말하는 것 같습니다"라고 말하는 학생도 있다.

어떤 학생은 "불확실성 때문입니다. 내가 무엇을 요청해야 할까? 얼마나 모금해야 많은 것이고 얼마가 너무 적은 것일까? 언제 요청해야 하고, 어떤 단어를 써야 하지? 사람들이 어떻게 반응할까? 그들에게 다른 계획이 있는 것은 아닐까? 모금은 다른 관계와 같지 않습니다. 그것은 저를 초조하게 만듭니다!"라고 말한다.

　이런 불평도 있다.

　"모금과 관련된 상황은 참으로 모호합니다. 잠재적 기부자와 저는 서로를 알아 갑니다. 우리는 생활, 꿈, 가치관에 대해 이야기를 나누지요. 하지만 그러다 돈 이야기를 해야 하고, 얼마라는 식으로 기부액을 수치화해야 합니다. 이것이 저를 헷갈리게 해요. 이것이 과연 우정인지, 아니면 업무인지 혼란스러워집니다!"

　로빈후드재단에서 모금을 담당하는 선임부사장 라스 얀스는 다음의 이야기를 통해 모금의 두 측면을 요약했다.

　　14년 전, 우리 이사진을 대상으로 첫 교육 프로그램을 진행했을 때, 저는 그들이 모금에 열정을 가질 수 있도록 노력했습니다. 그래서 저는 "모금(*fundraising*)의 첫 세 글자(*fun*)가 무엇인지 늘 기억하세요!"라고 말했습니다. 그러자 바로 이사 한 명이 내 말을 끊으며 말했습니다. "라스, 첫 두 글자[1]가 무엇인지도 기억하세요!"

　서글프지만 이런 반응이 낯설지 않은 것이 현실이다. 그리고 이는 모금에 관한 전통적인 사고방식의 맥락에서는 충분히 나올 만한 반응이다. 사람들은 모금을 싫어하고 두려워하는 경향이 있다. 그 공포심

---

[1] 〔옮긴이 주〕 *fu*, "*fuck you*" (빌어먹을)의 줄임.

은 때로 조직을 기능장애 수준으로까지 몰고 간다. 실제로 아주 유명하고 신망이 두터운 비영리기관에서 모금담당 부사장직이 몇 년째 공석으로 남겨진 적이 있다. 그곳의 직원에게 어째서 간부 자리를 공석으로 놓아두느냐고 물었더니 그녀는 이렇게 대답했다. "이곳 사람들 사이에는 모금은 기껏해야 필요악이라는 인식이 있어요. 하기는 해야겠지만 너무 하찮은 일이어서 우리 수준에 맞지 않는다고 생각하는 거죠. 따지고 보면 우리는 하느님의 일을 하는 건데, 왜 우리가 자신을 낮추고 사람들에게 돈을 요청해야 하는 걸까요?"

정말 이상한 일이다. 모금을 파트너십, 공동체, 심지어 자기 변화를 위한 이상주의적 탐구라고 생각할 줄 아는 바로 그 사람들 가운데 많은 이들이 모금을 두려움, 걱정, 수치의 원인이자, 맥 풀리도록 따분한 것으로 생각할 수도 있다니! 하지만 비영리 분야에 종사하는 우리가 이 필수적인 활동을 간혹 '모금 악마' — 피할 수만 있다면 가진 것을 다 내놓아도 좋을, 예측할 수 없는 모습의 무서운 유령 — 로 여기는 것에는 나름의 이유가 있기도 하다.

악마 길들이기: 모금과 변화

우리가 모금 악마에게 마음을 빼앗기는 이유는 반복되는 일과 속에서 모금이 진정 무엇에 관한 것인가를 잊어버리기 때문이다.

일반적인 관점에서 보면 모금은 사람들에게 돈을 요청하는 일이다. 이는 모금에 뒤따라오는 감정을 설명하는 데 도움이 된다. 많은 사람들이 돈과 고통스러운 관계를 맺고 있다. 따라서 거의 알지 못하는 어떤 사람, 특히 돈뿐만 아니라 명망, 권력, 영향력, 심지어 자신감도 더 많을 가능성이 높은 사람과 돈에 대해 이야기한다고 생각하면, 겁이 날 수도 있고 무서울 수도 있다.

하지만 돈이 인생이나 열망, 경력, 또는 일의 중심인가? 특정한 단체와 그 단체가 추구하는 명분을 위해 헌신하는 것도 돈 때문인가?

물론 아니다. 돈은 단지 어떤 목적을 위한 수단일 뿐이다. 그렇다면 그 목적은 무엇인가?

기관의 특정한 목표라는 것이 한 가지 답변이 될 수 있다. 당면한 단기목표는 매우 구체적이다. 이는 다음 해의 운영예산을 충당하고, 기부기금을 새로 만들며, 사무실을 신축하고, 장학금을 제공하는 것이 될 수 있다. 하지만 단기목표는 더 크고 더 야심찬 장기목표에 비해 부차적인 것이다. 세계의 기아 문제를 완화하고, 지구온난화의 영향을 감소시키고, 미국의 미래세대를 교육하는 것, 어려움에 처한 사람에게 의료 서비스를 제공하고, 음악과 예술에 대한 이해를 증진시키며, 인권·이민·투옥·과학연구와 관련된 공공정책을 개선하는 것 등이 장기목표가 될 수 있다.

우리가 하는 일을 더 크고 가치 있는 맥락 안에서 끊임없이 이해하는 것은 악마 길들이기에서 중요한 단계이다. '돈 요청하기'는 무섭고 불쾌한 감정을 환기시킨다. 하지만 '세계를 더 나은 곳으로 만들기 위해 일하기'는 정말 신나고, 고무적이며, 힘나는 일이다.

제프와 제니퍼가 정리한 모금에 대한 이해방식은 더더욱 큰 맥락 속에서 모금을 정의하기 때문에 이보다 더 포괄적이다. 모금은 단지 '돈 요청하기'가 아니다. '세계를 더 나은 곳으로 만드는 한 걸음'도 아니다. 모금은 개인과 조직, 사회, 나아가 지구의 **변화**를 위한 수단이다.

이렇게 말하니 너무 거창한가? 아마 그럴지도 모르겠다. 어쩌면 약간 위압적으로 느껴질 수도 있다. "혹시 당신은 사람들의 자발적 변화를 이끄는 것이 제 일이라고 말하는 것인가요? 저는 그저 수표를 끊어 달라고 요청하는 것이 무섭다고 생각했을 뿐인데요!"라고 말하고 싶을지도 모르겠다.

그러나 여기에는 역설적인 측면이 있다. 모금이 무엇인가, 또는 무엇이어야 하는가에 대한 이 포괄적이고 거창한 비전에 압도당할 필요는 없다. 사실은 정반대이다. 모금을 개인과 사회의 변화를 원하는 사람들의 욕구를 수용하는 방법이라는 시각으로 보면, 우리는 모금 악마로부터 훨씬 자유로워질 수 있다.

제니퍼는 모금이라는 어려움에 처하는 기분이 어떤지 정확히 알고 있
다. 1988년 대학을 졸업한 후, 그녀가 처음 잡은 직업은 어느 대학의
모금가였다. 그녀는 들뜬 마음으로 학문과 인생의 많은 것을 배운 모
교에 일을 하러 갔다. 하지만 모금이나 비영리 업무 일반에 대해서는
아무것도 몰랐다.

처음 출근한 날, 모금가 경력이 있는 그 대학의 총장이 제니퍼에게
평생 잊을 수 없는 말을 했다. "제니퍼, 책상 앞에 앉아만 있어서는 돈
이 모이지 않는다는 것을 항상 명심하세요."

제니퍼의 상사는 그해 제니퍼가 모금을 위해 동문 300명을 만나야
한다고 말했다. 그녀는 현장으로 나가 성실하게 동문들을 방문하기
시작했다.

6개월 뒤, 제니퍼는 직업을 잘못 골랐다고 생각하며 뉴욕 5번가를
걷고 있었다. 맨해튼에 있는 좁은 호텔방으로 돌아갈 때는 팔다리가
납덩이처럼 무겁게만 느껴졌다. 그녀는 여러 사람을 끊임없이 만났
고, 모교에서 하는 좋은 일에 대해 이야기하면서 재정적 기부를 요청
했다. 그리고는 정말이지 좋은 그 사람들로부터 계속해서 호의적이고
정중한 거절을 당했다.

---

[2] 〔옮긴이 주〕게임 체인저(*game changer*) : 어떤 일에서 결과나 흐름의 판도를 뒤
바꾸어 놓을 만한 중요한 역할을 한 인물이나 사건.

제니퍼는 기가 꺾이고 혼란스러웠으며 실의에 빠졌다. 이제 어쩌지?

그날 밤 좁은 호텔방에서 제니퍼는 뭔가 다르게 해보자는 결심을 했다. 다음날, 그녀는 성공한 젊은 은행가 피터와의 아침식사 약속에 나갔다. 그 자리에서 그녀는 새로 지을 예정인 대학교 과학관의 청사진을 그리거나, 왜 인문학 교육이 그토록 중요한지 강조하려고 통계를 들먹이는 식으로 대학의 최신 모금계획을 알리는 대신, 피터가 그의 삶을 어떻게 변화시키고 싶은지 알아내는 데 집중하기로 했다.

그 만남의 주제는 더 이상 돈이 아니었다. 그 만남은 제약 없이 서서히 펼쳐지는 여행이 되었다. 제니퍼는 피터의 관심 분야를 알아 가는 과정이 매우 흥미로웠다. 두 사람은 평소에 사람들이 좀처럼 하지 않을 방식으로 그의 삶과 일과 꿈과 열정에 대해 이야기를 나누었다. 그 과정에서 피터는 자신에 관한 여러 가지를 깨달았다. 만남은 활기차고 독창적이었으며 제니퍼가 이전에 겪은 어떤 만남보다 더 즐거웠다.

그 만남은 결국 기부로 이어졌다. 하지만 더 중요한 것은 이 과정이 제니퍼와 피터가 이후에 더 많이 만나는 계기가 되고, 대학뿐 아니라 두 사람의 삶에도 커다란 변화를 일으킨 창조적인 파트너관계로 이어진 것이다.

그 사건은 제니퍼에게 '게임 체인저'가 되었다. 그녀는 이후 크고 작은 기관을 대표하여 기부 파트너들과 약 6천 번을 만났다. 그리고 모든 만남에서 피터와의 경우와 같은 대화 패턴을 따랐다. 두 사람은 마주 앉아 그들의 삶을 논하고, 창의적이고, 신나고, 보람 있고, 재미있으며, 그들이 함께할 수 있는 일에 대해 깊은 대화를 나누었다. 대부분의 만남을 통해 어떤 것을 함께 이루자는 공동의 결의에 도달할 수 있었다. 여기서 말하는 결의는 첫 만남에서 정의할 수 있다기보다는 시간을 두고 함께 발견하는 것이다. 이 사례에서 우리는 단순한 관점의 변화가 만드는 큰 차이를 알 수 있다.

모금과 보편적 의미 탐구

제니퍼가 아주 오래 전 호텔방에서 직관적으로 느꼈듯이, 모금은 단순히 돈에만 관련된 것이 아니다. 모금은 에너지, 창의성, 인간관계, 그리고 기쁨과 관련된 것이다. 이는 모금이 개인적인 목표와 야망, 도전은 물론, 개별 조직이 품은 것보다 훨씬 큰 욕망과 꿈을 자극한다는 것을 의미한다. 그리고 모금과 관련된 이러한 요소들은 누구나 갖고 있는 보편적인 것이며, 충분히 활용될 수도 있다.

이러한 진리를 통해 우리는 모금 중에 맞닥뜨리는 당황스러운 현실을 부분적으로나마 설명할 수 있다.

탄탄한 논리로 뒷받침되는 사례를 통해 명분의 중요성과 프로그램의 효과 및 일의 가치를 실증적으로 보여 주면서 설득을 해도 사람들이 돈을 내기 어려워하는 이유는 무엇일까? 이는 사람들이 순전히 논리적인 이유 때문에 돈이나 다른 자원을 기부하지는 않기 때문이다("기부의 실제 특징 4가지" 참조).

기부의 실제 특징 4가지

1. 기부는 정서적이다. 사람은 본질적으로 너그럽다. 그리고 정서적 요인, 구체적으로는 다른 사람의 경험을 관찰하고 반응하는 두뇌 속 '거울 신경세포'의 작동으로 인해 기부를 하도록 이끌린다. 비영리기관은 외부 모금을 설계할 때 이 익숙한 진리를 간과하는 경우가 많다(비영리기관은 사람 그 자체나 실생활을 고려하기보다는 자료, 통계수치, 도표에 집중하는 경향이 있다).

2. 기부는 개인적이다. 사회심리학자들은 초등학교 교실에서 수조에 가득 담긴 채 방치된 브라인 쉬림프[3]에 얽힌 이야기를 들려준다. 아이들은 브라인 쉬림프가 한 마리만 살아남을 때까지 서서히 죽어 가는 것을 못 본 체한다. 그러다 마지막에 남은 브라인 쉬림프에게 이름을 지어 주고, 사람처럼 여기며 보살피기 시작한다. 비논리적으로 보이지만 이는 인간의 본성이다. 사람은 여러 사람이 아닌 한 사람을 돕고 싶어 한다. 여기에 큰 가능성이 있다. 소셜미디어와 모바일 통신 등 현대의 기술은 잠재적 기부자들이 개별 수혜자들과 연결되는 것을 쉽게 하며, 타인을 돕고 싶다는 인간의 본능을 일깨운다.

3. 기부는 사람을 행복하게 만든다. 다른 사람을 도울 때 두뇌는 엔도르핀을 방출해 흔히 '헬퍼스 하이'(helper's high)[4]라 불리는 감성적 감각을 일으킨다. 그리고 이것이 다시 기부를 하도록 부추긴다. 즉, 자선에 '중독'된다고 볼 수 있는데, 비영리기관은 기부의 긍정적인 결과를 구체적인 자료를 통해 보여 줌으로써 이를 강화할 수 있다.

---

3 〔옮긴이 주〕 갑각류 새각목의 절지동물. 사육하는 바닷물고기의 먹이로 쓰인다.
4 〔옮긴이 주〕 다른 이를 도울 때 느끼는 황홀감.

4. 기부는 사회적이다. 투명한 플라스틱 기부함이 미술관 로비에 놓여 있을 때, 사
   람들은 자신이 보는 것과 같은 기부를 하는 경향이 있다. 기부함이 비어 있으면
   사람들은 기부를 하지 않는다. 기부함에 동전이 가득 차 있으면 동전을 기부한
   다. 지폐가 가득 차 있으면 지폐를 기부한다. (이 효과에도 한계는 있다. 만약
   기부함 안에 100달러짜리 지폐만 들어 있으면 기부하는 사람이 줄어든다. 왜냐
   하면 1달러나 5달러짜리는 환영받지 못할 것이라고 생각하기 때문이다.) 비슷
   한 맥락에서, 공영 라디오 방송국의 경험에 따르면, 청취자들은 자신과 비슷한
   사람들이 기부한다는 이야기를 들으면 기부자가 된다.

   자료 : 캐티야 안드레센, '네트워크 포 굿' 최고 전략책임자.

조사에 따르면 사람들은 객관적이고 논리적인 이유보다는 압도적으
로 정서적인 이유 때문에 특정 명분에 참여한다. 많은 비영리 모금가
들이 사실적 자료를 근거로 기부를 요청하지만, 성공률이 낮은 것은
바로 이 때문이다. 어떤 문제로 인해 삶에 영향을 받는 수백만 명에 관
한 통계, 특정 접근법이 효과적임을 실증하는 자료, 또는 숫자를 많이
사용한 전략적인 사업계획서는 아무리 인상적이더라도 우리와 다른
환경 속에 사는 사람들을 감동시키기 어렵다.

사람들은 자신의 자아상을 변화시키고, 삶에 의미를 채워 줄 수 있는
명분에 헌신한다. 이는 일상적인 소비자 행동에서는 당연하게 여겨지
는 메커니즘이다. 사람들은 기본적인 이동 욕구를 충족시키기 위해서
가 아니라 자존감을 높이기 위해 자동차를 구입하고, '기능'이 아니라
외양의 훌륭함에 따라 옷이나 컴퓨터를 선택한다. 화장품 업계의 거

물 찰스 레브손의 유명한 말처럼, "공장에서 만드는 것은 립스틱이지만, 가게에서 파는 것은 희망이다".

비영리기관들은 정서적 충족에 대한 인간의 선천적인 갈망과 맞서 싸우려 하지 말고, 우리가 추구하는 '세계의 변화'라는 명분을 위해 그 갈망에 호소해야 한다. 만약 우리가 사람들을 열정적인 파트너로 바꾸고자 한다면, 논거를 입증하는 통계 슬라이드를 만드는 데 집중해서는 안 된다(뒤에 논하겠지만, 지원을 위한 탄탄한 사례는 모금가의 필수 수단이기는 하다). 그보다는 파트너십과 개인의 성장에 대한 확신을 주고, 이를 이룰 수 있는 방법을 제공하는 것에 집중해야 한다.

이러한 관점은 삶의 의미에 대한 보편적인 탐구와 비영리 조직자·파트너·모금가의 임무를 연결하는 중요한 매개가 된다. 그리고 명분을 효과적으로 주장하기 위한 첫 걸음은 바로 타인과 자신의 일, 그리고 자기 자신에 대해 완전히 새로운 태도를 취하는 것이다.

제니퍼의 업무에 관해 들은 사람들은 종종 이렇게 말하곤 한다.

"모금은 엄청나게 힘들 것 같아요. 그런데도 당신은 모금을 잘할 뿐만 아니라 즐기는 것 같습니다. 비결이 무엇인가요?"

그녀의 답변은 늘 한 가지다.

"나는 사람들이 삶과 돈을 통해 변화를 만들고 싶어 한다는 것을 잘 알고 있습니다. 사람들은 생각이 같은 이들과 함께 일하면서 열정을 나누고 싶어 합니다. 그렇기 때문에 자선활동은 뿌리 깊은 인간의 욕구로부터 시작되는 것일 수밖에 없습니다. 이것이 유일한 비결입니다."

사람들은 이 세상을 변화시키고자 한다 — 설사 이를 스스로 의식하지 못하더라도 ─ 는 것을 일단 알게 되면, 모금이 어렵거나 고통스럽기보다는 사실 아주 의미 있는 일이라는 것을 깨닫게 된다.

자원 흐름을 막는 장애물 극복하기

모금을 '자원 동원'으로 정의하는 경우가 이다. 이러한 정의는 출발점으로 나쁘지 않다. 비영리기관이 성장하고 발전하기 위해 필요한 것으로 돈 이상의 자원을 암시하기 때문이다. 하지만 '자원 동원'이라는 정의는 마치 필요한 자원이 제한적이고 획득하기 어려우며, 억지로 끌어와야 하는 것으로 느껴지게 한다.

사실, 세계를 변화시키기 위해 필요한 자원은 풍부하다. 수십 수백 수천 명의 열정이 연결되는 인적 네트워크를 형성한다면, 그 힘은 측정할 수 없을 정도의 영향력을 발휘하며 확대된다.

따라서 모금을 '자원 동원' 면에서만 생각하면 근시안적이고 잘못된 관점에 갇혀 버리고 만다. 그보다는 모금이 다양한 형태의 에너지로 뻗어 나갈 준비가 된 자원을 촉발(unleashing)시키는 방식이라고 생각해야 한다.

제니퍼의 비결에서도 드러나듯, 사람들은 변화를 만들고 싶어 한다. 그리고 이 세상과 자신의 삶을 풍요롭게 하고, 의미를 부여하며, 변화를 위한 명분에 시간, 에너지, 창의력과 돈을 투자하고 싶어 한다. 그러므로 모금의 과정에서 가장 중요한 측면, 즉 인간관계 형성에 집중할 때 자원은 자연스럽게 따라오기 마련이다.

인간적 관계가 형성되어야만 자원의 흐름(*flow*)을 가로막는 장애물(대부분 스스로 초래한)을 제거할 수 있다. 그리고 일단 장애물이 제거되면, 자원은 좋은 아이디어와 가치 있는 프로젝트를 위해 자연스럽게 사용된다.

그렇다면 이러한 장애물로는 어떤 것들이 있을까? 앞으로 더 많은 것들을 다루겠지만, 일단 가장 큰 장애물 몇 가지를 먼저 살펴보겠다. 이는 모금을 시작하는 단계에서부터 해결해야 하는 것들이다.

장애물 1: 부족함

많은 모금가들이 돈이란 부족한 것이라는 그릇된 믿음에 사로잡혀 있다. 그런 믿음에서 벗어나야 한다.

우리는 경제적 불확실성의 시대에 살고 있고, 2008~2009년의 세계적 불황 뒤에 찾아든 경기회복세(2013년 초 현재)가 근래의 역사를 기준으로 볼 때 여전히 느리고 변덕스러운 것은 사실이다. 하지만 비영리기관이 오늘날 엄청나게 방대한 재정적 자원(실제 및 가능성)에 접근할 수 있다는 것도 엄연한 사실이다.

21세기 전반에 걸쳐 개인들이 지난 100년간 기부했던 액수보다 10배 이상 많은 돈을 민간재단(*private foundation*)에 기부한 사실을 알고 있었는가?[5]

---

[5] 토마스 J. 티어니·조엘 L. 플라이쉬먼, 《기브 스마트: 결과를 얻는 자선활동》

2011년 한 해 동안에만 미국인들이 2,984억 달러(약 336조 원)를 비영리기관에 기부했다는 사실을 알고 있었는가?[6]

오늘날 베이비붐 세대(재정적으로 어렵고 은퇴할 준비가 되지 않은 중년층)가 부모와 조부모에게서 8조 4천억 달러(약 9천조 원)를 상속할 것으로 추정되며, 생전에 증여되는 것까지 포함하면 세대 간 총 이전 금액이 11조 6천억 달러(약 1경 3천조 원)로 불어난다는 사실을 알고 있었는가?[7]

우리 사회에는 많은 자본이 축적되어 있다. 그리고 그만큼 많은 자본이 마치 산에서 눈 녹은 물이 언덕 아래로 흐르기 위해 통로를 향하는 것처럼 긍정적인 사용처를 열심히 찾고 있다.

다른 자원도 마찬가지다. 시간, 네트워크, 창의력, 아이디어, 열정. 이 모든 자원들도 풍부하게 존재한다. 예를 들어, 2009년 미국에서 자원봉사자들은 비영리기관에 150억 시간을 기부했다. 이를 평균 임금으로 환산하면 대략 2,790억 달러(약 315조 원)이다.[8] 자원은 절대 부족하지 않다. 우리가 할 일은 자원 획득을 가로막는 장애물을 파악하는 것이다.

자원이 부족하다는 생각은 비영리기관 관리자와 파트너 사이에서

(Give Smart: *Philanthropy That Gets Results*, 2012), 218쪽.

[6] www.charitynavigator.org/index.cfm?bay=content.view&cpid=42.

[7] www.metlife.com/about/press-room/us-press-release/index.html?compID=32895.

[8] www.urban.org/UploadedPDF/412209-nonprofit-public-charities.pdf.

걱정과 두려움 및 불필요한 경쟁을 조장한다. 이는 정확하지 않을 뿐만 아니라 해롭기까지 하다. 그런 생각을 내다 버리자.

장애물 2 : 낙담

우리는 매우 큰 도전에 직면해 있다. 그러나 이러한 사실 때문에 낙담하거나 나태해져서는 안 된다. 낙담하다 보면 "아프리카의 문제는 너무 크다", "지구온난화가 너무 많이 진행되었기 때문에 우리 힘으로는 되돌릴 수 없다", "우리의 교육제도, 의료제도, 그리고 경제체제가 너무 많이 고장 났기 때문에 차라리 포기하는 것이 낫다"는 식으로 체념하게 된다. 낙담은 안전한 곳으로 한 걸음 물러서면서, 스스로 아무것도 해낼 수 없다고 마음먹는 것이다.

물론 우리 인류가 직면한 문제들을 바로잡기 위해서는 엄청난 노력이 필요하다. 그렇기 때문에 수많은 사람이 그 문제들을 해결하기 위해 일생을 헌신한다. 하지만, 천연두를 근절한 것에서부터 중국과 남아시아의 수억 명에 달하는 사람들을 빈곤에서 탈출시킨 것에 이르기까지, 인류가 엄청난 도전들을 극복했던 것 또한 사실이다. 그리고 우리의 거대한 문제들을 해결할 책임을 한 개인이나 하나의 비영리기관에 오롯이 지우자는 것도 아니다. 모든 개인에게는 지구상 어디든 그가 관심을 집중하기로 선택한 곳, 또는 그가 선택된 곳에서 더 나은 세상을 만들 책임이 있다. 좁은 의미에서 우리가 직면한 과제들이라면, 어느 정도 해결할 수 있다. 그리고 수십만 비영리기관과 수백만 자원봉사자가 함께한다면, 인상적인 결과를 낳을 수 있다.

그러니 낙담하지 말자. 낙담하려는 마음을 직시하고, 모든 각도에서 검토하자. 그러면 철저한 검토라는 강렬한 불빛 앞에서 그 마음이 사그라드는 것을 느낄 수 있을 것이다.

장애물 3 : 모르는 것에 대한 두려움

진정한 인간관계를 형성하는 것은 자원의 원활한 흐름을 위한 전제조건이다. 그러나 관계 만들기는 상당히 어렵기 때문에, 대부분의 사람들이 자발적이거나 진정성이 담긴 접근법을 회피하고, 규격화와 계획 및 통제의 세계로 도피한다. 그래서 열린 마음으로 진심을 담아 말하기보다는 30초짜리 '엘리베이터 피치'(*elevator pitch*)[9] 라는 방식을 택한다. 영업기술에서 유래한 엘리베이터 피치는 간결하고 명료하면서도 설득력 있게끔 고안된 것으로서, 미리 짜놓은 원고대로 명분에 관련된 사례를 설명하는 짧고 정형화된 프레젠테이션이다.

이 방법은 모금가가 상황을 완전히 통제할 수 있기 때문에 괜찮은 것처럼 보인다. 그러나 문제는 이 방법이 결코 효과적이지 않다는 것이다. 사람은 앵무새가 아니며, 앵무새에게 이야기를 듣는 것을 좋아하지도 않는다. 이미 결정된 조직적 방향(*organizational line*)을 떠들어대는 것으로는 사람들을 감동시킬 수 없다. 그렇게 해서는 정서적 유대관계를 맺지 못하며, 개인과 조직의 변화가능성을 제대로 보여 줄 수도 없다. (이 책의 뒷부분에서 엘리베이터 피치 접근법의 결점을 더 자세

---

[9] 어떤 상품 서비스 혹은 기업과 그 가치에 대한 빠르고 간단한 요약 설명.

히 살펴볼 것이다. 그리고 진정한 인간관계를 형성하는 데 훨씬 더 효과적이고 구체적인 대안을 제시할 것이다.)

명분을 위한 자원을 모색할 때, 통제하기 어려운 상황에 처하게 되는 것을 두려워하지 말자. 진실한 자아로서 진짜 마음속의 이야기를 나누자. 물론 자신을 노출시키는 것이 불안하게 느껴질 수도 있다. 하지만 이는 아주 신나는 일이기도 하다. 그리고 장기적으로 보았을 때 당신과 기관이 성장할 수 있는 유일한 방법이다.

장애물 4: 거절에 대한 두려움

거절당하면 마음이 아프다. 하지만 사람들이 삶과 돈으로 변화를 만들고자 한다는 사실을 상기한다면, 거절이라는 것이 근본적으로는 **존재할 수 없음**을 알 수 있을 것이다.

믿기 어려울지 모르지만, 모금가라면 누구나 '아는' 것이다. 모금에 대한 우리의 정의를 떠올려 보자. 모금은 돈에 관한 것이 아니라 변화에 관한 것이다.

목표가 단순히 모금에 성공하는 것보다 크다면, 즉 사람들이 자신의 내면을 성찰하고, 정말 중요한 것이 무엇인지를 발견하여 좀더 의미 있는 존재로 성장하도록 인도하는 것이 당신의 목적이라고 한다면, 여기에는 거절이 있을 수 없다. 언뜻 '거절'로 보일지라도 실제로는 자원이 다른 통로로 흐르는 것일 뿐이다.

빈곤 퇴치를 위해 모금을 하고 있다고 가정하자. 만난 사람이 이렇게 대답할 수 있다.

"제가 최근 자신에 대해 무엇을 발견했는지 아십니까? 저의 가장 깊은 열정은 미술을 향한다는 것입니다. 저는 위대한 회화와 조각에서 느끼는 환희를 이를 전혀 모르는 사람들의 삶 속에 불어넣기 위해 향후 몇 년간 헌신할 수 있는 방법을 찾고 있습니다."

이것이 '거절'이나 '실패'의 경험인가? 그렇게 받아들이기로 한다면 그럴 수도 있을 것이다. 만약 "죄다 돈에 관한 것이다"라는 태도로 대화에 임한다면, 저러한 대답은 분명히 거절이나 실패로 간주된다. 그렇게 몇 달이 지나면, 모금가는 결국 완전히 소진(burn-out) 될 것이다.

사고방식을 바꾸어 보자. 이 사람의 자아발견은 당신에 대한 거절이 아니라 세상의 승리이다. 결국, 세상에는 미술을 포함하여 다방면의 중요한 일들을 위해 자원을 집결시키는 사람이 필요하다.

그러니 낙담하여 "알겠습니다"라고 중얼거리며 다음 약속 장소로 서둘러 떠날 것이 아니라, 진심을 담아 "정말 멋지네요!"라고 응답할 수 있어야 한다. 그리고 미술 분야의 후원자가 되려는 그에게 도움이 될 수 있는 몇몇 사람의 이름과 전화번호를 제공하자.

부족함, 낙담, 모르는 것에 대한 두려움, 거절에 대한 두려움 ― 이 모든 장애물이 모금을 고통스럽고 고단한 시련으로 만든다. 게다가, 이 장애물들은 자원이 지금 바로 필요한 모든 일을 향해 흘러가는 것을 방해한다.

일단 이 장애물로부터 자유로워지면, 놀라울 정도로 활발하게 에너지가 흐르는 것을 목격하게 될 것이다.

'다른' 길은 없다:
나눔이 당신이 된다

나눔이라는 개념을 좁게 해석하면 시간, 지식, 서비스, 돈을 기부하는 자선이라는 행동으로 축소된다. 그 결과는 단순하고 명료한 교환으로 설명된다. 수혜자는 장학금이나 집, 또는 절실하게 원하던 수술로써 도움을 받고, 기부자는 자존감이 높아지면서 따뜻한 내적 만족감을 얻는다.

사실 이 자체만으로도 정말 좋다. 하지만 이런 기부는 종종 진정한 변화를 가로막는 권력관계를 만들어 내곤 한다.

가장 최근에 했던 기부를 생각해 보자. 그 기부를 통해 무엇을 느꼈는가? 대개 선함, 효능감, 상황통제력을 느꼈을 것이다. 그리고 자신을 '기부자', '후원자', '자선가'로 여기며 대단한 **사람**인 것처럼 느꼈을 것이다.

대조적으로, 그 기부를 받는 사람은 (상대적으로) **보잘것없는** 사람, 즉 '수혜자', '수령인', 감사의 인사를 하며 기부금을 수령하는 겸손한 애원자의 역할을 맡게 된다.

물론 관계의 본질을 좀 과장한 표현이기는 하다. 핵심은 전통적 자선활동에서 기부자는 늘 '갑'인 반면 수혜자는 늘 '을'이라는 사실이다. 이렇게 엄격히 규정된 두 역할 사이의 불균형은 본질적으로 불공평하며 건전하지 않은 역학관계를 낳는다.

이 관계를 바꾸기 위해서는 용기가 필요하다. 제니퍼의 친구 캐티야 안드레센은 "위험에 노출되지 않고 나눔에 대해 이야기하기는 불가능합니다. 자신을 완전히 개방하지 않고 진정 나누는 사람이 되기도 불가능합니다"라고 말한다.

참된 나눔이란 수혜자나 모금가뿐만 아니라 기부자나 자선가 등 관련된 모든 사람에게 개인적인 변화의 기회가 마련되는 것이다. 그리고 이러한 나눔은 '외부인(타자)' 개념이 없을 때에만 생겨난다. 기부자와 수혜자라는 운명적인 역할을 우리가 극복할 때, 나눔은 순간적인 행동을 넘어 삶을 사는 방법이 된다. 나눔이 당신이 된다. 이 흐름을 통해 사람들은 한 단계 성장한다. 사람들 사이의 수동적 태도와 장벽은 사라지고, 자원은 가장 필요한 장소로 흐른다.

교육혁신 집단 '블루엔진'(Blue Engine)의 닉 에르만은 이기적인 자의식(ego) 때문에 인간관계를 망쳤던, 그래서 그 대가를 치렀던 때를 이렇게 회고한다.

개인 기부자들에게서 모금을 해본 경험이 전혀 없을 때, 운 좋게도 헨리라는 유명한 자선가를 소개받았습니다. 그는 유명한 비영리재단의 책임자였는데, 벤처사업으로 큰 성공을 거둔 사람이었습니다.

우리는 이메일을 주고받았는데, 그가 제게 만나자며 뉴욕 어퍼웨스트사이드에 있는 그의 아파트로 오라고 했습니다. 정말 행운이었지요. 게다가 당초 30분으로 생각했던 만남이 2시간의 대화로 이어졌습니다.

출발은 좋았습니다. 저는 교사로서의 경력과 교육개혁에 대한 포부를 이야기했습니다. 그리고 그는 머리 좋은 사람이라면 으레 하는 것—

정말 재미있는 캐묻기 식 질문 던지기 — 을 시작했습니다. 대화가 길어지면서 그는 제 생각에 도전하는 질문을 끊임없이 던졌습니다. "그것이 문제 해결을 위해 올바른 길일까요?", "당신은 다른 가능성이나 대안도 고려해 보았는지요?" 헨리는 바늘로 콕콕 찌르는 듯한 도발적인 방식으로 남을 매혹하는 대화에 능한 사람이었던 것입니다.

하지만 여기서 문제가 생겼습니다. 제가 헨리의 질문을 의견교환 및 학습의 기회로 받아들이지 못하고 방어 자세를 취한 것입니다. 저는 반론을 폈고, 헨리가 말하려는 요점을 일일이 봉쇄했으며, 대화의 75%를 점유했습니다. 저는 그의 이야기를 거의 듣지 않았던 것입니다.

돌이켜보면 제 행동이 부끄럽습니다. 저는 제가 소인배이며 함께 일하기 어려울 사람임을 헨리에게 홍보하고 있었습니다. 헨리에게 두어 차례 편지를 보냈지만, 그는 그때 이후 연락을 끊었습니다. 그렇지만 그를 탓할 수가 없습니다. 전적으로 제 잘못이었기 때문입니다.

인간관계를 만드는 것은 논쟁에서 이기는 것이 아닙니다. 관계 맺기는 자신의 마음을 여는 것, 그리고 같은 일을 하자고 다른 누군가를 초대하는 것입니다. 이는 경청하고, 서로 배우면서 함께 나아갈 방법을 찾는 과정입니다.

많은 사람이 닉이 빠졌던 함정에 빠진다. 똑똑하고 논리적이며 아는 것이 많고, 자기주장이 강하거나 심지어 공격적이라는 이유로 보상을 주는 학교와 직장에서 잘나가던 사람이라면 특히 이 함정에 빠지기 쉽다. 대화를 할 때는 자신을 개방하고 약점을 드러내기보다 주장을 펼쳐 누군가가 동의하도록 하는 것이 지적으로나 정서적으로 확실히 더 쉬운 일이다. 그런데 한 가지 문제가 있다. 관계를 맺는 데는 그러한 방식이 아무런 소용이 없다는 것이다.

인간 대 인간으로: 모금가의 비밀 규칙

그렇다면 어떻게 진정한 나눔이 생겨나도록 할 것인가? 우리가 모금가로 활동하거나 어떤 명분을 위한 후원을 찾고자 할 때, 잠재적 기부자나 파트너, 또는 협력자와의 만남을 통해 어떻게 자원의 움직임을 만들어 낼 수 있을까? 완전히 열린 태도, 모든 정보의 공유, 그리고 경청이 필요하다. 이는 정해진 역할과 전통적인 규범에서 벗어나는 방식으로 행동하는 것을 의미한다.

나눔은 다른 사람과 역할 대 역할이 아닌 인간 대 인간으로서 진정한 관계를 맺기 위해, 충분히 마음을 열고 두려움 없이 자신을 허용할 때 생겨난다. 그것은 모금활동을 할 때뿐만 아니라 사람과 관계를 맺는 모든 경우에 함양해야 하는 태도이다.

사람들과 일상적으로 상호작용하는 과정에서 어떻게 더 자신을 개방할 수 있을까? 여기에 도움이 되는 방법으로 몇 가지를 살펴보자.

"직업이 무엇입니까"라는 질문으로 대화를 시작하지 말자. 이 일반적인 질문이 대화의 틀을 잡는 데 도움이 되는 것처럼 보일 수도 있지만,

당신과 상대방 사이에 장벽을 만들기도 한다. 즉, 우리는 사회적 서열과 직업상의 신분이라는 고정관념 속으로 서로를 집어넣게 된다.

관심사, 경험, 가치를 나누며 '교류'할 수 있는 질문을 던지면서 교제를 시작하자. 예를 들어, 교육을 주제로 하는 어느 컨퍼런스에서 낯선 사람이 바로 옆자리에 앉았다고 하자. "하시는 일이 뭡니까?"라고 질문하는 대신, "선생님께서 학창시절에 가장 좋아하셨던 과목이 무엇이었습니까?"라는 질문을 통해 그 사람의 중요한 생각을 알아내도록 노력하자. 이 간단한 질문이 두 사람을 더 깊고 의미 있는 대화로 이끄는 통로가 될 수 있다. 만약 그 사람이 가장 좋아하던 과목이 물리학이었다면, 우주의 기원에 관한 논의를 이어 갈 수도 있다. 이는 대개 첫 만남에서 대화의 주를 이루는 건조한 약식 자기소개와는 전혀 다르다.

'왜'가 들어가는 질문을 하자. 만약 당신이 누군가를 만났는데 그가 버클리대학을 다녔다는 말을 했다면, 이와 연결하여 그가 특정한 진로를 선택하는 데 중요했던 관심사와 가치관이 무엇이었는지 정중하게 물어볼 수 있다. "아, 버클리대학을 나오셨군요? 왜 그 학교를 선택했나요? 철학과를 다니셨다구요? 왜 철학에 끌리셨나요?" '왜'가 포함된 질문을 통해 자기표현과 개방이 가능해진다. 그것은 대인관계 전문가 — 모금가는 모두 포함된다 — 라면 누구나 갖고 있는 비밀병기이다.

자의식을 조심하자! 제니퍼가 런던의 어느 칵테일파티에 참석했을 때의 일이다. 그 파티에는 신문에 크게 이름이 실리는 거물급 인사가 가득했다. 제니퍼의 자의식이 발동하고 말았다. 그녀는 이 걸출한 집단에 자신이 어울리는지, 자신이 '속하는지' 확인하고 싶었다. 자의식이 발동하면 남에게 깊은 인상을 주겠다는 욕구가 강해지고, 남의 말에 귀 기울이지 않으며, 자신이 주목받을 수 있는 기회에 집중하게 된다. 그래서 한두 사람의 이름 정도는 슬쩍 빼 버리고, 우리가 자랑스러워하는 최근의 업적을 '별 것 아닌 것처럼' 들먹이며, 지식이 많고 교양 있어 보이는 특정 견해를 떠벌인다.

안타깝게도 이런 자의식과 직접 싸우는 것은 효과가 없다. 이를 찍어 누르려 애쓰기보다는, 가만히 들여다보며 실체가 없는 헛된 것임을 깨달아야 한다. 그저 가만히 바라보기만 해도 자의식은 수그러든다. 그리고 그 순간 편안함과 기쁨이 흘러든다. 더 이상 다른 사람들에게 깊은 인상을 줄 필요도 없고, 내 말을 들려주고는 동의를 이끌어낼 필요도 없다. 여유로움과 살아 있음이 느껴지는 순간이 찾아온다. 새로운 만남이 단순한 명함 교환이나 자기 홍보가 아닐 때, 진정한 성장과 발견을 위한 기회가 될 수 있다.

무엇보다 마인드 풀(*mindfulness*)[10]해야 한다. 이 원칙은 약간의 설명이 필요하다.

우리 친구 샤론 살즈버그는 유명한 명상교사다. 1976년 그녀는 조지프 골드스타인, 잭 콘필드와 더불어 매사추세츠 주 바르에서 '통찰명상회'(Insight Meditation Society)를 설립했다. 이 단체는 서구권에

---

10 〔옮긴이 주〕불교수행 전통에서 기원한 심리학 개념으로, 현재 순간을 있는 그대로 수용하는 태도로 자각하는 것.

서 명성을 얻고 활발히 운영되는 명상센터다. 강의 도중에 그녀는 마인드 풀이라는 정의하기는 어렵지만 매우 중요한 불교 개념에 대해 설명해 달라는 요청을 종종 받는다. 그녀는 다음의 이야기를 통해 마인드 풀을 현실적인 용어로 정의하곤 한다.

당신이 파티에 가는 길이라고 상상해 봅시다. 그런데 친구가 한 명이 나타나 당신에게 이렇게 말합니다. "오늘 X를 만났는데, 그 친구, 진짜 진짜 진짜 지루하더라." 그리고 당신에게 파티에 한쪽 구석에서 X와 이야기할 기회가 생겼습니다. 어떻게 반응할 것 같으신가요? 보통의 경우라면 X가 하는 이야기에 진심으로 귀 기울이지 않을 것입니다. 대신 엉뚱한 생각을 하겠지요. 아마 방 안을 둘러보면서 "이야기 상대가 될 만한 다른 사람이 어디 없을까? 어떻게 하면 X에게서 **빠져나가지**?"라고 궁리할지도 모릅니다.

하지만 반대로 당신은 친구로 인해 생긴 선입견을 떨쳐 버리고 X와의 대화에 진정으로 임할 수도 있을 것입니다. 그날 파티가 끝날 무렵 당신은 "알아? X는 진짜 진짜 지루한 사람이야!"라고 단정할 수도 있겠지요. 하지만 아마 그런 일은 없을 것입니다. 왜냐하면 그 사실은 직접 겪은 것이 아니라 **전해들은** 것이기 때문입니다. 오히려 당신은 "와! 그 친구는 전혀 지루하지 않아"라고 생각하며 파티장을 나설 것입니다.

즉, 마인드 풀의 실천은 모든 대상을 새롭게 발견하는 것에서 시작됩니다.

마인드 풀은 선입견에서 벗어나 주변사람들을 실제로 인식하고, 그들과 관계를 맺는 것과 관련된다. 그것은 흥미진진한 일이다. 새로운 경험에 자신을 전면적으로 개방할 때, 누구에게 무엇을 배울지 미리 알 수는 없다. 그러나 스스로 원하지 않으면 어떤 배움도 일어나지 않을 것이다. 배움은 선입견으로 가득 찬 마음을 통제하는 것에서 시작된다.

· · · · ·

이 장에서 살펴본 생각과 태도를 통해 우리는 모금 악마 길들이기로 한 걸음 다가섰다. 악마 길들이기는 당신의 일과 개인생활에 엄청난 영향을 미칠 수 있다.

2011년 조이 이토는 세계적으로 유명한 'MIT 미디어랩'의 이사직을 검토하고 있었다. 조이는 아주 성공적인 젊은 기업가이자 벤처자본가일 뿐만 아니라, 세계의 기술정책과 혁신 및 사회에서의 인터넷의 역할에 관한 선두적인 사상가이자 작가이다. 그런데 조이는 대학 학위를 마치지 못했다. 그로 인해 세계적으로 명성이 높은 대학의 특별한 직위가 자칫 이름만 부풀려진 자리로 보일 수도 있었다.

하지만 조이는 "연구소를 위해 귀하가 모금에 참여하는 것은 어떻게 생각하십니까?"라는 인터뷰 질문에 대한 답변대로 그가 수락한 일을 잘 수행해 냈다.

이토가 웃으면서 진심으로 내놓은 답변은 "저는 모금을 사랑합니다!"

였다. 그리고 그 직위를 수락한 이후 이룩한 성과는 그가 했던 말이 모두 진심이었음을 입증했다.

만약 비영리세계에서 경력을 쌓을 생각을 하고 있다면, 취업면접에서 이보다 더 합격가능성을 높여 줄 말은 없을 것이다. 하지만 진심이 아니면서 그렇게 말해서는 안 된다! 이 책의 나머지 부분에 실린 아이디어와 통찰을 통해 "나는 모금을 사랑한다!"라는 말을 열망(aspiration)에서 현실로 만들 수 있을 것이다.

생각거리

∴

- 모금에 대한 생각 가운데 많은 것은 돈에 대한 태도에서 비롯된다. 돈에 대한 태도의 근원에 대해 생각해 보자. 당신이 성장하는 과정에서 돈은 어떤 방식으로 언급되었는가? 또는 어떤 방식으로 언급되지 않았는가?

- 이 장에서는 자원이 필요한 기관을 향하는 것을 방해하는 4가지 장애물 — 부족, 낙담, 모르는 것에 대한 두려움, 거절에 대한 두려움 — 을 언급했다. 이 장애물 중에서 어느 것이 당신의 일에 가장 크게 영향을 미쳤는가? 그리고 그 이유는 무엇인가? 이 장에서 다루지 않았지만 당신을 방해하는 다른 어떤 장애물이 있는가?

- 최근 경험한 만남을 되돌아보자. 그중 가장 편협하고 비생산적이었다고 생각하는 경험 한 가지를 떠올려 보자. '그것을 재편집하여' 편협하지 않고 창의적인 태도로 바꿀 수 있는가? 내일 만날 사람들에게 다른 태도를 보일 수 있을 것인가?

Chapter 2

내러티브로 만드는 관계
자기만의 이야기가 지닌 힘

사람을 깨우치는 것은 답변이 아니라 질문이다.
— 유진 이오네스코

제1장에서 보았듯이, 잠재적 파트너들의 정서적 욕구와 깊은 관계를 맺을 수 있게 되면, 명분을 위해 더 많은 자원에 접근할 수 있다. 이 장에서는 깊은 정서에 다가가기 위한 가장 강력한 수단으로서 잘 구조화된 내러티브(*narrative*)에 대해 살펴보도록 하자.

우리 모두 어느 정도까지는 스토리의 힘을 직관적으로 이해한다. 대화에 능한 사람이라면 누구나 다채롭고 생생한 이야기 — 재미있거나 감동적이며, 놀랍거나 짜릿짜릿한 — 가 청중의 관심을 끌거나 지속시키는 최선의 수단이라는 것을 안다. 경험 많은 모금가라면 누구나 "이러저러한 일을 하는 우리 비영리기관에 대해 설명하겠습니다"라고 말하기보다는 "최근 케냐에 갔을 때 저는 아닌도라는 이름의 여성

67

을 만났습니다"라고 말하는 것이 훨씬 더 효과적인 방법이라는 것을 알고 있다.

스토리의 힘은 우리가 새로이 발견한 것이 아니다. 전 세계의 리더와 교사들은 수천 년 전부터 이를 잘 알고 있었다. 그리스와 인도에서 중동에 이르는 고대 문명의 지혜는 강렬한 이야기로 구현되어 지금까지도 사람들의 마음에 새겨진다. 호머가 남긴 서사시, 위대한 그리스 극작가들이 쓴 비극, 산스크리트어로 기록된 고전 《마하바라타》(The Mahabharata)와 《라마야나》(The Ramayana), 히브리어 경전에 실린 전설, 예수가 말한 우화 등이 그것이다. 메시지를 힘 있게, 그리고 잊을 수 없게 전달하는 비결은 스토리 형식으로 말하는 것임을 인류는 직관적으로 알고 있었다.

정서적, 지적, 문화적으로 풍성한 스토리는 각기 다른 문명의 사람들 모두에게 보편적인 호소력을 지닌다. 그런데 이 강력한 방법이 모금 분야에서는 간과되는 경향이 있다. 잠재적인 파트너들에게 접근할 기회가 왔을 때, 대부분은 아직도 기관의 중요성을 보여 줄 수 있는 이야기보다는 기관의 업무에 대한 정보로 대화를 시작한다.

이 장에서는 개인적 스토리를 듣는 사람의 삶과 연결하여 말하고자 할 때, 더 편안하고 효과적으로 이야기할 수 있도록 몇 가지 실질적인 기법을 알려 줄 것이다.

스토리가 중요한 이유

사람들을 이어 주기도 하고 삶에 대한 새로운 생각을 하게도 하는 독특한 힘을 지닌 스토리는 도대체 어떤 것일까? 다음의 특징들을 살펴보자.

스토리는 보편적으로 통용되는 경험을 다룬다. 스토리는 개인이 일상적인 삶과 생존을 위해 고군분투하는 과정에서 생기는 재료로 만들어진다. 이 재료는 다양한 욕구, 꿈, 공포, 욕망, 사랑, 혐오감 등과 친구, 이웃, 공동체, 국가 내부적 차원에서 우리가 구축하는 관계들이다. 이는 모든 사람들이 경험하며, 강렬한 이야기에 반영될 때 모두가 알아볼 수 있는 것들이다.

스토리는 감각을 자극한다. 잘 구성된 스토리는 시각, 청각, 촉각, 후각, 미각의 오감을 통해 강한 인상을 준다. 노련한 이야기꾼이 스토리를 생생하게 들려주면, 듣는 사람들은 그가 환기하는 감각적 이미지 ─ 솔잎 향기, 숲에 깔린 마른 나뭇가지들의 버석거림, 맑은 밤하늘에 뜬 보름달의 서늘한 광채 ─ 를 통해 그의 경험을 공유한다. 듣는 이들은 생생한 감각적 세부묘사 덕분에 감성을 자극받고 화자의 말에 공감하게 된다. 이것은 말하는 사람의 가치, 비전, 목표에 대한 공감으로 갈 수 있는 중요한 단계이다.

스토리는 도전, 선택, 해결을 포함한다. 좋은 스토리는 모두 도전에 직면해 선택을 하며, 최종 해결 ─ 좋거나 나쁘거나, 기쁘거나 슬프거나 ─ 경험을 묘사한다. 가정생활의 사소한 말다툼에서부터 링컨, 처칠, 로자 파크스[1], 세자르 차베스[2] 같은 역사적 인물이 직면했던 세계 변혁적인 투쟁에 이르기까지, 우리 모두는 인생이 크고 작은 문제로 가득 차 있다는 것을 경험으로 알고 있다. 따라서 스토리 속 등장인물이 경험하는 도전을 쉽게 이해하고, 그들의 선택지를 함께 고심하며, 그 결과에 기뻐하거나 슬퍼한다. 그리고 기부 등의 방식으로 그 이야기를 바꿀 수 있는 기회를 제안 받으면 수락할 가능성이 높아진다.

스토리를 통해 우리는 자신과 세상에 대해 배운다. 스토리를 통해 간접적으로 도전을 경험함으로써 우리는 삶과 세상을 보는 안목을 넓힐 수 있다. 역경을 극복하는 과감함과 영웅적인 모습을 통해 용기의 의미를 더 깊게 이해하고, 시련에 처했을 때 용기를 발휘해야겠다는 결의를 다질 수 있다. 비극적 오해나 판단 실수에 대한 스토리는 경각심을 주면서 우리가 도덕적, 실천적 본능을 가다듬는 데 도움을 준다. 친절과 연민에 관한 스토리는 이상주의를 고취하며, 모든 인간에게 잠재된 선량함의 진가를 알아볼 수 있게 한다.

실비아 페럴-존스는 '보스턴 YWCA'의 회장 겸 CEO다. '보스턴 YWCA'는 유서 깊은 비영리기관으로 수많은 '최초' 기록을 자랑한다. 미국 최초의 'YWCA'이며, 여성의 직업적·경제적 권리를 위해 일하는 보스턴 최초의 기관이자, 인종·성 평등을 위해 투쟁하는 최초의 기관이다. 현재 'YWCA'는 보스턴 지역 대학생에게 리더십을 교육하

---

[1] 〔옮긴이 주〕 로자 파크스(Rosa Parks, 1913~2005, 미국 인권운동가).
[2] 〔옮긴이 주〕 세자르 차베스(Cesar Chavez, 1927~1993, 미국 농민운동가).

고, 인종적 정의 같은 이슈를 주제로 공동체 대화를 촉진하며, 여성들을 대상으로 보건·건강을 가르치는 등 무척 많은 일을 한다.

제니퍼가 진행하는 '혁신적 모금' 과정을 수강한 이후, 페럴-존스는 팀원들에게 모금과 파트너 영입을 위한 수단으로 스토리 사용을 확대하도록 했다. 그녀는 이렇게 설명한다. "상대와 공유할 수 있는 스토리는 관계를 위한 **추천장**과 같습니다. 그러나 정말 중요한 것은 우리 프로그램이 만든 변화를 생생하게 보여 줄 수 있는 **영향력 있는 스토리**입니다. 기부자는 이런 스토리에 가장 관심을 보이기 때문입니다."

페럴-존스는 다음의 사례를 이야기했다. 보스턴의 어느 동네에서 살인 총격사건이 발생한 바로 다음 날, 밤거리에 10대들이 나와 있었다. 긴박한 상황이 벌어졌다. 경찰관들이 출동해 그들을 둘러싸고 이름을 물으며 땅바닥에 엎드리라고 명령했고, 그 10대들은 작은 행동 말실수가 공황이나 비극으로까지 이어질 수 있음을 직감했다.

갑자기 경찰관 한 명이 엎드려 있던 10대 한 명이 낯익은 사람임을 알아차렸다. "이봐, 너 나 몰라?"라고 경찰관이 물었다. 알고 보니 그 10대와 경찰관은 'YWCA'가 주관한 '청년-경찰관 대화'에서 만났던 사이였다. 프로그램을 함께하면서 그들은 서로를 알아 가며 신뢰하게 되었다. 그 경찰관은 소년을 일으키며, "저 친구는 괜찮아"라고 동료들을 안심시켰다. 그 두 사람은 상황 내내 이야기를 나누었으며, 대치 상태를 완화하고, 자칫 발생할 수 있었던 인명사고를 방지하는 데 큰 역할을 했다.

실비아 페럴-존스는 이렇게 논평한다. "'청년-경찰관 대화'에 참여하는 젊은이 가운데 41%가 범죄신고 의욕이 높아진다고 소개하면 사람들은 그저 '잘 됐네요'라는 반응을 보입니다. 하지만 거리에서의 대치에 관한 이야기처럼 사람 목숨이 걸린 이야기를 해주면, 그제야 우리가 하는 일의 가치를 진정으로 이해하는 것 같습니다."

힘 있는 스토리
마샬 간츠와 공공의 내러티브

마샬 간츠는 오랫동안 사회의 변화를 위해 일하며 이야기의 힘을 보여준 훌륭한 스승이다. 일찍이 1960년대에 그는 졸업을 한 해 앞두고 대학을 떠나 미시시피 주에서 자원봉사 민권운동가로 일했다. 훗날 그는 미국 전역에 걸친 각종 선거에서 유권자 동원 캠페인의 리더로 활약했고, 전미농업노동자협회 창설자이자 전설적 존재인 세자르 차베스 밑에서 노조 조직자가 되었다.

간츠는 역사상 중요한 수많은 사회운동이 개인적인 스토리텔링을 통해 활발하게 펼쳐졌음을 깨달았다. 이에 대한 사례가 수도 없이 많았는데, 미국 최남동부 지역 민권운동가들끼리 고통, 구원, 성취에 관한 증언을 공유한 것, 여성운동 초창기 '의식을 높이는' 집단 대화를 통해 여성을 멸시하는 세상에서 투쟁하면서 경험한 고통, 힘든 결정, 희망 등을 공유한 것 등이 여기에 포함된다.

간츠는 운동가로 일하는 동안 이러한 교훈을 스토리의 힘과 관련지어 곰곰이 생각했다. 최근에 간츠는 케네디행정대학원에서 공공정책 담당 선임강사로 일하면서 많은 학생에게 '공공의 내러티브'를 만드는 방법을 가르쳤다. 공공의 내러티브란 구체적 사건이나 이미지, 행사를 통해 다른 사람들에게 의미를 환기하는 방식으로 삶의 진실에 다가가게 하는 이야기이다. 간츠의 표현에 따르면 "구체적 사건이 초월적 진실로 가는 입구"가 된다.

간츠의 설명에 따르면, 공공의 내러티브는 리더십 실천의 중요한 수단이다. 리더는 공공의 내러티브가 지닌 스토리의 힘을 통해 사람들의 머리와 가슴 모두에 관여하여 정보를 주고 열정을 느끼도록 한다. 나아가 잘 만들어진 공공의 내러티브는 동기를 부여함으로써 그들의 행동에도 영향을 미친다. 우리는 비영리 모금가를 특정 상황에서의 리더라고 보는 관점에 맞춰 간츠의 개념을 각색했다. 제니퍼의 '혁신적 모금' 과정에서 공공의 내러티브에 대한 간츠의 특강은 거의 언제나 전체 과정 중에서 가장 인기 있고 주목받는 강의3로 평가받는다.

간츠의 공식에 따르면 고전적인 공공의 내러티브는 자신에 관한 스

---

3 마샬 간츠의 작업과 공공의 내러티브의 개념을 더 알고 싶은 사람에게는 다음 자료를 추천한다. 마샬 간츠, "변화 이끌기: 리더십, 조직 그리고 사회 운동", 《리더십 이론 및 실제 핸드북》(*The Handbook of Leadership Theory and Practice*, 2010), 18장, 509~550쪽; 마샬 간츠, "공공의 내러티브, 집단행동, 그리고 힘", 《공공의견을 통한 책임성: 타성으로부터 공공행동으로》(*Accountability Through Public Opinion: From Inertia to Public Action*, 2011), 18장, 273~289쪽; 마샬 간츠, "이야기가 중요한 이유: 사회적 변화의 기술과 기예", 〈소저너스〉, 2009년, 3월호.

토리, 우리에 관한 스토리, 그리고 지금에 관한 스토리라는 3대 요소로 구성된다. 훌륭한 명분을 위하여 영향력을 행사하고자 하는 리더는, 세 요소를 모두 포함하면서, 각 요소가 그 이전 요소를 바탕으로 구성된 공공의 내러티브로 대중에게 다가가야 한다.

- 자신에 관한 스토리 왜 이 주제에 관심을 갖고 뛰어들었나? 공공의 내러티브의 이 부분은 개인이 도전에 직면해서 선택한 것과 특정한 성과와 교훈을 얻은 어떤 결정 또는 결정의 순간 — 간츠는 이것을 선택 포인트라고 부른다 — 을 포함하여 자신을 형성한 경험이다. 그와 같은 선택 포인트는 개인의 정체성을 구축하고, 세상을 보는 시선을 정의하며, 동기를 부여하는 가치를 드러내는 데 도움이 된다.

- 우리에 관한 스토리 선거구, 공동체 또는 조직이 특정 명분을 채택한 계기와 공유하는 가치, 목적, 목표, 비전. 공공의 내러티브의 이 부분은 말하는 사람의 개인적 경험과 다른 이들의 경험을 연결시킨다. 이는 어떻게 개인의 이야기가 지금 이야기에 귀를 기울이는 사람들을 포함한 수많은 타인들과 공유하는 더 큰 비전과 연결되는지 보여 준다.

- 지금에 관한 스토리 우리의 공동체가 지금 직면한 긴급한 도전 또는 위협, 공동체가 반드시 해야 할 선택, 공동체의 희망. 공공의 내러티브의 이 부분은 이야기를 현시점까지 끌어올려 공동체의 삶에서 왜 지금이 중요한 선택 포인트인지 보여 준다. 이는 화

자가 제시하는 명분에 합류함으로써 듣는 이의 스토리가 새롭게 생겨나고, 그럼으로써 화자의 스토리 속에 구현되는 '우리'의 일부가 되도록 초대하는 역할을 한다.

여태까지 들었거나 읽은 가장 인상적인 연설을 생각해 보자. 에이브러햄 링컨, 윈스턴 처칠, 모한다스 간디, 존 F. 케네디, 마틴 루터 킹 2세 같은 역사적 인물의 연설을 떠올리거나, 달라이 라마에서 노벨상 수상자 무하마드 유누스에 이르는 현재의 설득력 있는 리더의 연설을 떠올려 보자. 이 리더들의 메시지 가운데 많은 것들이 어느 정도 간츠의 구조를 따른다. 노련한 모금가와 비영리 리더가 전하는 효과적인 메시지도 마찬가지다. 각 메시지는 고유한 방식에 따라 '자신에 관한 스토리'로 만들어지고, 자연스럽게 전체 공동체를 포용하는 '우리에 관한 스토리'로 연결되며, 최종적으로 '지금에 관한 스토리' — 행동하자는 부름 — 로 이어진다.

간츠는 버락 오바마 당시 상원의원이 2004년 7월 민주당 전당대회에서 한 연설 — 수많은 미국인을 열광시키고 고무하였으며, 오바마를 전국적인 정치인으로 끌어올렸던[4] — 의 첫 7분 분량을 예로 들어 대중연설의 3부 구조를 제시한다.

오바마의 '자신에 관한 스토리'는 그가 전당대회장에 모인 청중에게

---

[4] 연설 원고 전문은 다음 사이트에 있다.

www.washingtonpost.com/wp-dyn/articles/A19751-2004Jul27.html.

"오늘밤은 제게 특히 영광스럽습니다. 왜냐하면, 자, 함께 생각합시다. 이 무대에 제가 섰다는 것이 정말이지 있을 법하지 않은 일이기 때문입니다"라며 시작된다. 그런 다음 그는 계속해서 그의 유별난 가족사로부터 3가지 핵심적인 선택 포인트를 이야기한다. 아프리카에 있던 할아버지가 아들을 미국에 유학시키기로 결정한 것, 부모님의 '있을 것 같지 않은' 결혼 결정, 그리고 그들이 아들의 이름을 너그러운 미국에 대한 믿음의 표현으로서 '축복'을 의미하는 '버락'으로 짓기로 한 결정 등이다. 간츠가 주목하듯이, "각 선택은 용기, 희망, 보살핌을 의미한다".[5]

오바마는 그런 다음 "제 이야기는 미국의 이야기의 일부입니다"라고 선언하면서 '우리에 관한 스토리'로 넘어간다. 그는 전당대회장에 모인 사람과 텔레비전 시청자, 이튿날 신문이나 TV에서 그 연설을 읽거나 볼 사람 등 수많은 청중과 그가 공유하는 미국의 가치를 묘사한다. 오바마는 평등의 가치를 담은 독립선언서를 특별히 인용하면서, 미국 건국의 아버지들이 했던 선택으로까지 거슬러 올라가 이 가치를 추적한다. 그리고 그는 공유된 가치를 환기하는 일련의 순간들을 이렇게 묘사한다. "단순한 꿈에 대한 믿음, 작은 기적에 대한 고집. 그것은 밤에 아이들에게 이불을 잘 덮어 주며, 이들이 먹고 입을 수 있고 안전하다는 것을 아는 일이며, 예기치 않은 노크 소리를 듣지 않으면서 생각하는 바를 말하고, 생각하는 바를 쓸 수 있는 것입니다." 그 밖에도

---

5 마샬 간츠, "공공의 내러티브란 무엇인가?", 발표자료, 2011. 허락을 얻어 인용.

그는 여러 사례를 들었다.

끝으로, 오바마는 "우리에게는 할 일이 더 있습니다"라고 선언하면서 '지금에 관한 스토리'를 말하기 시작한다. 간츠의 설명을 들어 보자.

오바마는 미국의 이상과 동일시하는 가치에 대한 경험을 말한 다음, 그 가치가 실제로는 구현되지 않았다는 사실에 직면하게 합니다. 그리고 그는 특정한 문제를 지닌 특정 장소의 특정 사람의 이야기를 들려줍니다. 우리는 진행되는 이야기에 공감하며 자신의 삶에서 느낀 고통을 떠올립니다. 하지만, 오바마는 이 모든 것이 변화할 수 있음을 상기시킵니다. 우리는 모든 것이 변화할 수 있음을 알게 됩니다. 우리가 그렇게 하기로 선택한다면 그 변화를 만들어 낼 수 있기 때문에, 모든 것은 변화할 수 있습니다.

2004년 전당대회라는 맥락에서 오바마가 미국인에게 촉구한 조처는 존 케리 상원의원이 대통령이 될 수 있도록 투표하라는 것이었다. 물론 케리는 그 선거에서 졌다. 하지만 요점은 오바마의 공공의 내러티브, 특히 '지금에 관한 스토리'가 사람들에게 매우 구체적인 선택을 촉구하며 마무리되었다는 사실이다. 리더십은 사람의 마음을 움직여 행동하게 하는 것이다. 따라서 리더십 수단으로서의 공공의 내러티브는 '지금에 관한 스토리'와 세상을 변화시킬 수 있는 선택지를 사람들에게 제시하지 않고서는 완성될 수 없다.

'지금에 관한 스토리'는 또한 공공의 내러티브와 모금가로서 우리 일

사이의 관계를 명료하게 해준다. 왜냐하면 우리의 일은 사람들을 기부, 자원봉사, 이사회 참여 등의 방식으로 우리에게 동참하도록 이끄는 것이기 때문이다. 마샬 간츠가 보여 주듯이, 이는 '지금에 관한 스토리'가 '자신에 관한 스토리'와 '우리에 관한 스토리'라는 토대 위에 구축될 때 훨씬 더 효과적일 수 있다.

자신의 스토리라는 선물: 망설임 극복하기

앞서 언급했듯, 공공의 내러티브는 리더들이 개인적인 스토리의 힘을 이용하여 잠재적인 파트너와 지적, 정서적 관계를 맺을 수 있게 해준다. 비영리 리더는 '자신에 관한 스토리', '우리에 관한 스토리', 그리고 '지금에 관한 스토리'를 갖춘 공공의 내러티브를 만들고 말하는 데 어려움이 없어야 한다. 그러나 안타깝게도 많은 사람이 잘 알지 못하는 사람에게 개인적 이야기를 꺼내기가 쉽지 않다고 느낀다.

그와 같은 망설임에는 여러 가지 이유가 있다. 여기에는 부모, 교사, 멘토, 조언자로부터 오랜 기간에 걸쳐 학습을 받았으며, 자신을 노출하는 두려움을 정당화하기 위해 자신에게 거듭 말하는 다음과 같은 변명들이 포함된다. 이를테면 이런 메시지이다.

- 아무도 나의 스토리에 관심이 없다.

- 내게 극적인 일은 한 번도 일어나지 않았다.
- 공식적으로 나에 대해 이야기한다면 이기적인 사람이라는 인상을 줄 것이다.
- 내 스토리는 다른 사람과 다를 것이 전혀 없다.
- 내 스토리는 하도 이상하고 개인적이어서 아무도 이해할 수 없을 것이다.
- 내게는 내세울 만한 업적이 없다.

이런 변명에는 일말의 진실이 있을 수 있다. 하지만 단지 '일말의' 진실일 뿐이다. 모금가나 비영리 파트너라면 누구든 자신의 자선 경험의 공유를 피할 수 없는 의무로 여겨야 한다. 여기에는 현실적 이유가 있다.

"아무도 나의 스토리에 관심이 없다." 그것은 오직 듣는 사람을 배제하는 방식으로 이야기할 경우에만, 즉 이야기에 생명을 불어넣는 구체적인 세부사항이나 사건, 행사, 감성이 없을 경우에만 맞는 말이다. 인간은 선천적으로 서로에게 깊은 관심을 갖고 있다. 이는 우리 모두가 수많은 시간을 소비하여 책, 영화, 텔레비전 쇼, 연극, 뉴스 보도, 잡지 기사, 심지어 동료들 간의 잡담이라는 형태의 이야기를 찾아서 본다는 사실에서 증명된다. 사실, 타인에게서 관심을 얻는 최선의 방법은 개인적 이야기를 하는 것이다. 왜냐하면 이것이 사람들이 진정 듣고 싶어 하는 것이기 때문이다.

"내게 극적인 일은 한 번도 일어나지 않았다." 비영리 리더로서 해결하고자 하는 문제를 개인적으로 경험했을 수도 있고 그렇지 않을 수도 있다. 하지만 모든 삶은 갈등으로 가득 차 있다 — 그것이 인간 존재의 본질이다. 그리고 갈등은 본질적으로 극적이다. 당신 삶에서의 어떤 선택 포인트든 한 번 되돌아보고, 직면했던 결정, 가로막았던 장애물, 해결해야 했던 정서적 또는 심리적 갈등을 곰곰이 떠올려 보자. 당신이 알고 있었든 아니든 간에 그것은 이미 드라마다.

"공식석상에서 나에 대해 이야기한다면 이기적인 사람이라는 인상을 줄 것이다." 분명히 이기적으로 보이는 상황도 있다. 그러나 반드시 그렇지만은 않다. 비결은 지난 일을 그냥 솔직하게 털어놓는 데 집중하는 것이다. 말하자면 자신의 불확실했던 상황, 실수, 망설임, 복합적인 감정, 실패 사례를 드러내는 것이다. 자신과 삶에 대하여 있는 그대로의 진실을 공유하면, 사람들은 그 진가를 알아보고 동질감을 느낀다. 왜냐하면 상대방의 결점을 들으면서 자신의 결점을 인식하기 때문이다.

자기중심적으로 보이지 않기 위해 일부 모금가는 소속된 기관의 설립자 등 다른 사람의 이야기에 의존하는 쪽을 선호한다. 편의상 카렌이라고 부를 한 학생은 잠재적 기부자와 여타 파트너를 만날 때 설립자의 영감에 얽힌 이야기를 들려주는 것이 아예 버릇처럼 되어 버렸다. 이러한 접근법은 어느 정도 효과적이었다. 그 덕분에 카렌은 자신의 이야기를 처음 만나는 사람에게 하는 모험을 피할 수 있었다. 하지만 그러다 보니 설립자의 이야기가 '녹음된 말'처럼 들리는 경향이 생겼다. 귀에 익은 이야기를 수없이 반복하다 보니 그렇게 되고 말았다.

이에 카렌은 기관과 업무를 소개해 달라는 요청을 받았을 때, 설립자 이야기 대신 자신의 이야기를 하기 시작했다. 그녀는 듣는 사람들이 훨씬 더 열심히 반응하는 것에 깜짝 놀랐다. 카렌은 여전히 설립자 이야기를 어느 정도 사용하기는 했지만, 자신의 이야기로 자신을 위험에 노출시키자, 개인적이고 직접적인 관계를 이전에 경험했던 것보다 훨씬 더 풍성하게 맺을 수 있었다.

"내 스토리는 다른 사람과 다를 것이 전혀 없다." 실제로는 모든 사람이 독특하다. 인터뷰의 대가인 칼스 쿠랄트와 스터즈 터켈은 평범하지만 매혹적인 사람들의 이야기를 끊임없이 소개하며 그 사실을 증명했다. 비슷비슷한 타인의 삶과 차별되는 내 삶의 세부사항을 찾아내기 위해 기억을 철저히 조사하는 것 — 마음과 감성을 자극했던 지난 일에 의미를 부여함으로써 지난 일들을 특별하게 만드는 것 — 만 해내면 된다.

"내 스토리는 하도 이상하고 개인적이어서 아무도 이해할 수 없을 것이다." 이러한 변명은 앞의 것과 정반대인데, 사실이 아니기는 마찬가지다. 그렇다. 모든 사람의 이야기는 독특하다. 하지만 거기에는 우리 모두가 경험했고 공감할 수 있는 공통적인 요소, 즉 투쟁, 상실, 희망, 절망, 실패, 그리고 성공이 있다. 이상한 이야기, 언뜻 보아 기이한 이야기를 모두 말해 보자. 아마도 듣는 이들은 그 이야기를 이해하고 고개를 끄덕일 것이다. 당신의 삶만큼이나 우리 모두의 삶 또한 기이했기 때문이다.

제니퍼가 이끄는 '혁신적 모금' 과정에 다니는 어느 아프리카계 미국인 학생이 있다(편의상 그를 론이라고 부르자). 론은 자기가 인종적인 이유로 특혜를 요구하는 것처럼 보이기 싫어서 사람들의 이목이 자신에게 집중되는 것을 꺼렸다고 말했다. 그러던 어느 날, 어떤 동료가 론의 기부제안서에 도심의 가난한 동네라는 출신지와 같은 그의 배경이 전혀 기록되지 않은 것을 발견했다. 그리고는 론에게 "자네는 자네 이야기를 공유할 의무를 지고 있네. 자네 이야기는 흔치 않고, 강렬하고, 중요해. 그것은 자네의 본래 모습 때문이기도 해"라고 말했다.

론은 "그 충고는 충격이었습니다"라고 당시를 회고했다. 그 후, 그는 자신의 경험을 사람들과 공유하기 시작했다. 그로 인해 그는 친구와 파트너에게 훨씬 더 강한 유대감을 느끼게 되었고, 그의 명분을 설득하는 데 더 유능한 모금가가 될 수 있었다.

"내게는 내세울 만한 업적이 없다." 어쩌면 사실일 수도 있다(하지만 이렇게 말하는 사람 대부분은 잘못된 겸손으로 업적을 최소화한다). 하지만 중대한 선택 포인트로 연결되는 실패담은 때로는 성공담보다 더 강렬한 스토리가 된다.

1장에 등장했던 닉 에르만은 성과지향적인 교육연구를 설명하는 과정에 초기의 실패에 관한 이야기를 어떻게 활용하는지를 다음과 같이 보여 주었다.

저는 대학을 졸업하자마자 워싱턴 D. C. 에서 교사로 일했습니다. 저는 오래전부터 아이들의 학업성취도가 낮은 것을 걱정했으며, 그 문제를 해결하기 위해 우리가 무엇을 할 수 있을지 고민했지요. 이와 관련해 제가 처음 생각한 가설은 "이 아이들에게는 상급학교 교육에 대한 자각이 없고, 대학 진학에 기대가 없기 때문에 동기부여가 없다. 따라서 초등·중등학교 공부가 얼마나 중요한지에 대한 인식이 없다"는 것이었습니다.

저는 자선가들과 함께 제가 가르쳤던 4학년 학생들에게 대학 장학금 지급을 보장한 뒤, 이후 10년에 걸쳐 그들의 학업을 조사했습니다. 그리고 프린스턴 대학에서 이 청소년 프로그램의 성공과 그 과정에서 얻은 교훈에 관한 논문을 쓰려고 했지요. 하지만 막상 성과를 보니 우리의 개입이 중등학교 학생들의 학업성취도에 눈에 띌 정도로 영향을 미치지는 못했음이 드러났습니다.

실망스러웠습니다. 하지만 가설을 재검토하고, 초점을 바꾸어 학업 부진의 근본원인을 살피는 훨씬 큰 프로젝트를 시작했습니다. 문제를 철저히 파고들면 들수록, 체계적이고 지적인 방식으로 연구해야겠다는 의욕이 샘솟았습니다. 우리가 측정하려던 결과로 나타나지 않았을 뿐, 우리가 영향을 미쳤을 가능성이 컸습니다.

이것이 제가 '블루엔진'을 시작한 동기입니다. 계속 연구를 진행해 보니, 다소 상식적일 수 있지만, 더 엄격하고 도전의식을 불러일으키는 교실을 만드는 것이 학생들의 성취도를 높이는 최선의 방법이라는 결과가 나왔습니다. 이제 저는 잠재적 파트너들을 만나면 이 이야기를 합니다. 이 이야기는 여러 가지 면에서 중요하지요. 첫째, 이 이야기는 우리가 이념 또는 사전에 형성된 학생 동기부여 이론을 무작정 따를 것이 아니라, 경험과 연구를 통해 알게 된 현실에 근거를 두어야 한다는 것을 보여 줍니다. 둘째, 학교에서 실제로 발생하는 상황에 대한 장기적 연구의 필요성을 강조해서 보여 줍니다. 셋째, 저의 일생에 걸친 헌신과 함께 그 과정에서 마음을 변화시키고 배우며 성장하겠다는 저의 의지를 보여 줄 수 있습니다. 이러한 메시지가 사람들에게 반향을 불러일으켰으며, 그 결과 우리를 위한 지원은 꾸준히 증가하고 있습니다.

에르만이 기획한 교육 프로젝트가 어떤 긍정적인 성과도 올리지 못한 것으로 보였을 때, 그는 중대한 선택 포인트에 직면했다. 아이들의 삶에 영향을 미치려는 꿈을 포기할 것인가, 아니면 용기와 정직을 바탕으로 전제부터 다시 생각하고, 다시 시작할 것인가? 그는 계속 노력하는 쪽을 택했다. 이제는 이 (일시적) 실패에 관한 이야기를 대면 업무에서 효과적인 도구로 사용한다. 그의 '자신에 관한 스토리'는 활기 없는 학교 환경에서 잠재력을 잃어 가는 미국의 아이들에 대한 '우리에 관한 스토리'로 쉽게 이어진다. 그리고 이는 연구와 개혁에 관한 '블루엔진'의 사업을 지원함으로써 문제를 해결하자고 호소하는 '지금에 관한 스토리'로 연결된다.

공공의 내러티브를 사용하여 관계망(connection)을 만드는 것의 한 가지 문제점은 에너지가 많이 든다는 것이다. 또 다른 '혁신적 모금' 수강생은 하루에도 여러 차례, 내면을 열어 개인적 열정의 역사를 공유하는 것이 얼마나 지치는 일인지 말했다. "그냥 우리 기관의 업무에 관해 이야기하는 것이 훨씬 수월해 보입니다." 물론 그렇다. 사람들과 상호작용하는 것을 신나는 일로 보는 외향적인 사람들과 달리 이를 정신적·심리적 업무로 여기는 내향적인 사람들에게는 특히 그렇다. 하지만 유능한 모금가가 되고 싶다면, 내면의 깊은 곳을 내어 줄 수 있어야 한다. 그렇게 하지 못한다면 지속적인 유대를 형성하기 어렵다. 무엇보다, '개인적 이야기'의 목적은 사람들과 관계를 맺기 위한 것임을, 그리고 사람들 사이의 진정한 관계는 상호소통임을 명심하자. 만약 일반적인 대화에서 한쪽이 말하기를 독점하거나 대부분을 점유한다면, 너무 많은 말을 하는 것이다. 자신의 이야기를 도구 삼아, 뭔가를 공유하기 위해 타인을 초대해야 한다. 주고받는 대화가 균형을 이룰때, 사람들이 대화로 인해 탈신할 가능성이 크게 낮아신나.

공공의 내러티브를 정교하게 만들기

그렇다면 다른 사람들과 공유할 수 있는 공공의 내러티브 — 특히 가치, 희망, 중대한 선택지를 놓고 잠재적 파트너들과 이야기하는 기초로서 작용할 수 있는 강렬한 '자신에 관한 스토리' — 를 개발하기 위해 어떤 방법을 쓸 수 있을까?

- 자기성찰에서 출발하자. '자신에 관한 스토리' 개발의 손쉬운 출발점은 '왜'라는 질문을 하는 것이다. 왜 그렇게 수많은 시간과 에너지를 아이들(또는 기아, 의료 서비스, 교육, 예술)을 위해 비영리기관에 할애하는가? 만약 상근 모금가나 비영리기관 관리자

로 근무하는 사람이라면, 왜 직업으로 선택할 만큼 이러한 가치들에 마음을 쓰는가? 만약 비영리기관에서 시간제 근무자나 자원봉사자로 일한다면, 왜 소중한 시간을 이러한 명분을 위해 쓰는가? 왜 다른 것이 아닌 이 가치에 헌신하는가? 왜 그냥 포기하고, 절망에 항복하거나 순전히 이기적인 삶을 추구하지(많은 사람들이 그러듯이) 않는가? 한마디로, 왜 당신은 그런 사람인가? 거의 모든 경우, 이런 질문은 현재의 자신을 형성한 환경과 사건 및 경험을 뒤돌아보게 만든다. 이로부터 이야기의 골격이 점차 떠오를 것이다.

- 선택 포인트를 중심으로 스토리를 만들자. 삶에서 중요했던 갈등과 결단의 순간—자신의 정체성과 가치를 정의하고 형성하는 데 도움이 된 선택 포인트—을 돌이켜 생각해 보자. 그 가운데 중요한 두서너 개를 골라내어 간결한 이야기로 정리해 보자. 그리고 이렇게 질문해 보자. 어떤 갈등이 있었나? 어떤 선택에 직면했던가? 어떻게 결정에 도달했나? 어떤 조처를 취했나? 그 결과는 어땠나? 그 경험에 의해 어떻게 변화했나? 어떤 도덕적 교훈을 얻었나? 이런 질문에 대한 답변에 기초하여, 2~3분간 말로 할 수 있는 '자신에 관한 이야기'의 초안을 작성하자.

- 이미지, 장면, 순간이라는 면에서 생각하자. 중요한 순간에서 세부사항에 대한 묘사는 이야기에 살아 숨 쉬는 듯한 생생함을 부여하고 힘을 더해 준다. 선택 포인트를 가능한 한 구체적으로 기억하고 재현하여, 두세 가지 세부사항을 통해 사람들이 마치 현

장에 있는 듯 위기의 순간을 떠올릴 수 있게 하고, 당신이 그것을 어떻게 느꼈는지를 강조하여 전달하자.

- 스토리를 다른 사람들과 공유하자. 다른 사람들의 조언 없이 효과적인 '자신에 관한 스토리'를 만들기는 매우 어렵다. 일단 이야기의 초안을 잡으면, 친구나 동료 두어 명에게 그 스토리를 들어 달라고 요청하자. 그리고 표정과 몸짓 등 표현되거나 표현되지 않은 사람들의 반응을 면밀히 살펴야 한다. 그들이 진심으로, 지속적으로 관심을 보였는가? 전달하려 애쓰던 정서적·심리적 경험을 공유했는가? 전달하고자 한 내용을 통해 그들이 새로운 사실을 받아들이게 되었나? 또한 사람들의 질문과 논평을 경청해야 한다. 이야기의 어느 부분이 효과적이었는가? 어느 부분이 효과적이지 않았는가? 그들이 더 알고 싶어 하는 것은 무엇인가? 어떤 종류의 세부사항에 관심을 보였나? 듣는 이들이 충분히 공감할 수 있을 때까지 통찰력을 이용하여 스토리를 다듬어야 한다.
- 눈길을 끌려 하지 말고 진실해지자. 더 이색적이고, 화려하며, 대단하거나 극적으로 보이게 하려고 스토리를 꾸미거나 과장하고 싶은 유혹을 느낄 때도 있다. 그러나 절대 그래서는 안 된다. 사람들은 진짜가 아니면 금방 그 사실을 알아차린다. 사실이 아닌 이야기는 받아들여지지 않는다. 반면, 꾸미지 않은 현실은 설득력이 있다. 마샬 간츠의 학생 한 사람은 이렇게 말했다. "이야기의 설득력은 표면에 광택을 입히는 것이 아니라 내부에서 빛나는 것을 끌어내는 것입니다".

일단 자신이 누구이며 어떻게 그 일을 하게 되었는지를 잘 표현하는 간략한 '자신에 관한 스토리'를 정리해 두면, 모금과 관련된 일을 하는 중에 그 스토리를 말할 기회가 무척 자연스럽게 생긴다. 이야기는 다음의 간단한 문장이면 시작할 수 있다.

"당신은 우리 기관이 하는 일에 대해 알고자 여기에 왔습니다. 그럼 제가 이 일에 참여하게 된 계기와, 이토록 헌신적인 지지자가 된 이유에서부터 이야기를 시작하겠습니다."

케네스 왓킨스는 세계적으로 명성이 높은 호주 최대의 고전 발레단 '오스트레일리안 발레'(Australian Ballet)의 자선활동 담당 이사다. 왓킨스는 이 발레단에서 18년간 근무하면서 오스트레일리안 발레의 중요한 수입원인 모금활동의 인지도와 중요성을 제고하는 일을 책임진다. 이 과정에서 그는 개인 기부자, 신탁기금, 재단, 후원자로부터 6천만 달러 이상의 기부금을 확보했으며, 호주 예술계 전반에 기부와 모금에 대한 이해를 확산시키는 데 기여했다. 그는 신규 기부자들의 관심과 지원을 끌어오는 수단으로서 스토리텔링의 중요성에 대해 이렇게 말했다.

우리는 새로운 사람을 구성원으로 영입할 수 있게 하는 강력한 자원을 많이 갖고 있습니다. 그중 하나는 물론 저 자신의 스토리입니다. 7살짜리 소년이었던 제가 어떻게 발레와 사랑에 빠졌는지, 그리고 발레라는 예술의 아름다움이 제 평생의 기쁨과 의미의 원천으로서 어떻게 이어졌는지 말입니다. 많은 사람들이 저와 같은 인생의 순간을 경험한 적이 있고, 그들은 금세 제 이야기를 이해하고 공감합니다. 이렇게 만들어진 유대감은 생산적인 파트너십의 기초가 됩니다.

저는 다른 스토리도 많이 알고 있습니다. 발레단에는 카리스마가 남다른 무용수들이 있지요. 사실 그들은 무용단에서 자리를 잡기 위해 열심히 노력한 재능 있고 헌신적인 젊은이들입니다. 따라서 그들 각각에게는 매우 특별한 스토리가 있습니다. 그리고 저는 그들이 자신의 삶에 대해 이야기하고 싶어 한다는 것을 알고 있습니다. 그들의 이야기는 돈이 아니라 우리 삶에서 아름다움을 가능케 하는 것에 관한 것입니다. 세계 유수의 발레단에서 수석 무용수가 되겠다는 꿈을 안고 발레 교실에 처음 문을 열고 들어간 순간부터 젊은 무용수가 성장해 가는 이야기는 모두에게 영감을 줍니다. 이런 이야기가 사람들을 의욕적이고 적극적인 파트너로 바꾸는 힘이 되지요.

모금가라면 누구나 비슷한 스토리텔링 기법을 사용할 수 있다. 지역 학부모회(PTA)를 위해 모금하고 있는가? 그렇다면 가장 존경하는 초등학교 시절 은사가 공부의 마법을 가르쳐 주었으며, 그 마법을 다른 사람들과 공유하겠다는 평생의 욕망을 촉발시켰다는 이야기를 들려주자. 동네 보이스카우트나 걸스카우트를 위해 몇 마디 해달라는 요청을 받았는가? 그렇다면 다 쓰러져 가는 집에 사는 아이가 스카우트 활동을 통해 자존감을 키우고 성취감을 높인 사연을 소개하자. 그리고 그 아이와의 만남이 당신에게 미친 좋은 영향력에 대한 언급도 빠뜨리지 말자.

자신의 스토리를 집단과 공유하기

많은 경우 일대일 환경에서, 즉 잠재적 파트너와 대화하는 형식으로 공공의 내러티브를 말하게 된다. 이때의 목표는 두 사람이 인생 경험을 공유하며, 강력하지만 지금은 알 수 없는 결과로 이어질 수 있는 관계를 만드는 것이다.

한편, 집단을 상대로 이야기해야 하는 경우는 어떨까. 그 경우 진심을 끌어내어 사람들에게 전달하는 것이 훨씬 어렵게 느껴진다. 대부분의 사람은 대중연설을 두려워한다. 청중이 대규모일 때 특히 그렇다. 하지만 상대하는 청중이 5명이든 500명이든 필요한 역량은 같다.

문제는 이야기를 할 때, 개인적인 것이 개입되지 않는 안전한 영역으로 도피해, 사실, 자료, 논리, 통계 등에 입각한 관례적인 연설을 하고 싶은 유혹을 느낄 수 있다는 것이다.

이런 유혹에 넘어가면 안 된다. 파워포인트와 자료 범벅의 발표회에 대한 사람들의 불평에는 이유가 있다. 이러한 사실 중심 연설은 개인적 관계 형성이라는 어려움을 회피하기 위한 방편으로 사용되기 때문이다.

시청각 자료의 사용이 언제나 효과적이지 않다는 것은 아니다. 앨고어 전 부통령이 2005년 아스펜연구소에서 지구온난화를 주제로 한 발표는 청중을 사로잡았다(이 발표는 후에 아카데미상을 받은 다큐멘터리 영화 〈불편한 진실〉의 토대가 되었다). 발표의 콘텐츠 자체도 아주 매혹적이었지만, 그래프와 도표, 기후변화의 충격적인 영향력을 생생히 보여 주는 지구 위성사진 등의 시각 이미지가 이를 뒷받침했다. 그것들이 한데 어우러져 고어 메시지의 감성적 영향력을 강화하는 역할을 했다.

　연구자들에 따르면 대부분의 사람들은 말과 시각 가운데 한 가지 방식으로 학습한다. 이는 스크린에 문장을 띄워 놓고 그것을 재차 말로 옮긴다면, 두 종류의 청중 모두를 잃는다는 뜻이다. 먼저, 말로 학습하는 사람들은 말에 귀를 기울임과 동시에 스크린의 문장을 읽으려 하기 때문에 어디에 집중해야 할지 헷갈린다. 시각으로 학습하는 사람들 또한 요점을 강조하는 이미지가 없으므로 메시지를 이해하지 못한다. 결국 전하고자 하는 메시지는 언어의 바다 속에서 실종된다.

　듣는 이들에게 너무 많은 자료를 쏟아 붓지 말고 이야기를 들려주자. 이야기에 생명을 불어넣기 위해 그림을 보여 주는 것도 좋다 ― 문자 그대로 스크린에 이미지를 띄우거나, 잘 선택된 단어로 전체 그림을 떠올릴 수 있게 하자. 스토리를 잊을 수 없는 매력적인 것으로 만듦으로써 시간과 관심을 쏟아 준 청중에게 보답해야 한다. 만약 발표를 위해 파워포인트 등의 도구를 사용할 생각이라면, 이야기에 도움이 되는 단순한 사진이나 그래프 몇 장만으로 충분하다. 중요 항목을 열거한 슬라이드를 만들겠다는 유혹에서 벗어나야 한다.

　무엇보다 가슴으로 말하자 ― 머리로만 말하면 안 된다.

　'퀸시 존스 뮤직 컨소시엄'은 모든 아이들이 음악을 접하고, 음악교육을 받을 수 있도록 비영리기관, 기업, 재단, 자선가, 음악가를 한데 묶는 기관이다. 이 컨소시엄의 출범식에서 우리는 퀸시 존스로부터 피아노 연주자 알프레도 로드리게스라는 청년을 소개받았다. 존스는 알프레도를 처음 만났던 때에 관해 이야기했고, 알프레도의 뛰어난 피아노 연주 기량을 소개했다. 그러고 나서 존스는 그 자리에 참석한 또 다른 전설적인 음악가 허비 핸콕에게 다음과 같은 부탁을 했다.

"알프레도가 연주하는 것을 처음 들었을 때, 어떤 생각이 들었는지 말해 주세요."

핸콕은 마이크를 건네받아 이렇게 말했다.

"글쎄요, 무슨 생각이 났는지는 모르겠네요. 그렇지만 무엇을 느꼈는지는 확실히 말할 수 있어요."

그 간단하고 순수한 반응은 상당한 효과가 있었다. 핸콕은 이렇게 말했을 수도 있었다. "그가 참으로 재능이 뛰어나며, 장차 위대한 피아니스트가 될 수 있겠다고 생각했던 것이 기억나네요." 하지만 만약 핸콕이 그렇게 말했더라면, 사람들은 핸콕의 진심을 전달받지 못했을 것이다. 그는 음악을 생각하지 말고 느끼라고 말했다. 이것이 음악을 비롯한 모든 경험을 가장 깊게 할 수 있는 방법이다.

유사한 원리로, 모금에 접근하는 방식도 다시 생각해 볼 필요가 있다. 우리 아이디어의 중요성을 납득시키려 애쓰는 것에서 나아가, 사람들이 우리의 파트너가 되어 관계를 맺으며, 기부라는 행동을 통해 열정적인 헌신의 기회를 찾을 수 있게 해야 한다.

우리가 추구하는 것은 관계이다. 관계를 맺음으로써 사람들은 무엇인가를 느끼고, 그 느낌을 행동으로 옮긴다. 이것이야말로 스토리 공유를 통해 이루고자 하는 바이다.

생각거리

···

- 최근에 들은 이야기 중 잊을 수 없는 것이 있는가? 저녁식사 자리나 연설에서 거론된 일화일 수도 있고, 뉴스에 소개된 사건, 혹은 장·단편소설이거나, 영화·텔레비전드라마·연극의 줄거리일 수도 있다. 무엇이 그 이야기를 그토록 강력하게 만들었나? 묘사된 갈등의 본질은 무엇이었나? 등장인물은 어떤 결정에 직면했나? 그 결정으로부터 어떤 결과가 초래되었는가? 그 이야기에서 인생이나 세상에 대해서 배운 것이 있는가?

- 마샬 간츠의 조언을 지침으로 사용해 자신이 사용할 대중연설의 개요를 구성해 보자. 모든 것을 전부 말하려 하지 말고, 스토리 중에서 핵심적인 몇 가지 사건에 집중하자. 오감(시각, 청각, 촉각, 후각, 미각)에 호소하는 세부사항, 그리고 그 시점에 경험한 감정을 청중이 공감할 수 있도록, 사건을 최대한 구체적이고 생생하게 묘사하자. 스토리의 윤곽을 잡은 뒤에는 친구, 동료, 동업자 몇 사람과 공유해 보자. 논평과 질문을 포함하여 그들의 반응을 면밀히 살피고, 그 반응에 따라 스토리를 수정하자. 지지하는 명분과 그 명분에 헌신하는 이유를 설명할 기회가 생길 때마다 그 스토리를 사용할 수 있다.

- 많은 사람이 집단을 상대로 하는 연설을 가장 어려운 일로 여긴다. 집단을 대상으로 연설한 경험을 떠올려 보자. 그런 다음 그 경험을 사람들과 관계를 맺은 것을 기준으로 2가지 경우로 정리하자. 어떤 연설은 성공적이고, 다른 연설은 덜 성공적이었을 것이다. 이 둘의 차이는 무엇이었는가? 이를 통해 어떤 교훈을 얻을 수 있는가? 다음번에 대중연설을 요청받는다면 어떻게 하는 것이 좋을 것인가?

chapter 3

그룹 만들기
명분을 위한 공동체 만들기

자신이 대단하다고 인정한 목적을 위해 쓰이는 것,
이것이 인생의 참된 기쁨이다.
— 조지 버나드 쇼

'돌 수프 스토리'라는 다음의 이야기에서 공동체 만들기에 관한 한 가지 아이디어를 살펴볼 수 있다.

나그네 몇 명이 빈 냄비 하나만 달랑 들고 어느 마을에 들어왔다. 가난한 마을 주민들은 가뜩이나 변변찮은 식량을 배고픈 나그네들과 나눌 생각이 조금도 없었다.

"괜찮소"라고 나그네들이 말했다.

"우리는 세상에서 가장 맛있는 수프를 끓일 거요. 바로 돌 수프!"

그러더니 그들은 냇가로 가서 냄비에 물을 가득 뜬 다음 그 안에 큰 돌멩이를 넣고 냄비를 불 위에 올려놓았다. 마을 주민들은 그 모습을 의

아해하며 바라보았다. 주민 한 명이 물었다.

"당신들 지금 뭐 하고 있는 거요?"

"돌 수프를 끓이고 있소!"라고 나그네들의 리더가 대답했다.

"맛이 기가 막히지요. 하지만 건더기를 약간 넣으면 더 맛있을 텐데."

"우리 집에 당근이 몇 알 있소"라고 주민이 말했다.

"그걸 내놓으면 맛있는 수프를 좀 얻어먹을 수 있소?"

"있다마다요!"라고 나그네들이 대답했다. 그래서 당근이 냄비 속으로 들어갔다. 또 다른 주민이 냄비에 대해 물었고, 나그네들은 양념을 조금 넣으면 수프가 더 맛있어질 것이라고 말했다. 그 주민은 나그네들에게 소금과 후추를 건네주었다. 냄비가 끓는 동안 많은 주민이 냄새에 끌려와 각자 재료 — 양파, 감자, 무, 심지어 쇠고기까지 — 를 보탰다. 여러 가지 재료가 들어가고 나니 돌 수프는 더 맛있어 보였고, 더 맛있는 냄새가 났다.

마침내 나그네들의 리더가 말했다.

"돌 수프가 다 만들어졌소!"

모든 주민이 집에서 접시와 그릇을 들고 와서, 맛있고 영양이 풍부한 수프를 즐겼다.

"정말 놀랍지 않소?"

주민들이 입을 모아 말했다.

"한낱 돌멩이에서 이토록 맛있는 음식이 만들어질 수 있다니!"

이 이야기의 요점은 맛있고 만족스러운 돌 수프를 만들면서 특정 기부자에게 많은 것을 요구하지는 않는다는 것이다. 심지어 냇가에서 주운 평범한 돌맹이같이 하찮아 보이는 재료로도 시작할 수 있다. 하지만 많은 사람이 참여하고, 각자가 가진 작지만 의미 있는 무언가를 제공할 때, 놀라운 결과가 나타날 수 있다. 세계적으로 위대한 여러 사회운동이 돌 수프와 같은 방식으로, 즉 많은 사람에게서 소박한 재료를 모아 한 냄비 속에 통합함으로써 성장했다.

공동체 만들기 과정은 '악단 만들기'라는 비유로도 설명할 수 있다. 모든 단원이 저마다 독특하고 자유롭게 살아가며 독창적인 역할을 하는 재즈악단이라는 모델은 공동체가 어떻게 만들어지는지를 보여 준다. 우리는 자신에게만 집중하기보다는 서로에게 귀를 기울이며, 진정한 협동으로 발생하는 동지애가 가득한 악단의 모습에 초점을 맞춘다. 악단은 부분들의 합보다 더 크며, 달성한 실적, 예컨대 음악파일 다운로드 횟수 또는 공연티켓 판매량보다도 더 의미 있는 집단 정체성을 갖고 있다. 악단 자체가 아닌 다른 것에 중요성을 두는 순간, 그 악단은 큰 어려움에 빠지며, 곧 음악 자체가 죽어 가기 시작한다.

악단이라는 비유는 제프 워커에게 깊은 의미가 있다. 7학년1부터 고등학교 졸업 때까지 제프는 학교에서 재즈악단, 행군악대, 콘서트악단, 관악합주단에서 활동했다. 그는 악단장이 되었으며 동료 단원들과 협력하고 연주하기를 즐겼다. 팀이라는 느낌, 공기를 불어넣어 다른 사람들과 함께 놀라운 것을 창조한다는 느낌에 그는 오늘날까지

---

1 〔옮긴이 주〕 중학교 1학년.

계속 음악을 한다. 그 경험은 이후 그의 사업과 자선활동 모두에 영향을 미쳤다.

제프는 말한다. "좋은 악단원이 되려면 재능이나 숙달된 기량 등 본인의 자질을 알 필요가 있습니다. 하지만 그것만으로는 부족합니다. 자의식(ego) 관리하기, 좋은 청중 되기, 다른 연주자들이 솔로연주를 할 기회 주기, 자신과 다른 이들의 음향이 멋진 작품 속에서 한데 어우러지게 하는 방법 알기 또한 필요합니다. 이 모든 것을 해낼 때, 그 과정은 기쁨이 되고, 그 결과는 황홀해집니다. 이는 단지 악단원뿐만 아니라 악단이 봉사하는 사람들, 즉 청중에게까지 전해집니다."

비영리기관 리더에게도 똑같은 원리가 적용된다.

교환에서 관계로

이 장에서는 '악단 만들기'에 대해 조금 더 설명할 것이다. 좋은 악단을 만드는 과정이 내내 활기차고 건전하기란 쉽지 않은 일이다. 미국인들은 개인주의와 자유를 중요하게 생각한다. 그래서 개인적인 것과 공동체적인 것 사이에는 어떤 긴장이 있다. 어떻게 하면 공동체 속에서 창의적이고 발전하는 개인이 되어 개인과 사회 모두를 성장하게 할 수 있을 것인가? 이 질문은 리더라면, 특히 사람들의 자발적인 참여(경제적 필요성 때문이 아니라)로 모인 비영리 공간에서라면 누구나 직면하는 큰 문제이다. '책임자'가 지시를 내리고, 그 지시가(적어도 한 동안은) 유효하리라 기대하면서 자리를 비울 수 있는 기업세계와 달리, 비영리세계의 리더가 어떤 일을 이루려 한다면 다른 사람들의 마음을 얻어야 한다. 그렇기 때문에 '악단 만들기' 방식은 어렵지만 필수적이다.

'악단 만들기'를 제대로 하기 위해서는 **교환**을 넘어 **관계 맺기**로 나아가야 한다. 교환은 제한된 대상을 주고받는 것, 즉 "당신이 내게 X를 주면, 나는 당신에게 Z를 주겠다"고 하는 것이다. 교환은 법적 구속력이 있는 계약서로 만들 수 있다. 조건이 합의대로 정확하게 이행되지 않으면, 그 결과는 분노와 논쟁, 또는 소송으로까지 이어진다. 시장에서의 거래는 대부분은 이러한 교환이다. 예를 들어 자동차를 구입하고, 식당에서 저녁을 먹고, 주식을 사고, 배관공을 불러 막힌 싱크대를 고치게 하는 과정에서 돈과 서비스를 교환한다.

관계는 거래와 완전히 다르다. 관계는 함께하는 미래를 위해 서로의 자원을 투자하는 사람들 사이의 연결이다. 미래는 본질적으로 알 수 없고 정의하기 어렵기 때문에 투자할 자원의 양을 임의로 정할 수 있으며, 그 잠재력은 무한하다. "당신은 A를 내어놓는 것으로 시작하고, 나는 B를 내어놓는 것으로 시작하겠습니다. 이를 합쳐서 우리가 무엇을 창조할 수 있는지 봅시다." 관계는 고정된 상태라기보다는 서로에게 마음을 열고 공동의 열정을 좇아 기꺼이 함께하겠다는 의지를 바탕으로 지속적으로 성장하고 깊어지는 현실의 과정이다. 이는 시작이지 끝이 아니다.

관계는 계약서로 규정할 수 없으며, 시장에서 사고파는 것이 아니다. 관계는 대면접촉을 통해 유기적으로 생겨난다. 우정은 하나의 관계이며, 결혼은 궁극적인 관계, 즉 예측할 수 없는 평생의 모험을 함께하는 것에 대한 바꿀 수 없는 약속이다. 이 밖에 여러 의미 있는 인간적 연결을 관계라고 볼 수 있다. 많은 사람들이 가족, 사는 동네, 다닌 학교와 대학, 소속된 국가와 깊은 관계를 맺는다. 이 집단이나 기관들은 우리에게 속하며, 우리는 그것들에 속한다. 둘 사이에는 어떤 계약서로도 완벽하게 규정할 수 없는 상호관계가 존재한다. 이는 "긴 안목으로 보면", "좋을 때나 안 좋을 때나", "미래에 무슨 일이 일어나든 상관없이" 같은 구절을 사용하여 설명하는 관계다.

우리는 악단에 가입함으로써 이러한 관계를 맺을 수 있다. 그리고 비영리기관과 파트너가 되는 것도 같은 방식으로 깊은 관계를 맺는 것이다. 열성적인 기부자들에게 기부는 수표를 끊어 주고, 그 보답으로 특정 이득을 기대하는 것(명패나 사업에 이름을 노출시키는 것, 세금 공제, 통계가 가득 담긴 사업진행 보고서)이 아니다. 이들에게 기부는 전체 음악 안에서 자기 역할이 있는 악단원이 되어, 항상은 아니지만 대부분 만족스러운 결과를 만드는 일이다. 이는 여러 다른 방식으로 기여하는 사람들, 이를테면 노숙인 임시숙소를 운영하는 자원봉사자, 무료급식소에 통조림을 제공하는 슈퍼마켓 주인, 비번 휴무일에 양로원에서 감기 예방주사를 놓아 주는 간호사에게도 마찬가지다.

파트너들과 공동체를 만들고 자원이 가치 있는 명분으로 흐르도록 하기 위해 교환이라는 관점을 버려야 하는 이유가 바로 여기에 있다. 관계에 기반을 둔 모델을 빨리 채택하고 실천할수록, 그만큼 더 빠르게 무한한 너그러움이라는 바이러스를 사람들에게 퍼뜨릴 수 있다.

어떻게 시작할 것인가? 사람들이 관계를 맺게 하는 정서적, 심리적, 정신적 욕구를 살펴보는 것에서 시작할 수 있다.

무엇이 동기를 부여하는가?
가치와 세계관에 관한 군터 웨일의 설명

악단을 만들 때, 참여자 각자의 동기와 생각을 이해하는 것이 아주 중요하다. 풍성하고 활기찬 음악의 창조는 다양한 음의 결합을 통해서 가능해지기 때문이다. 인간의 동기는 개인적 환경, 문화적 영향, 개별적 특성, 그리고 특히 의식적, 무의식적으로 갖는 가치관에 따라 엄청나게 다양하다. 다른 사람의 생각과 느낌 및 행동에 영향을 미치고 싶은 사람이라면 누구나 이러한 다양성을 인식하고 존중해야 한다.

심리학자 군터 웨일은 임원 코치(*executive coach*)[2]이자 기관 컨설턴트이며, 콜로라도 지역의 기업체 '밸류멘토'(Value Mentors)의 설립자다. 웨일은 가치가, 종종 무의식적인 수준에서, 삶에 대해 생각하는 방식에 어떤 영향을 미치는지를 오랫동안 연구했다. 그와 동료들은 인간의 행동에 동기를 부여하는 공통적인 가치의 목록을 개발했다("행위에 동기를 부여하는 핵심가치" 참조).

---

[2] 〔옮긴이 주〕 주로 기업 임원들에게 상담 서비스를 하는 사람.

행위에 동기를 부여하는 핵심가치

가족/소속감	개인적 권위/진실성	개척자 정신/진보
건설/새로운 체제	경영	공감
교육/인증	교육/지식	권리/존중
나눔/듣기/신뢰	놀라움/경외감/운명	단순성/플레이
돌봄/양육	명상/사색	민에센스*
믿음/신조/신앙	사회정의	성취
서비스/소명	세계적 평등	식량/따뜻함/주거지
시너지	신념/리스크/비전	안전
애착	예술/아름다움	예언/비전
인권	자기역량/자신감	자기보호
자립	자아실현	자아존중감
재산/통제	재정적 성공	전통
조직의 사명	조직된 플레이	지구생태
지도력/신질서	지위/이미지	지혜
창의적 발상	책임성/윤리	초월성
충성심	친밀감	탐색/의미
통제/질서/규율	통합/전체성	평등/권리
협력	협력하는 개인주의자	환경에 대한 책임

* 민에센스(minessence): '사회가 창의적으로 발전할 수 있도록 복잡한 아이디어
나 기술을 소형화, 단순화하여 간결하고 실질적인 어플리케이션으로 만드는 것'
으로 정의된다.

명분에 동참하는 새로운 사람을 만날 때, 그에게 동기를 부여하는 개인적 가치를 이해하는 것이 중요하다. 사람은 누구나 가치에 따라 움직이기 때문이다. 하지만 구체적인 가치 조합은 사람에 따라 다르다. 이를 알아보기 위해서는 여러 가지 방법을 활용할 수 있다. 간단하게는 "당신은 진정으로 관심 있는 일을 하고 있는가?", "무엇이 아침에 출근하게 하는가?" 또는 "당신을 흥분시키는 꿈이 있는가?"와 같은 질문을 해볼 수 있다. 답변을 통해 그 사람과 그의 행동을 이끄는 가치에 대해 많은 것을 알 수 있을 것이다.

나아가 군터 웨일의 연구에서는 개인의 세계관이 그 사람의 가치 조합에 얼마나 강하게 영향을 미치는지를 분석한다. 세계관은 우리가 사는 세상의 본질, 사람들이 관계를 맺는 방식, 인간 존재의 형성에서 환경의 역할, 일의 본질과 목적 등에 대한 생각과 믿음으로 만들어지는 대단히 중요한 구조다.

대부분의 사람들의 세계관은 일관성이 있고, 이로 인해 개인의 독특한 가치 조합이 형성된다. 어떤 사람의 세계관에서는 외부세계가 낯설거나 위협적으로 보이기 때문에, 안전과 자기보호 같은 가치가 우선순위 목록의 맨 윗자리에 놓인다. 또 어떤 사람의 세계관은 가정, 친구, 가족의 중요성을 강조하기 때문에, 환대와 친밀감 같은 가치에 더 비중을 둔다. 어떤 이의 세계관은 자아실현이라는 개념을 중심으로 구축된다. 그들은 창의적 발상과 자신감 같은 가치를 특히 중시할 수 있다. 그리고 또 다른 사람의 세계관에서는 공감과 나눔/듣기/신뢰 등의 가치를 중요하게 여기며 협력을 강조할 수 있다.

모든 기부자나 잠재적 기부자의 세계관을 명확하게 정의하고 분류해야 하는 것은 아니다. 하지만 새로운 사람들을 만날 때 그들이 표현하는 가치와 그 가치가 의미하는 세계관을 알아볼 필요는 있다. 때로는 이러한 가치가 매우 선명하게 표현되기도 한다. 하지만 대개는 사람들이 말하는 이야기 속에, 그들이 드러내는 감정 속에, 그리고 표정과 몸짓 속에 숨어 있다. 사람들이 하는 말의 문자 그대로의 의미에 전적으로 초점을 맞추기보다는 그들의 관심에 관한 미묘한 단서에 집중하는 습관을 가져야 한다(경영학의 대가 피터 드러커의 말로서 웨일이 즐겨 인용하는 유명한 문장이 있다. "의사소통에서 가장 중요한 것은 상대가 말하지 않은 것을 듣는 것이다").

잠재적 파트너와의 대화에서 가치관과 세계관을 수면 위로 끌어올리고, 이를 훌륭한 명분을 둘러싼 생산적인 협력의 가능성으로 연결하기 위하여, 다음 3가지의 가치지향적인 질문을 중심에 두는 것을 고려해 볼 수 있다.

- 어떤 사람이 되고 싶은가?
- 어떤 세상에 살고 싶은가?
- 이를 위해 무엇을 할 것인가?

앞의 두 질문은 우리의 가치, 즉 우리가 살고 싶은 삶과 원하는 세상을 정의한다. 이 두 질문을 통해서라면 어떤 사람과도 풍성하게 이야기를 이끌어 갈 수 있다. 또한 대화를 통해 공통점과 차이점을 알아내는 것도 가능하다. 앞의 두 질문에 대한 잠재적 기부자의 답변이 우리의 답변과 많이 일치한다면, 세 번째 질문, "이를 위해 우리는 무엇을 할 것인가?"로 넘어가게 된다. 이 질문은 기관의 업무에 대한 논의로 자연스럽게 이어져야 한다. 이렇게 진행된 업무에 대한 논의는 우리와 파트너가 공유하는 가치와 세계관의 자연스러운 결과물이 될 수 있다.

특정 세계관이 '최상의' 세계관(아마도 자신이 개인적으로 지지하는 세계관!)이라고 성급하게 결론을 내리거나, 가치 조합이 명백하게 다른 사람과는 협력하기 어려울 것이라고 생각하기가 쉽다. 하지만 악단이 늘 조화롭게 연주해서는 재미가 없다. 옛말처럼, "두 사람이 모든 일에 합의한다면 그중 한 사람은 필요하지 않다". 나눔 네트워크에는 다양한 가치와 세계관의 **혼합물**이 필요하다. 위대한 악단을 만들 때 재미를 주는 창의성은 필연적으로 발생하는 세계관의 혼합과 가끔씩 생기는 세계관의 충돌에서 나온다. 성공적인 혁신은 종종 서로 다른 마음들이 상호작용하는 곳에서 생겨난다.

멋진 팀을 만드는 과정에서, 다음의 질문을 통해 각기 다른 세계관과 가치를 파악할 수 있다.

- 팀원 대부분이 공유하는 가치는 어떤 것인가?
  팀에서 무시되는 가치는 무엇인가?
- 현재 팀원 대부분이 옹호하는 세계관은 어떤 모습인가? 그 세계관으로 보지 못하는 사각지대가 있는가? 즉, 우리의 대화나 의사결정에서 어떤 가치가 무시되거나 간과되고 있지는 않은가?

- 우리 팀에는 가치와 세계관으로 인한 갈등과 의견 불일치가 얼마나 되는가? 갈등이 너무 많은가? (적대감이나 서로 이해하지 못함으로 연결된다) 아니면 너무 적은가? ('집단 사고'와, 세상에 대한 특정한 생각을 아무 의심 없이 수용하는 것으로 이어진다) 가치와 세계관의 측면에서 더 활기차고, 재미있고, 역동적인 혼합을 만들기 위해 팀원을 충원한다면 어떤 사람이 도움이 될 것인가?

"멋진 신세계(The Brave New World) 연습"은 사람들이 자신의 가치에 더 깊이 집중할 수 있도록 '국제 민에센스 그룹'(International Minessence Group)의 군터 웨일과 동료들이 사용하는 방법이다. 이를 시도해 보고, 동료, 친구, 파트너 두어 명에게 함께하자고 제안해 보자. 팀을 어떻게 구성하고 각자의 힘을 어떻게 극대화할 수 있는지를 밝혀내기 위해 사람들 각자의 가치관과 세계관이 무엇인지 파악해 볼 수 있다. 그리고 이를 통해 매우 흥미로우면서도 놀라운 대화를 이끌어 낼 수 있을 것이다.

멋진 신세계 연습

상황

- 우리 행성이 죽어 간다는 말을 들었다.
- 새 행성으로 이주할 생각이다.
- 그곳에서 모든 욕구를 충족시킬 것이다.
- 그곳에는 3가지 물건만 가져갈 수 있다.

지시

- 가져길 3가지 물건을 고르자.
- 선택이 끝났으면, 96쪽의 핵심가치 목록을 훑어보자.
- 이 가운데 어떤 가치를 바탕으로 물건을 선택했는가?

연습 이해하기

각각의 선택은 개인의 가치를 반영한다. 만약 다른 가치를 중시했다면, 다른 물건을 새 행성으로 가져간다고 했을 것이다. 연습의 효과를 최대화하기 위해 자신에게 다음과 같은 질문을 해보자.

- 선택을 통해 나의 핵심가치에 대해 무엇을 알 수 있었는가?
- 일상적인 결정상황에서 이러한 핵심가치를 어떻게 표현하는가?
- 중요한 일상적 결정(일, 가족, 교육, 취미 등)은 핵심가치로 인해 어떤 영향을 받고 있는가?
- 나의 핵심가치는 시간이 흐르면서 어떻게 진화했는가?
- 최근 핵심가치에 변화가 있었는가?

멘토 및 인도자로서의 모금가

세계관이 다양한 기부자 집단과 인연을 맺는 것은 모든 비영리기관에 바람직한 상황일 것이다. 세계관이 다른 사람들은 명분에 독특한 가치를 부여하는 각기 다른 방식의 기부를 할 수 있기 때문이다. 좋은 악단에는 여러 종류의 악기를 연주하는 사람들이 필요하다. 같은 맥락에서, 작은 조직이라도 다양한 역할을 수행할 수 있는 파트너의 혼합이 필요하다. 철저하고 명확한 계획수립을 담당할 꼼꼼하고 논리에 강한 좌뇌형 사람도 필요하고, 기발한 아이디어를 내놓을 창의적인 우뇌형 사람도 필요하다. 모든 사람에게 계획을 고수하라고 밀어붙이는 냉철한 전략가도 필요하고, 긴 대화를 통해 모든 사람의 감성을 보살피는 심성이 따뜻한 사람도 필요하다. 최고의 악단에는 그 모두를 위한 자리가 마련되어 있다.

그렇기 때문에, 함께 일하는 사람들이 서로의 다른 세계관을 이해하는 것이 중요하다. 새로운 관점을 받아들이면서 다른 사람과의 관계나 중요한 명분에 더 넓고 깊게 참여할 수 있게 되는 것은 자선을 위한 여정에서 만나는 새로운 기쁨이다.

열성적이고 끈끈한 관계에 기초한 자선활동은 사람들이 자신의 가치와 세계관을 더 명확히 이해하는 기회가 되며, 나아가 자신을 근본적으로 변화시킬 수도 있다. 우리는 기부자들의 세계관이 소유물, 안전, 사회적 지위, (엄격하게 정의되는) 성공 추구 중심에서 이타주의, 협력, 위험 감수, 자아발견 중심으로 다시 구성되는 변화를 수없이 보았다. (이는 '나쁜 가치'에서 '좋은 가치'로 이동했다는 뜻이 아니다. 그보다는 사람들이 자신과 삶 속에서 새로운 앞날을 발견하고, 그 과정에서 나눔을 실천하는 것이 더 큰 충실함과 만족을 얻는 수단이 된다는 것을 말한다.)

기부행위를 통해 자아발견을 할 수 있도록 돕는 것은 우리 일의 가장 사랑스러운 측면이다. 물론 우리는 세상을 더 나은 곳으로 만드는 일―배고픈 사람을 먹이고, 아픈 사람을 치료하며, 환경을 보호하는 일 등―또한 사랑한다. 하지만 개인적으로는 기부를 통해 자신에 대한 놀랍고 새로운 사실을 알게 되는 사람의 눈에 깃든 은은한 흥분의 빛을 보는 것이 진정 보람 있는 일이다.

모금가(또는 비영리기관에 참여한 다른 사람)가 자선가에게 멘토나 인도자가 될 수 있다는 사실이 놀랍게 느껴질 수도 있다. 흔히 자선가는 부유하고, 사업에 크게 성공했으며, 따라서 돈이나 권력이나 명망 등 높은 사회적 지위를 보장하는 자원이 풍부하다고 여겨진다. 자신보다 사회적 지위가 높은 사람에게 어떻게 멘토로서 도움을 줄 수 있단 말인가?

이는 함께하는 모든 사람들이 통상적인 신분의식에서 벗어나, 부, 성공, 권력, 명망 수준에 상관없이 동료 대 동료의 관계를 맺는 것으로 가능해진다.

대개는 동료가 된다는 것은 같은 사회경제적 계층에 속하거나 비슷한 직위를 공유하는 것이라고 생각한다. 하지만 이는 사실이 아니다. 진정한 동료관계는 공통의 가치, 목적, 비전을 공유하고, 함께 행동하기로 합의하는 것이다. 동료는 파트너다. 이는 같이 하는 일에 똑같이 열정적이라는 것이다. 물론 눈에 보이거나 측정할 수 있는 것은 아니다. 동료가 되는 것은 같은 악단의 단원이 되는 것과 같다. 어떤 사람의 악기가 얼마나 고급인지 또는 그가 과거에 그래미상을 얼마나 많이 수상했는지가 아니라, 함께 어떤 음악을 만들어 낼 수 있는지에 초점을 맞추는 것이다. 이것이 사회학 학사학위를 소지하고 연봉 3만 달러를 받는 23살의 비영리기관 관리자가 자가용 비행기를 소유한 50세의 헤지펀드 매니저에게 실질적인 동료로서 도움을 줄 수 있는 이유이다. 두 사람이 공동의 가치와 열정을 기반으로 함께하는 법을 배우기만 했다면 말이다.

어느 비영리기관의 리더는 자선가들을 끌어들이기 위해 직접적이고 강력한 방법으로 기관에 대한 열정을 보여 주고자 했다. 그는 기관의 대표가 되면서 한 특별 프로젝트를 위해 사재 10만 달러를 내놓았다. 그로서는 엄청난 행동이었다. 비록 사업에서 성공했다고는 하지만 그는 대단한 부자가 아니었고, 이는 그가 평생 처음 해보는 큰 기부였다.

그 일이 있고 나서 곧 새로운 100만 달러짜리 프로그램에 돈을 내겠다는 부유한 기부자(대표가 이전에 알지 못한)가 대표에게 접근했다. 이유를 묻자 그 기부자가 대답했다. "여섯 자리 수의 기부금[3]에 대해 들었는데, 정말 놀랐습니다. 부양가족이 있는 보통 수입의 사람이 일반적으로 할 수 있는 기부가 아니거든요. 당신이 그처럼 통 크게 헌신할 수 있다면, 나 또한 보유자산에 어울리는 규모에서 당신의 수준에

---

3 〔옮긴이 주〕 10만 달러를 말한다.

맞춰 기부해야 한다고 판단했지요." 기부행위를 통해 대표는 소득이 그보다 100배는 높은 한 기부자를 자선활동으로 이끄는 인도자가 되었다. 나눔이라는 면에서 두 사람은 진정한 동료였기 때문이다.

모든 비영리기관 리더가 이 사례에서처럼 드라마틱한 일을 할 수는 없으며, 이를 기대해서도 안 된다. 하지만 많은 사람이 시간과 재능을 들여 비슷하게 너그러운 헌신을 한다. 예컨대, 기업체에서의 식상생활을 포기하고 낮은 임금을 받으며 비영리 부문에서 근무하는 일을 통해서 말이다. 요점은 본인에게 맞는 방식으로 헌신을 보이면, 그 모습을 통해 다른 사람들이 헌신할 수 있는 용기를 얻는다는 사실이다.

가치를 통한 동기부여

가치와 세계관에 관한 군터 웨일의 핵심적인 통찰은 사람들은 자신의 가치에 적합한 일에 동기를 부여받는다는 것이다. 자신의 세계관이나 가치와 신념에 어울리지 않는 행동을 취하도록 요구받을 때는 저항이나 꾸물거림이 나타난다.

어느 주말 제니퍼가 침대를 정돈하고 방을 치우라며 9살짜리 아이들을 채근하고 있었을 때(어린 자녀를 키운다면 어느 집에서든 비슷한 광경이 펼쳐진다), 이 중요한 원칙이 그녀의 머릿속에서 떠올랐다.

제니퍼: "자, 애들아. 가서 침대도 정돈하고 방도 치우렴."

아이들: "조금 이따가."

제니퍼: "빨리. 이봐, 우리는 한 팀이야."

아이들: "알아. 하지만 _____가(이) 이제 거의 끝나간단 말이야."

　　　　(여기 빈 칸에는 아이들이 몰입하고 있는 놀이가 들어간다.)

제니퍼: "자, 잠깐 시간을 내서 우리가 왜 서로 돕는지 한번 생각해 봐.
　　　　그건 우리가 모두 함께 살기 때문이야."

아이들: (멍하니 바라본다. 마치 엄마가 점심시간 전까지 천문학의 우주
　　　　끈 이론을 수학적으로 증명해 놓으라고 요청이라도 한 듯이.)

제니퍼는 어렴풋이 깨달았다. 그녀와 아이들이 매일같이 입씨름을
해도 결과가 달라지지 않는 이유는 그녀가 상호책임성, 상호의존성,
책임 등의 추상적인 가치 조합으로 아이들에게 동기를 부여하려고 애
썼기 때문이다. 하지만 그런 가치는 아이들의 삶에 아직 존재하지 않
는다. 물론 가치는 삶이 성숙해지면서 변하고 발전하므로 어느 시점
이 되면 아이들에게도 생겨날 것이지만 말이다. 하지만 현재 아이들
의 가치는 상호의존성보다는 **독립성**에 초점이 더 많이 맞춰져 있었다.

　그래서 제니퍼는 아이들의 가치를 활용하여 동기를 부여하기로 결
심했다. 제니퍼의 아이들은 쌍둥이라서 엄마 뱃속에서부터 같은 방을
사용했는데, 최근 각자의 공간을 요구하기 시작했다. 제니퍼와 남편
은 아래층에 작은 업무공간을 두고 있었다. 그래서 부부는 쌍둥이 가
운데 한 명을 아래층으로 내려 보내 그 공간을 침실로 쓰게 한다는 결
정을 내렸다. 단 조건을 달았다. 두 아이가 시험기간 동안 침실 두 곳

을 깨끗하게 유지해야만 한다는 것이었다. 부부는 아이들에게 이렇게 말했다. "침대를 정돈하고 방을 깨끗이 해서 책임감을 보여 준다면, 너희가 중시하는 독립이라는 보상을 받게 될 거야."

그때 이후 매일 쌍둥이의 침대는 마사 스튜어트[4]가 보더라도 칭찬할 정도로 깨끗하게 정돈되었다. 아이들의 가치에 따른 동기부여가 이루어졌고, 아이들은 실천했다.

현명한 리더는 사람들이 가장 가까이 느끼는 곳에서 호소해야 한다는 것을 안다. 사람들이 실천하고 있는 가치에 호소할 때만 그들에게 영감을 주고 현실적인 결과를 만들어 낼 수 있다.

이는 세계관에 관한 웨일의 통찰이 적용될 수 있는 지점이다. 동기부여를 통해 인도하고자 하는 사람의 세계관을 이해한다면, 그 사람과의 연결을 높이기 위해 호소해야 하는 가치가 무엇인지 알 수 있을 것이다. 막연하게 자신의 세계관과 가치를 공유할 것이라고 생각한다면, 두 사람 모두가 실망할 수도 있다.

우리 친구(이자 '혁신적 모금' 수강생) 존 마에다는 이런 생각에 대한 실천을 보여 준다. 마에다는 기술·디자인·사업을 창의와 혁신의 21세기형 합성물로 만드는 리더이다. 예술가, 그래픽 디자이너, 컴퓨터 과학자, 교육가로 일한 덕분에 그는 잡지 〈에스콰이어〉에서 21세기 가장 영향력 있는 75인 중 한 명으로 선정되는 영예를 얻었다. 2008년 6월, 마에다는 로드아일랜드 디자인스쿨(RISD) 총장이 되었다. 그곳

---

4 (옮긴이 주) '살림의 달인'으로 불리는 미국 기업인.

에서 그는 학생들이 디자인 교육에 최대한 폭넓게 접근할 수 있도록 장학금 모금을 서둘렀다. 그의 지도 아래 RISD의 연간 기부금은 눈에 띄게 증가했다. 학자들을 위한 기부금 200만 달러를 처음 유치했으며, 장학금으로 800만 달러를 기부받았는데, 이는 RISD 역사에서 기록적인 성과였다. 마에다에게 어떤 전략을 썼는지 묻자 이렇게 대답했다.

RISD에 오기 전 저는 계약 연구 프로젝트를 위해 기금을 모으는 방법을 알고 있었습니다. 그 방법은 제품을 판매하는 것과 매우 비슷했습니다. 즉, 연구결과의 전망을 상업적 기관에 '판매'하는 것이었지요. 그러나 자선활동은 매우 달랐고, 이는 상당히 낯선 것이었습니다. 하지만 열정적으로, 그리고 배우겠다는 의지로 뛰어들었습니다.

저는 모금의 과거기록을 분석하는 것에서 공부를 시작했습니다. 실적을 검토한 결과, 과거에 RISD에 기금을 냈지만 몇 가지 이유로 기부를 중단한 사람이 많다는 것을 알게 되었습니다. 그중 많은 사람들과 이야기했고, 어떻게 하면 가까운 미래에 다시 기부자가 될 수 있을지 물었습니다. 저는 우리 모금팀이 과거에 잘한 것과 개선해야 할 것을 파악했지요. 자선활동이 무엇인지 조금씩 감이 잡히기 시작했습니다.

어느 날 일반적 세일즈와 대학모금 사이의 진정한 차이를 파악하고 통찰력을 얻을 수 있었습니다. 저는 "뭔가를 팔고 있는 것이 아니다"라는 것을 깨달았습니다. 저의 일은 사람들이 꿈에 기부하게 하는 것이었지요. 그런 면에서 RISD를 홍보했고, 그 결과, 모금 실적이 치솟기 시작했습니다.

제니퍼가 아이들을 대할 때처럼, 마에다는 목표 삼은 청중에게 설득력을 갖기 위해 생각을 바꾸어야만 했다. 여기에서 핵심은 사람들에게 호소하는 데 필요한 가치가 달라져야 한다는 것이다. '일반적인 세일즈' 모델에서 '사람들이 꿈에 기부하게 하기'로 이동하자, 그는 이제 젊은 세대에게 위대한 디자인 교육을 선물한다는 비전에 공감하는 기부자들과 교류할 수 있게 되었다.

이는 '가치를 통한 동기부여'의 가장 멋진 사례이다.

관계 맺기의 공식?

앞에서 살펴본 바와 같이 창의적이면서도 헌신에 기반을 둔 관계는 모금가와 기부자처럼 미리 정해진 역할을 통해서가 아니라, 서로의 가치, 꿈, 열망, 세계관을 함께 알아 가면서 시작된다. 이러한 발견이 개방적이고 솔직하게 이루어진다면, 열정을 함께하며 생산적인 파트너십을 맺을 수 있는 영역에 대한 발견도 가능하다.

관계 맺기를 수월하게 해주는 구체적인 기술은 있다. 하지만 우리는 관계를 만드는 공식을 제공하지는 않는다. 진정한 인간관계는 대본을 통해 제시될 수 없다. 그래서 더 좋은 것이다. 이런 관계가 공식을 좇아 얻은 것보다 훨씬 더 흥미롭고 보람 있게 마련이다.

무엇보다도 이 접근법은 지금 당장 실행할 수 있다. 연구하고, 사업 계획을 짜고, 파워포인트 발표 원고를 만들고, 사업을 시작하기 위해 모금할 필요도 없다 — 그냥 나가서 경험하기만 하면 된다. 오늘 악단 만들기를 시작해 곧바로 놀라운 음악을 만들 수 있다.

다음은 우리가 오랜 기간에 걸쳐 얻은 배움으로서, 위대한 악단 설립자가 되기 위해 매우 중요한 기술이다.

진짜 잘 듣는 법 배우기

제니퍼는 남의 이야기를 듣는 기술을 주제로 한 모금 세미나에 참석했던 경험을 공유했다. 강사는 대부분 들어 본 적이 있는 기본적인 내용을 설명했다. "이야기할 때는 상대방 쪽으로 몸을 기울여라", "시선을 마주쳐라" 등. 그 밖에도 "따라하라"(reflect)는 방법도 있었다. 즉, 방금 들은 말을 그 말을 한 사람에게 다시 하라는 것이었다. 다시 말해, "따라서, 제가 당신에게 방금 들은 말은 …"으로 시작하여 상대방에게서 들은 말을 반복하라는 것이었다.

제니퍼가 그 세미나에서 대단한 듣기 방법을 배운 것은 아니었다. 오히려 그 반대였다. 그 세미나는 가식적이며 거짓이라는 느낌이 강했다(대화 도중 그 "따라하라" 기법을 실행하는 사람을 만난다면, 당신도 아마 비슷한 느낌을 받을 것이다!).

듣기는 기법이 아니다. 듣기는 함께하는 하나의 방식이다. 그것은 다른 누군가의 이야기를 진정으로 듣고 싶다는 관심과 집중이다.

실수는 용납되지 않는다. 듣기는 모금에서 절대적으로 중요하다.

듣지 않고서는 진짜 파트너관계를 결코 발전시킬 수 없을 것이다. 그리고 듣기는 그렇게 복잡하고 어려운 일도 아니다.

다른 사람이 최근 당신 말에 진정으로 귀 기울여 주었을 때 어떤 느낌이었는지 잠시 돌이켜 보자. 무슨 일이 일어났는가? 어떤 경험이었나? 제니퍼의 질문에 대한 학생들의 답변은 대개 비슷하다. 중간에 말을 끊지 않고 듣기만 했어요. … 내 말이 틀렸다면서 고치려 하지 않았어요. … 답을 제시하지 않았어요. … 그저 진정으로 관심 있어 보였어요.

관계를 형성하려는 상황에서 다른 사람이 이야기를 할 때, 나에게도 비슷한 일이 있었다고 말하고 싶어서 그들의 말을 끊는 경우가 있다. 이는 대개 그 사람과 인간적 관계를 맺기 위해 좋은 의미, 즉 나도 같은 경험을 해봤기 때문에 당신이 하는 말의 의미를 안다는 뜻에서 하는 행동이다. 그렇더라도, 자신의 이야기를 위해 다른 사람의 이야기를 중간에 끊는 것은 미묘하게 주의를 자신에게 돌리는 일이 된다. 이는 그 사람의 이야기를 진심으로 듣고 있었다기보다는 자신에 대해 생각하고 있었음을 확연히 드러내는 일이다.

누군가와 이야기를 할 때, 절대 중간에 끼어들지 말아야 한다. 상대방의 이야기를 끝까지 듣기만 하자. 온전히 함께하는 그 단순한 행동에는 놀라운 힘이 있다(어떻게 듣는가와 무엇이 **진정한** 듣기를 그토록 특별하게 만드는가에 대한 가치 있는 생각으로서 "듣기의 4단계" 참조).

듣기의 4단계

C. 오토 샤르머는 MIT 선임강사이며 '있음 연구소'(Presencing Institute)의 공동 설립자다. 그는 저서 《U 이론: 떠오르는 미래로부터 이끌기: 있음의 사회적 기술》(*Theory U: Leading from the Future as It Emerges: The Social Technology of Presencing*, 2009)에서 듣기 모델을 제시한다. 다음은 그 모델에 따른 듣기의 4단계를 요약한 것이다.

1. 내려받기. "그래, 그건 이미 알아.": 이미 아는 것을 재확인하는 듣기. 듣는 내용을 이미 안다는 전제하에 듣기. 단지 습관적인 판단을 확인하기 위해 듣는다.
2. 사실존중. "아, 그건 몰랐네.": 새로운 정보를 습득하는 듣기. 이 단계에서는 이미 아는 것과 대조하여, 다르고 참신하거나 불안을 조성하는 것에 주의를 기울이며 듣는다.
3. 공감. "네가 어떤 생각일지 정확히 알 것 같아.": 다른 사람의 눈을 통해 뭔가를 보는 듣기. 청자가 화자의 느낌에 주의를 기울인다. 청자는 마음을 열고 '다른 사람 입장에서의' 경험을 한다. 관심은 청자에서 화자로 이동하며, 다양한 수준의 깊은 관계가 가능하게 된다.
4. 생성. "방금 경험한 것을 뭐라 설명할 수가 없어.": 가능성의 영역을 듣기. 생성의 듣기는 평범한 언어로 표현하기 어렵다. 이는 모든 것이 느려지며 내적 지혜에 도달하는 있음의 상태이다. 집단 차원에서는 시너지라 불린다. 개인 간 의사소통에서는 하나 됨과 몰입으로 묘사된다.

듣기의 어느 단계를 습관적으로 채택하는가? 1단계와 2단계로부터 내려와 3단계와 4단계의 깊은 연결을 이루어 본 적이 있는가? 림보[5] 게임에 빗대어 말하자면, **"얼마나 더 낮아질 수 있는가?"**

의존관계를 파트너관계로 바꾸기

'일반적인 세일즈'가 비영리기관의 모금에 적합한 모델이 아닌 이유는 이미 설명했다. 너무나 많은 사람들에게 '세일즈'는 조작, 술수, 강압의 냄새를 풍긴다. 이는 사람들과 진정한 파트너십을 맺으려 할 때 유용한 마음가짐이 아니다.

좀더 미묘한 차원에서, 의뢰인(*client*)이라는 용어에도 똑같이 문제가 있다. 의뢰인이라는 단어는 라틴어 'clinere'에서 유래했으며, 그 원래 뜻은 '기대다'이다. 따라서 이 단어는 의존국가(*client state*, 강대국들에 의해 지원을 받는 작은 나라들) 같은 말처럼, 오늘날까지도 의존을 암시하는 의미를 지닌다. 우리는 파트너(*partner*) 같은 단어를 선호한다. 이 단어는 함께 일하기로 한 대등한 두 명의 개인 — 의뢰인·후원자 모델보다 장기적으로 훨씬 더 생산적인 동료 대 동료 관계 모델 — 을 의미한다.

몇 년 전 제니퍼와 제프가 전설적인 음악 프로듀서 퀸시 존스와 손잡고 다양한 자선 기업들과 일을 시작하며, 단체의 이름을 지어야 했다. 제니퍼와 제프는 '퀸시 존스 뮤직 컨소시엄'(Quincy Jones Musiq Consortium) 을 제안했다. 컨소시엄이라는 단어는 라틴어 'consors'에서 나왔으며, 이는 파트너십 또는 '공유하는 재산'을 가리킨다. 컨소시

---

5 〔옮긴이 주〕 막대기를 걸쳐 놓고 그 아래로 몸을 뒤로 젖히고 빠져나가며 추는 춤. 막대의 높이는 매번 점점 더 낮아진다.

엄 구성원들은 의뢰인과 달리 서로에게 의존하지 않는다. 컨소시엄은 존재와 소유물 전부를 공유하며, 그래서 서로에게서 더 큰 힘을 얻는 관계를 뜻한다.

애착을 헌신으로 전환하기

의뢰인보다 파트너를 선호하는 것과 마찬가지로, 명분을 둘러싼 관계를 묘사할 때는 애착(attachment)이라는 단어보다 헌신(commitment)이라는 단어를 선호한다. 애착은 "나를 위해 당신이 무엇을 할 수 있나?"에 관한 개념이다. 반면, 헌신은 "우리가 함께 무엇을 할 수 있나?"에 관한 개념이다. 애착은 가능성을 제한하지만 헌신은 가능성을 활짝 연다. 애착은 구속과 의존으로 이어지는 반면, 헌신은 서로 간의 발견과 성장으로 이어진다.

애착하는지 헌신하는지를 판별하는 한 가지 방법은 특정한 관계가 시간이 흐름에 따라 좁아지느냐 아니면 넓어지느냐를 스스로 물어보는 것이다. 당신은 이전보다 더 많은 것에 대해 이야기하고, 더 많은 아이디어를 공유하며, 더 자유롭게 경험하고, 서로를 더 긍정적으로 밀어붙이며, 서로의 힘을 더 생산적으로 이끌어 낼 수 있는가? 아니면, 시간이 흐르면서 가능성이 줄고 있는가? 후자는 죽어 가는 관계의 징후다. 전자는 번성하면서 두 사람을(그리고 종종 더 많은 사람을) 키우는 관계의 징후다.

모금의 가장 높은 단계를 향해 올라갈 때, 당신은 세일즈맨에서 멘토로, 팀을 만드는 사람으로, 그리고 리더로 — 개인이 혼자서 창조할 수 있는 어떤 음악보다 훨씬 더 아름다운 음악을 악단이 만들어 내도록 돕는 사람으로 — 성장한다.

악단 만들기의 달인 레이 챔버스에게 배우는 교훈

레이 챔버스는 여러 사람이 평생 동안 겨우 할 수 있는 업적을 이룬 사람이다 — 그런데 정작 그는 아직 그 업적을 다 이루지 못했다고 한다. 그는 46살에 차입금으로 기업을 매수하는 산업을 창설하는 데 기여했고, 은퇴해서는 익명으로 뉴워크 시에 미국청소년클럽(BGCA)을 재건하는 일과 같은 여러 명분에 헌신하는 자선가가 되었다.

시간이 흐르면서 챔버스는 자신의 네트워크와 관계를 이용한다면 더욱 큰 영향을 미칠 수 있겠다고 생각했다. 그래서 그는 수많은 성공적인 비영리기관들을 직접 또는 공동으로 설립했다. 지오프 보이시와 함께한 '전국멘토링파트너관계'(National Mentoring Partnership), 콜린 파월과 함께한 '미국의 약속 동맹'(Promise Alliance), 제프 삭스와 함께한 '밀레니엄 약속'(Millennium Promise) 등이 이에 포함된다. 기부하는 창의적인 사람들이 모인 우리의 '나눔 네트워크'도 챔버스가 만든 여러 네트워크 중 하나이다.

챔버스가 만든 자선 프로젝트 가운데 '말라리아는 이제 그만'(Malaria No More)이라는 국제적 프로젝트가 있다. '말라리아는 이제 그만'의 목표는 말라리아의 위협을 없애는 것이다. 지난 20년에 걸친 수백 개 기관들의 노력과 수억 달러의 투자에도 불구하고, 곤충이 옮기는 말라리아 때문에 아프리카에서 한 해 100만 명이 사망했으며, 사망자의 절반은 5살 미만이었다.

그러나 이 프로젝트의 성공에 힘입어, 말라리아 사망자는 세계적으로 50%이상 감소했으며, 아프리카에서는 3분의 1이상이 줄었다. 매년 50만 명 이상이 목숨을 건지고 있다. 이제 '말라리아는 이제 그만'은 2015년까지 지구에서 말라리아로 인한 사망을 사실상 근절하는 것을 목표로 활동 중이다.

챔버스의 노력에서 가장 인상적인 것은 그 일의 영향력 — 이는 나름대로 강력하고 중요하다 — 이 아니라 지지하는 명분을 위하여 그가 만들어 내고, 갈수록 확대되는 공동체들이다. 그가 창설을 도운 말라리아 퇴치계획을 보자. 챔버스는 '말라리아는 이제 그만', '게이츠재단'(Gates Foundation), '국제적십자'(International Red Cross), '글로벌기금'(Global Fund), '세계은행'(World Bank), 'MDG 보건동맹' 및 미국 정부와 UN을 포함한 다수의 기관으로부터 자원을 끌어 모았다. 힘 있는 관점, 다양한 의제, 그리고 때때로 강한 자존심을 지닌 리더들이 운영하는 막강한 단체들을 상대로 이야기하는 것을 한번 생각해 보자. 하지만 레이 챔버스는 이 '팀들이 모인 팀'[team of team, 비영리기관 '아쇼카'(Ashoka)의 회장 빌 드레이튼이 이 표현을 제안했다]을 한데 모으고, 그 팀이 공동의 목표를 중심으로 협동하도록 하기 위해 필요한 열정, 전술, 설득기술, 자기수양, 그리고 세심히 관리할 수 있는 자의식을 타고난 사람이다.

이 밖에도 그에 관한 이야기는 너무 많아서 여기서 전부 이야기할 수 없다. 하지만 무엇이 레이 챔버스를 그토록 유능한 악단 설립자로 만드는지에 대해 알 수 있는 몇 가지 사례가 있다.

첫 번째 사례로, 챔버스는 세계적 기관의 주요 인사들을 설득하여 말라리아 퇴치계획에 참여하도록 했다. 미국 국제개발처와 영국 정부를 비롯해 '세계은행', '세계보건기구'(WHO) 같은 기관이 지원에 합류했다. 조지 W. 부시 대통령은 '대통령의 말라리아 계획'을 창설했고, 후임자 버락 오바마 대통령이 이를 이어받았다. 하지만 챔버스는 미국과 전 세계 일반 시민의 지지 역시 중요하다는 것을 알고 있었다. 민주주의 국가에서 선출된 공직자는 유권자의 행동과 생각을 따르는 경향이 있기 때문이다. 만약 시민들이 말라리아에 관심을 보이면, 미국과 영국의 국회의원은 말라리아 프로그램에 찬성표를 던질 것이었다. 만약 시민들의 관심이 없다면, 국회의원 역시 그렇게 하지 않을 것이었다. 말라리아 퇴치운동을 지속하기 위해서는 공공의 지지가 필요했다.

그래서 챔버스는 말라리아라는 이슈를 둘러싸고 여론을 동원할 수 있는 핵심적 인물과 기관을 파트너로 만들기로 작정했다. 그는 당시 뉴스코프(News Corp.)[6] 사장이었던 피터 셰르닌을 '말라리아는 이제

---

6 〔옮긴이 주〕 미국의 거대 미디어 기업. 주요 사업은 신문, 잡지, 출판 및 인쇄,

그만'의 공동회장으로 영입했다. 그로부터 얼마 지나지 않아 뉴스코프 산하의 폭스TV가 〈아메리칸 아이돌〉[7]의 특별기획으로 "아이돌이 돌려준다"를 방영했다. 이 프로그램은 하룻밤 사이에 800만 달러를 모금했다. 더 나아가 말라리아 퇴치의 중요성을 5천만 명에게 교육했다. 챔버스는 또 NBA, 메이저리그 사커, 그리고 다른 주요 언론사의 지원을 얻었다. 그 결과, 지구촌 말라리아 위기에 대한 미국인들의 인지도가 21%에서 55% 이상으로 높아졌다.

다음은 레이 챔버스의 두 번째 활동사례이다. 많은 곳에서 그렇듯이, 아프리카에는 종교와 정치가 단단히 뒤얽혀 있다. 이는 아프리카에서 말라리아 예방 노력을 펼치기 위해서는 반목이 심하고 뿌리 깊은 종교적, 정치적 분쟁상황을 고려하여 신중하게 행동할 필요가 있음을 의미했다.

챔버스는 이러한 분쟁의 시발지가 나이지리아임을 파악했다. 나이지리아는 아프리카에서 가장 넓고, 말라리아 문제가 가장 심각하며, 종교적이고 정치적인 차이에 의해 깊이 분단된 국가이다. 나이지리아 북부는 대체로 이슬람권인 반면 남부는 대부분 기독교를 신봉한다. 이 두 지역의 리더들이 어떤 사안과 관련해 협력하는 것은 오래 전부터 어려운 일이었다.

챔버스는 망설이지 않았다. 그는 '종파를 초월한 행동을 위한 센터'

텔레비전 방송, 영화 제작 및 배급, 영화 스튜디오 운영 등이다.
7 〔옮긴이 주〕 미국의 노래 경연 프로그램.

(CIFA) 라 불리는 기관의 이사회에 나이지리아 문제의 해결을 도와달라고 요청했다. CIFA 리더들은 '종파를 초월한 행동을 위한 나이지리아 센터'(NIFAA) 라 불리는 산하기구를 창설하고, 북부 소코토의 왕과 남부 아부자의 가톨릭 대주교 간 회동을 성사시켰다. 이 두 명의 리더는 레이 챔버스와 유행병 말라리아라는 공통의 관심사를 통해 대화를 시작할 수 있었다. 회동 결과, 두 리더는 모기장을 나눠 주고, 공동체들에 말라리아 교육을 실시할 리더 30만 명을 북부와 남부 양측에서 선발해 훈련시키기로 합의했고, 이 공동노력의 출범을 위해 사소한 이견은 접어 두기로 했다.

현재는 이 공동 말라리아 캠페인을 계기로 두 종교 사이의 협력 증진에 대한 희망이 보인다. 경계지역에서 이슬람교도와 기독교도 사이의 적대행위가 줄어든 것으로 보이며, 두 종교의 리더들이 향후 협력이 가능한 다른 분야에 대해 이야기하고 있다. 협력을 할 수 있다는 것을 이들이 일단 알고 나면, 얼마나 많은 성취를 위해 덤벼들지는 아무도 모른다.

이제 세 번째 사례를 보자. 석유 매장량이 풍부한 나이지리아 같은 국가들은 전국적인 말라리아 퇴치운동을 지원하는 데 필요한 돈과 여타 자원을 갖고 있다. 하지만 작고 가난한 아프리카 국가는 그렇지 못하다. 2008년 레이 챔버스는 아프리카 지역 출장길에 이런 국가인 서아프리카의 베냉을 방문했다. 베냉의 대통령은 "우리가 말라리아 프로그램을 시작하도록 도와주실 수 없겠습니까?"라고 직접 호소했다. 하지만 돈, 인력 등의 자원이 없기 때문에 이는 실현하기 어려워 보였다. 목숨을 구하는 모기장 같은 간단한 물품조차 소량으로 구입할 때에는 가격이 두 배로 비싸기 때문이었다.

하지만 레이 챔버스는 "말라리아가 창궐하는 사하라 사막 이남 국가가 43개국이라는 생각이 문득 들었습니다"라고 말했다. "플로리다 오렌지 농가들이 썼던 방식은 어떨까? 협동조합을 만들면 돼."

챔버스의 지도 아래 그 아프리카 43개국은 '아프리카 지도자 말라리아 동맹'(ALMA, 가난한 국가들이 말라리아와 싸우는 데 필요한 자원을 모으도록 도와주는 원스톱 가게)을 결성했다. "덕분에 모기장 가격은 개당 3달러 미만으로 내려갔습니다. 그리고 ALMA 덕분에 아프리카에서는 모든 사람이 같은 가격으로 모기장을 삽니다."

물론 레이 챔버스는 이러한 팀 만들기에서 자신의 자의식을 최소화한다. 그는 이렇게 말한다.

파트너십 속에서 일하기, 사람들에게 감사하기, 그들에게 공을 돌리기는 제겐 쉬운 일입니다. 왜냐하면 저는 그 명분을 믿기 때문입니다. 세계의 다른 곳에서 아기 3천 명이 매일 말라리아 때문에 죽어 간다는 것을 알면서 미국에서의 안락한 삶에 행복을 느낄 수는 없습니다. 저는 그 사실을 알림으로써 모든 사람의 동참을 이끌어 냅니다. 이는 복잡한 사업거래를 함께 추진하는 것과 다르지 않습니다. 모든 이해관계자에게 귀를 기울이고, 모든 사람의 주목을 끄는 것을 구축해야 하지요. 필요하다면 일을 성사시키기 위해 다른 자금도 동원합니다. 무엇보다 노력을 계속해야 합니다. 저는 다음 기회까지 기다리지 않습니다. 우리가 1

분을 지체할 때마다 아이 두 명이 또 죽어 갈 것이기 때문입니다.

세계 곳곳에는 수많은 종류의 문제가 있다. 여러 기관이 그 문제의 해결을 위해 각자의 역량과 자원을 나름대로 조합하여 기부하지만, 더 나은 해결을 위해서는 기관들의 연대가 필요하다. 그리고 효과적인 연대 만들기의 모델로서 레이 챔버스의 작업에 주목할 필요가 있다.

핵심 파트너 물색하기, 불신이나 적대의 경계선을 넘어 접근하기, 활동가의 자의식을 극소화하기, 파트너십을 요구할 용기 내기 등과 같은 접근법은 모든 범위의 프로젝트에서 사용될 수 있다. 즉, 동네 사람들로 팀을 꾸려 쓰레기가 널린 공터를 동네 정원으로 탈바꿈시킬 때, 종교 간 긴장을 완화하기 위해 지역의 가톨릭, 개신교, 유대교, 이슬람교 리더들을 설득할 때, 보험이 없는 사람들이 필요한 예방주사를 맞을 수 있도록 무료 주말병원을 차리고 그곳에 자금을 지원하기 위해 시청 공무원, 경제계 리더, 지역 병원과 함께 노력할 때 이 모델을 활용할 수 있다.

위대한 악단을 만들고 싶은가? 레이 챔버스의 이야기는 이를 어떻게 할 수 있는지를 보여 주는 좋은 사례이다.

생각거리

◆◆◆

- 이 장 앞부분에서 우리는 교환(제한적인 대상)과 관계(제한을 두지 않는 상호 간의 헌신) 사이의 차이점을 살펴보았다. 이러한 차이가 자선 업무에 어떻게 적용되는지 생각해 보자. 예컨대, 명분을 위해 가장 중요한 파트너와 어떻게 관계를 맺고 있는지 점검해 보자. 그 관계는 교환에 기초한 것인가, 아니면 진정한 관계인가? 만약 전자라면, 그 관계를 변화시키기 위해 무엇을 할 수 있는가? 이제 같은 질문을 함께 일하는 사람들에게 적용해 보자. 가장 오래된 파트너, 가장 최신의 파트너, 크게 기대를 걸고 있는 파트너, 아직 명분을 설득하지 못한 잠재적 파트너 모두에게 질문을 던질 수 있다. 각각의 경우에 협력을 위한 기초로서 진정한 관계를 만들 계획을 세워 보자.

- 군터의 핵심가치 목록을 보고, 친구, 지인, 또는 파트너에 관해 생각해 보자. 그 사람에게 어떤 핵심가치가 중요한가? 그러한 핵심가치에 호소할 수 있음을 염두에 두고 기관의 일과 명분을 어떻게 논의할 수 있을지 상상해 보자. 여러 신념을 지닌 사람들에게 자신의 열정을 전달할 때, '다양한 방식에 능숙'할수록 다양한 다수의 파트너를 불러 모을 확률이 그만큼 더 높아진다.

- 기관을 위해 자신이 맺은 가장 중요한 관계 10가지를 꼽아 보자. 그 각각에 10점 만점 기준으로 "이 관계에 얼마나 깊이 관여하고 있는가?"라고 물어보자(1점은 단순하고 제한적인 교환에 기초한 관계이다. 10점은 풍부하고, 다면적이며, 제한을 두지 않고 성장하는 심오한 관계를 말한다). 그런 다음 "지난 30일 동안 나는 얼마나 자주 이 사람을 감동시켰나?"라고 물어보자(만약 "전혀 못했다"가 대답이라면, 이미 어떤 기회를 놓친 것이다). 이제 다음으로 넘어가자. 내가 소속된 기관과 이 사람 사이의 더 강력한 유대감 형성을 위하여 나는 무엇을 할 수 있는가? 그리고 성공은 어떤 모습인가? 즉, 더 강력한 유대가 수립되면 어떤 구체적인 행동을 기대할 수 있을 것인가? 이러한 질문에 대한 대답은 앞으로 몇 주 또는 몇 달간 당신이 반드시 해야 할 업무의 목록이 될 수 있다.

chapter 4

공동체의 성장
팀 구성원의 관계 강화하기

나는 죽을 때 완전히 소진된 상태이고 싶다.
열심히 일하는 만큼 더 사랑할 수 있기 때문이다.
나는 삶 그 자체를 위해 크게 기뻐한다.
삶은 잠시 동안의 촛불이 아니다. 삶은 내가
잠깐 동안 붙잡았으며, 미래세대에게 넘겨주기 전에
최대한 밝게 불태우고 싶은 멋진 횃불 같은 것이다.
― 조지 버나드 쇼

"새 기부자가 필요해요!" 이는 비영리기관 리더들과의 만남에서 거의 매번 우리가 듣는 주문(mantra)이다. 너무 퍼져 있어서 아예 상식으로 통하는 믿음이 하나 있다. 어떤 기관이 모금이나 성장, 또는 에너지의 한계에 도달하면, 새롭고 힘이 넘치는 기부자들로 파이프라인을 신속하게 채우는 것이 논리적인 해법이라는 믿음이다.

물론 기관에 새 기부자를 끊임없이 소개하는 것은 좋은 일이다. 시간의 흐름과 삶의 현실을 따라 기부자들은 바뀌게 마련이다. 이는 기부자들을 새롭게 교체하는 것이 건강한 기관에 필수적인 과정임을 의미한다. 하지만 단기적 필요가 있을 때 가장 의지할 수 있고, 성장의 한계에 다다랐다고 느낄 때 한 단계 올라가게 해줄 가장 효과적인 방법은 현재의 기부자들과 맺고 있는 관계를 더 깊게 하는 것이다.

이 장에서는 이미 구축된 공동 헌신의 기반을 더 발전시키는 방법을 살펴볼 것이다. 또한 진정한 파트너관계를 통해 창의적인 영역으로 더 깊이 들어가면서, 협력을 극대화하는 증명된 방법을 검토할 것이다. 그리고 비영리기관의 사명, 욕구, 능력, 업무가 진화하는 과정에서, 당신과 파트너들의 자선 여정이 서로에게 이득이 되는 방식으로 함께 변화할 수 있는 방법을 논할 것이다.

의사소통 경로를 항상 열어 두기

팀원들과 건강하게 성장하는 관계를 만드는 확실한 방법임에도 종종 외면되는 것이 그냥 "연락을 유지하는 것"이다. 많은 기관이 멋진 분기별 사업관리 보고서 — 아니면 더 나쁘게도, 기부 권유를 곁들인 달랑 한 편의 연간 보고서 — 에 집중하는 함정에 빠진다. 이렇게 인간미 없고 포괄적인 공식성명이 기부자에게 소식을 전하는 유일한 시간이 되게 하는 실수를 저질러서는 안 된다. 전화, 우편, 이메일 뉴스레터, 웹사이트, 페이스북, 유튜브, 또는 다른 의사소통 매체를 통해서 기부자들과 자주 이야기하자. 메시지가 매번 고도로 개인화될 필요는 없지만, 언제나 본질적인 것, 즉 현장에 관한 이야기, 새로운 계획의 세부사항, 결과를 알리는 최신자료, 또는 파트너들의 근황을 살피고 그들이 무슨 생각을 하고 있는지 알아보는 짧은 질문을 포함해야 한다.

사람들에게 하는 일을 계속해서 알리는 것은 아주 중요하다. 파트너들과 경계 없이 함께하는 관계를 추구하는 비영리기관 관리자들은 투명성을 높이기 위해 성과에 관한 사실과 통계를 공유할 필요가 있다. 파트너가 어떤 자료에 반응을 보일지는 알 수 없기 때문에, 다양한 이야기와 지표를 공유하는 것이 중요하다(다양한 이야기에 사람들은 더욱 흥미를 느낄 것이다). 하지만 단순한 사실과 자료를 넘어 인간적 수준에서 파트너와 서로 연결되는 것이 보다 중요하다.

우리는 모두 바쁘다. 그래서 하루하루의 활동에 휩쓸리다보면, 개인적 봉사활동의 필요성을 잊어버리기 쉽다. 하지만 인간은 서로를 인간적으로 만날 수 있는 시간을 필요로 한다. 어떤 사람에게는 자연스럽게 그런 기회가 찾아오겠지만, 그렇지 못한 경우 인류애적 본능을 일깨우고 유지해야 한다.

어느 비영리기관의 모금가는 그 기관의 CEO에 대해 이런 이야기를 했다.

우리 기관 이사의 부인이 최근 별세했어요. 그녀는 고작 50세였지요. 가족들에게는 갑작스럽고 예기치 못했던 이별이었어요. 그 소식을 듣고 저는 상사에게 "벤에게 전화로 조문하셨나요?"라고 물었습니다.

우리 CEO 존은 고개를 가로저으며 말했습니다. "아니요, 그는 무척 바쁠 겁니다. 그에게 전화를 걸어서는 안 될 것 같아요."

제가 말했습니다. "존, 벤에게 **전화해야** 해요. 벤은 우리 이사잖아요. 당신은 그를 10년간 알고 함께 일했어요. 그는 우리 일에 많은 시간과 에너지와 비용을 들였고요. 그는 친구이고, 지금은 친구가 친구와 연결될 때에요. 그에게 전화해야 해요. 그는 당신 목소리를 들을 필요가 있어요. 설사 그것이 그의 자동응답기에 메시지를 남기는 것이라고 할지라도 말이에요."

이 CEO를 호되게 나무라려는 것이 아니다. 존은 수많은 성공한 조직의 리더들과 비슷하다. 목표지향적이고, 효율을 중시하며, 냉정하고, 실용적이다. 오랜 친구이자 파트너에게 보내는 개인적 애도 메시지는 존이 이끄는 비영리기관의 목표와 **직접적으로** 연관되지 않는다. 그래서 그는 그 중요성을 과소평가하고 말았다. 하지만 인간관계는 조직의 목표보다 더 **중요하다.** 그리고 그러한 관계를 맺고 유지하기 위해서는 사람을 살아 있고, 숨을 쉬며, 감정을 가진 (그리고 때로 비이성적인) 존재로 대해야 한다.

기관이 업무를 더 잘할 수 있도록 인간관계를 개선하는 방법을 소개하겠다. 종이 한 장을 꺼내 들고 차분하게 앉자. 다음으로 기관에 자선활동을 많이 하는 중요한 사람 또는 집단 10곳을 골라서 적어 보자 (기관이나 관계자의 구체적 역할의 규모에 따라 그 수는 더 크거나 작을 수 있겠지만, 10은 대부분의 비영리기관에 적당한 숫자이다). 이 목록의 10명은 최고의 지지자들이어야 한다. 이들은 중요한 기부자일 수도 있겠지만(그 중요성은 개인이 지닌 자원과 기관의 욕구에 따라 다르겠지만), 자원봉사, 이사회 참여, 의사소통 작업, 현물 기부, 인적 네트워크 형성 등 다른 방식을 통해 기여하는 사람일 수도 있다.

다음으로, 만약 이 10명이 줄 수 있는 모든 것을 준다면 어떤 모습일지 생각해 보자. 그들과의 관계가 매우 깊어서 일과 중 (거의) 어느 때든, 심지어 밤이라 하더라도 조언을 구하고, 멋진 소식을 공유하고, 아이디어를 논의하며, 도움을 요청하거나 또는 단순히 친근함을 표시하기 위해서 전화를 걸 수 있다면 어떨까? 그들도 의사소통에 적극적이어서 귀중한 인연을 소개해 주고, 도움이 되는 제안을 내놓고, 예측하지 못한 위험을 경고하고, 멋진 계획을 제시하거나, 별 계기가 없어도 격려와 지지를 보내 준다면 어떨까?

주요 파트너들로부터 그런 수준의 친밀감과 헌신을 얻는 것을 잠시 상상해 본 후, 이렇게 생각해 보자. 그렇게 되기 위해서는 무엇을 해야 할 것인가? 여기에는 전화, 문자메시지, 이메일이나 손으로 쓴 편지로 다가가는 것에서부터, 조찬 계획하기, 만찬 주최하기, 콘퍼런스 주관하기, 현장을 함께 둘러보기에 이르기까지 많은 방법이 있을 수 있다 (이러한 가능성의 일부는 이 책에서 이미 논의했다. 나머지는 책의 뒷부분에서 추가로 논의할 것이다).

마음속에서 어떤 방법이 떠오르든 그것을 실행하자. 당장.

다음은 일상적 업무에 치여 일대일 의사소통에 소홀해지는 것을 방지하는 몇 가지 방법이다.

- 매일 일정한 시간을 개인적 의사소통을 위해 확보하고 신성하게 유지하자. 일정과 취향에 따라 한 시간 또는 두 시간을 정하자. 그리고 누구도 직원회의, 보고서 읽기 또는 일상적인 활동을 이유

로 그 시간을 빼앗지 못하게 해야 한다. 이 시간만큼은 사무실 문을 닫아걸고 전화기를 들어 최근 연락하지 못했던 사람들에게 다가가자. 자신의 목소리가 전화선 너머의 사람들에게 얼마나 많은 의미를 갖는지 알면 놀라지 않을 수 없을 것이다.

- 점심을 혼자 먹지 말자. 책상에서 샌드위치로 점심을 때우는 습관을 버리자. 대신 점심시간을 중요한 누군가와의 친분을 새롭게 하는 시간으로 활용하자. 그것이 회의실에서 여는 도시락 식사에 외부사람을 초대하는 것처럼 단순한 일일지라도, 점심시간을 업무상의 인맥에 깊이와 너비를 더하는 기회로 삼을 수 있다.

- 정기적인 접촉에 시간을 내자. 이렇게 하면 누군가에게 요청을 해야 할 때, 이전 통화가 몇 달 전, 혹은 몇 년 전이었음을 사과하며 대화를 시작해야 하는 난처함을 예방할 수 있다.

- 시간이 흐를수록 핵심 인맥의 명단이 늘어나도록 하자. 중요한 기부자, 파트너, 동맹, 기관의 친구 명단을 계속 늘리자. 그리고 반드시 정기적으로 한 명씩과 대화하자. 명단의 길이와 대화의 빈도는 기관의 규모와 복잡성에 따라 다를 것이다. 예컨대, 핵심 인맥 목록의 200명에게 각각 적어도 분기에 한 번은 연락하는 것이 중요하다고 판단할 수 있을 것이다. 그렇게 하는 것이 벅차게 느껴질 수도 있지만 따져보면 하루에 두세 명에게만 전화하면 되는 일이다. 더 끈끈하고 의미 있는 인간관계에서 얻게 되는 이로움은 계산이 불가능하다.

- 휴식시간을 개인적 인맥 유지에 활용하자. 택시나 열차 또는 버스

를 타고 모임에 갈 때, 공항에서 탑승을 준비할 때, 의사나 미용사를 기다릴 때, 슈퍼마켓이나 기관의 차량관리부에서 줄을 설 때, 휴대전화를 꺼내어 통화를 시도해 보자. 또는 메모지를 갖고 다니면서(여러 업계와 비영리세계의 리더들이 그렇게 하듯이) 남는 시간에 개인적인 메모를 해서 다음 기회에 편지 속에 끼워 넣을 수 있도록 하자. '너무 바빠서' 사람들과 연락을 유지하기 힘들다고 생각할 수도 있다. 하지만 지금 낭비되는 시간을 쓰기 시작한다면, 대부분의 문제가 저절로 해결될 것이다.

훌륭한 인간관계 맺기는 다른 사람들의 정신만을 충족시키는 것이 아니다. 이는 자신의 욕구와 가치 및 동기에 집중하고 보살피는 것이기도 하다. 우리 역시 악단의 단원임을 명심하자. 파트너들에게와 마찬가지로 우리에게도 창의성과 에너지와 열정을 발산할 수단이 필요하다. 그러므로 종종 자신의 심리적 상태를 확인하고, 필요한 감성적, 심리적 에너지를 확실하게 회복할 수 있는 습관을 만들자.

잘나가는 비영리기관의 임원이자 모금가이며 제니퍼의 '혁신적 모금' 과정에 다니는 한 학생이 수업 중에 '유명 인사'에 집중하는 기관에서 극도로 내성적인 사람이 겪는 어려움을 털어 놓았다. "영화배우, 세계적으로 유명한 전문가, 우리 기관의 파트너로서 상을 받은 활동가와 함께 시간을 보내는 것은 참 재미있습니다. 하지만 정신적으로 진이 빠지기도 합니다. 저는 사람들과 끊임없이 상호작용해야만 하는 일 대신, 문을 닫고 전화기 코드를 뽑아버린 채 사무실에 앉아 전략계획을 짜면서 하루를 보내고 싶습니다!"

비영리세계의 많은 사람들이 이 학생과 같은 문제를 겪는다. 훌륭한 명분에 깊이 헌신한다고 해서 외향적인 사람 또는 '사람들과 어울리기 좋아하는 사람'이 되지는 않는다. 다행히 이 문제를 해결하기 위해 시도할 수 있는 방법들이 많이 있다. 그 학생은 약속으로 정신없이 바빴던 한 주 동안 자신을 심리적으로 안정시키려고 개발한 기법을 설명했다. "저는 한 주에 반드시 여러 번 운동을 하고, 매일 공원을 조용히 산책하며, 언제든 좋아하는 음악을 듣고, 잠을 충분히 잡니다. 이는 간단한 방법이지만 온전한 정신 상태를 유지하게 해줍니다."

자기 자신을 잘 돌보는 것은 어느 분야의 리더에게든 중요하다. 그러나 자신보다 다른 사람들을 위한 일을 끊임없이 생각하도록 사회화된 비영리 공간에서는 특히나 더 중요하다. 고독 — 우리가 선택한 힘든 일을 위해 원기를 회복하고 활력을 받으려 찾아가는 조용한 장소 — 의 중요성을 잊지 말아야 한다.

연결을 위한 조직

'오스트레일리안 발레'의 케네스 왓킨스를 큰 성공으로 이끈 비결은 개인적 관계의 유지와 발전에 주의를 기울였다는 것이다. 그는 일상적인 의사소통과 개인적 접촉이 효율적이면서도 힘 있게 운영될 수 있도록 별도의 팀을 구성하였다.

138

가장 큰 과제는 자발적으로 일하는 이사들을 계속해서 분발시키는 것, 그들과 스토리를 공유하는 것, 그들의 스토리와 오스트레일리안 발레에 관한 스토리를 통해 그들이 공동체에 가까워질 수 있도록 하는 것이었습니다. 이 모든 것은 제게 시간 관리의 문제였습니다.

우리는 자체 이사회에 13명, 재단 이사회에 7명의 이사를 두고 있습니다. 따라서 제가 긴밀하게 접촉을 유지할 필요가 있는 사람은 20명입니다. 이들과 함께 회의나 발표, 토론 등 사무실을 중심으로 일을 진행하는 것은 외부활동의 어려움에 비하면 쉬운 편이지요.

또한 저는 활발한 소통이 이루어질 수 있도록 직원들로 팀을 조직할 수 있었습니다. 우리 직원은 11명입니다. 인원으로 보면 상대적으로 작지만 탄탄하지요. 우리의 업무에는 연례 기부자 프로그램과 고액기부 프로그램뿐만 아니라 자선활동 서비스 영역도 있는데, 각각의 다른 담당자들이 운영합니다.

자선활동 서비스 쪽에는 3명이 있습니다. 이들은 은행 업무를 처리하고 예산을 관리하는 일 등을 합니다. 우편물을 개봉하고, 모든 자료를 입력하고, 잠재적 기부자를 조사하고, 세금계산서와 감사편지를 준비하며, 팀 활동 보고서도 작성하지요. 이들을 우리의 후방 지원 사무실이라 불러도 좋을 것인데, 마치 기름칠이 잘된 기계처럼 움직입니다. 대단히 효율적이고 엄청나게 도움이 됩니다.

나머지 8명은 우리 자선활동 그룹의 전방을 담당합니다. 유산증여 관리자, 후원자 관리자 2명, 연례기부 담당 선임관리자, 고액기부 담당 선임관리자, 그리고 저와 제 조수가 여기에 속합니다. 나머지 한 사람은 기부제안서와 기타 문서를 작성하는 신탁·재단 담당자입니다. 요컨대, 이 팀은 저의 일부로서 움직이면서 우리 기관이 파트너들과 지속적으로 긴밀한 접촉을 유지할 수 있도록 해줍니다.

기관과 가용자원의 규모에 따라 왓킨스만큼 많은 직원을 두지는 않아도 된다. 하지만 각각의 과업은 직원 가운데 특정 사람에게 구체적이고도 명확하게 부과되어야만 한다. 그 일이 그 사람이 책임진 여러 일 중 하나라고 할지라도 말이다. 기관의 크기와 상관없이 누군가가 책임을 진다는 것을 다른 사람이 알고 있지 않으면, 부주의로 빠뜨리는 문제가 생길 수 있다!

새로운 조합으로 파트너 모으기

팀원 및 네트워크의 다른 사람들과 관계를 튼튼하게 유지하려 할 때, 관계의 중심에 자신이 있고, 모든 사람들이 자신을 통해서만 연결된다고 생각하면, 너무 버겁게 느껴질 수 있다.

사실 우리가 만들어야 하는 진짜 네트워크는 중심이 되는 사람의 개인적 관여가 없어도 작동하는 수없이 연결된 관계들로 이루어진다. 이를 위해서는 투명하고 개방적으로 의사소통할 수 있는 용기가 필요하다. 어떤 리더들은 파트너들끼리 개인적 관계를 맺는 것을 꺼려한다. 이는 관계의 통제권을 내려놓는 것을 의미하기 때문이다("맙소사. 나를 빼놓고 그들끼리 만나는구나! 내가 없는 데서 그들이 무슨 말과 행동을 할까?!"라고 생각할지도 모르겠다). 자리를 비웠을 때 지인들이 말하고 행동하는 것을 제어할 수는 없을 것이다. 하지만 괜찮다. 그 대신 온갖 흥미롭고 새로운 에너지와 아이디어, 활동이 자유롭게 만들어질 것이고, 그중 일부는 기관의 이득으로 되돌아올 것이기 때문이다. 그러니 주저하지 말고, 일대일 행사(아침, 점심, 저녁 모임 같은 것)를 통해서든, 더 큰 모임(칵테일파티, 디너파티, 언론행사, 리셉션, 발표회, 세미나 같은 것)을 통해서든, 자신의 인맥을 서로에게 소개하자.

기관의 에너지가 줄어드는 것처럼 보일 때 — 기부가 줄고, 새 아이디어가 나오지 않을 때, 또는 성장이 느려지거나, 사람들이 기관의 미션에 흥미를 잃고 있을 때 — 그때가 바로 새로운 인맥을 만들기 위해 의도적인 노력을 기울여야 할 때이다. 이것저것 뒤섞어 보자! 서로 알지 못하지만 공통점이 있는 — 예컨대, 서로 가까이 살고, 같은 업계에서 일하거나, 출신학교가 같은 — 기부자들을 서로에게 소개하자. 만약 그들의 뜻이 통하면, 어떤 프로젝트를 함께 시작해 달라고 부탁하자. 이 간단하지만 효과적인 장치를 통해 역동적인 새 팀이 여럿 출범했다.

언제나 그렇듯이, 구체적인 언어의 사용은 대단히 중요하다. 사람들을 새로운 활동에 초대할 때, 그들에게 어떤 것을 '책임져 주십시오'라고 요청하는 것이 '도와주세요'라거나 '요청합니다'라고 말하는 것보다 훨씬 더 효과적이다. 그러므로 "다른 기부자 다섯 분에게 전화하여 정기 기부를 1년 연장하도록 요청하는 것을 도와주시겠습니까?"에서

"다른 기부자 다섯 분에게 전화하여 연간 기부를 갱신하라고 요청하는 일을 책임져 주시겠습니까?"로 표현을 바꾸는 것이 더 좋다. 후자는 그 초대를 수락하는 파트너에게 주인의식을 부여하며, 그 자체가 더 깊은 참여를 이끄는 엄청난 동력이 된다.

파트너관계 네트워크 내부의 사람들에게 새로운 임무를 맡기는 것도 도움이 된다. 이사회의 역할은 시간이 흐르면서 굳어지는 경향이 있다. 특정한 파트너가 특정한 영역의 전문지식을 너무 많이 알고 있기 때문에, 다른 사람들은 그 영역에 속한다 싶은 활동을 몽땅 그에게 맡기기도 한다. 그러다 보니 수(Sue)는 현장방문 전문가가 되며, 랄프(Ralph)는 칵테일파티 개최의 선수가 되고, 팻(Pat)은 현지 은행 및 금융회사들을 상대하는 수석 담당자가 된다. 각각의 관심과 재능을 활용하는 분업은 기관에 커다란 힘이 될 수 있지만, 이는 또한 새로운 아이디어를 탐구하거나 채택할 기회가 없다는 것을 의미하기도 한다. 아주 오래전부터 이사회의 모금위원회를 이끈 스티브가 아파서 1년간 휴직한다면 어떤 일이 생길까? 연례 자선행사 개최에 관한 20년 치 지식이 있는 노라가 갑자기 호주로 이사를 가면 어떻게 될 것인가?

따라서 '우리는 그것을 항상 이런 식으로 했다'는 사실이 때로는 변화를 도입해야 할 최상의 이유가 된다. 만약 데비가 아주 오래전부터 연례 자선경매를 위한 모금을 담당했다면, 올해는 행사 두 달 전 그녀를 불러, 모금 대신 맡고 싶은 멋지고 **새로운 프로젝트**가 있는지를 놓고 격의 없는 대화를 해보자. (그와 같은 대화는 협의 없이 데비에게 변화를 통보하는 것보다 훨씬 낫다. 그녀가 그 통보를 처벌이나 공격으로 받아들일 수도 있다.) 데비가 즐거워할 흥미로운 과업이 있다면, 최소한 4가지 방식으로 기관에 이득을 줄 수 있다. 첫째, 데비의 참여를 새롭게하여 그녀에게 활기를 불어넣는다. 둘째, 후임자(조앤이라고 하자)가이 행사를 넘겨받고, 인맥을 넓힐 수 있게 된다. 셋째, 데비가 조앤에게 지혜를 전해 주면서 두 사람 사이의 새로운 관계를 일으킨다. 마지막으로 새로운 담당자 조앤 덕분에 새롭고 창의적인 기부 과정이 발생할 가능성이 생긴다.

상호작용을 통해 집단적 이야기를 만들어 내는 것 역시 도움이 된다. 파트너들을 한데 불러 모아 서로 알게 하고, 배우게 하고, 힘을 주게 하자. 신뢰할 수 있는 친구들을 마치 기관의 미래가 그들에게 달려있다는 듯이 대접하자. 사실 미래는 그들에게 달려 있는 것 아닌가!

말로는 다할 수 없는 의사소통

전화통화, 직접 만나서 하는 대화, 이메일, 편지, 기타 문건을 통해파트너와 연락하는 것은 대단히 중요하다. 하지만 소통방식에 대한반응은 사람에 따라 당연히 다르다. 말로써는 정서적으로 움직이지못하는 사람도 있다. 그럴 때는 다양한 형식의 표현을 통해 메시지를전달할 기회를 찾아야 한다.

2004년, 우간다 캄팔라의 어느 병원에서 자원봉사 활동을 하던 18세 영국인 알렉산더 맥린은 루지라어퍼 교도소를 방문해 재소자들을 치료했다. 재소자들의 열악한 생활환경에 충격을 받은 그는 관련 자재를 구입하여 교도소 의무실 수리 작업을 감독했다.

맥린은 영국으로 돌아갔지만, 이후에도 영국과 우간다의 교도소 개선이라는 명분을 위해 계속 일했다. 처음에 맥린은 책과 돈을 걷어 교도소에 도서실을 만들었다. 맥린의 노력은 이후 '아프리카 교도소 프로젝트'(APP)로 성장했다.

2012년 현재 APP는 우간다, 케냐, 시에라리온, 나이지리아에서 2만 5천 명이 넘는 재소자와 교도관의 삶에 영향을 미치고 있다. 12만 권 이상의 책을 보내 교도소에 도서실을 만들고, 교도소 내 진료소와 병원을 신축하거나 개축하여 병상 200개 이상을 확보하고, 매주 500명 이상의 재소자에게 읽고 쓰는 것을 가르치는 과정 및 기타 교육을 지원한다. APP는 또 재소자 수백 명에게 법률 서비스를 지원하였으며, 교도소 내 어린이 수십 명이 정부 병원에서 치료받도록 주선하였고, 위독한 재소자 수십 명이 존엄하게 고통 없이 죽을 수 있도록 도왔으며, 그들 중 일부가 죽기 전에 출소하도록 도왔다.

법률가로서 훈련받은 맥린은 논리적 주장을 펴는 데 능했고, 이 기술을 APP의 모금활동에 활용하였다. 한편, 그는 파트너와의 연결에 개인적 스토리가 뛰어난 효과를 발휘함을 깨달았다. 그리고 말이 없이도 이야기를 전달하는 독특한 방식을 알아냈다.

우리가 기부자들과 연락하는 한 가지 방법은 감사편지 — 재소자들이 만든, 손으로 색칠한 나무 접시 — 를 전달하는 것입니다. 2004년 우간

144

다의 경비가 삼엄한 교도소를 처음 재단장하면서 그 아이디어를 얻었습니다. 도와주어 고맙다며 재소자들은 접시 두 개를 만들었지요. 하나는 저에게, 다른 하나는 우리 할머니에게 주는 것이었습니다. 할머니께서는 제가 사업을 시작할 때 거액을 후원해 주셨거든요. 할머니께 드리려고 만든 접시에는 지는 해와 산과 강이 그려져 있었는데, 이는 할머니께서 늙어 가신다는 것과 할머니께서 저를 통해 표현하신 지원과 너그러움을 상징했습니다.

이제 우리는 기부자에게 감사를 표시하려는 재소자들에게 같은 종류의 나무 접시를 만들어 달라고 요청합니다. 그 접시에는 때로 기부자의 이름이 들어가기도 하고, 그 시점에 재소자가 마음에 품은 어떤 그림이 들어가기도 하지요. 기부자들은 자신이 너그러운 마음으로 보듬은 사람들이 오직 자신만을 위해 힘들게 만든 물건을 손으로 만질 수 있다는 것에서 큰 의미를 느낍니다.

요즘 우리는 우리 일을 다큐멘터리로 만들려는 몇몇 영화 제작자와 함께 기회를 모색하고 있습니다. 또한 우간다에서 사형수였다가 감형된 재소자들로 합창단을 꾸려 국내외에서 공연하는 일을 추진 중이지요. 손으로 쓴 편지, 그림을 그려 넣은 접시, 노래에 실은 목소리 — 이는 APP와 우리가 봉사하는 재소자들의 이야기를 세계인에게 전하는 3가지 다른 방식입니다.

말이 아닌 방법을 통해 기관의 파트너들과 의사소통할 기회를 찾아보자. 소셜네트워크서비스(SNS) 등 여러 형식의 디지털 커뮤니케이션이 풍부한 오늘날, 오디오와 사진과 동영상 파일 등을 쉽게 올릴 수 있는 개인 웹사이트나 페이스북, 유튜브, 혹은 이메일 뉴스레터 등이 소통의 수단이 될 수 있다. 그렇지만 직접 만든 공예품의 영향력을 과소평가해서는 안 된다. 이는 인터넷이 지배하는 오늘날의 세상에서 더욱 위력적일 수 있다. 어린이를 돕는 기관에서 일한다면, 어느 수혜자가 크레용으로 그려 보낸 감사의 그림은 파트너가 영원히 보물로 간직할 기념품이 될 수 있을 것이다.

SNS 활용: 평범한 기부자를 파트너로 만들기

앞서 기관 일에 도움을 주는 사람들과 진정한 파트너십을 맺는 것의 중요성을 이야기했다. 이러한 파트너십은 고액기부자와 부유한 자선가, 기업, 또는 여러 대형 기관에 재정을 지원하는 재단에만 적용되는 것이 아니다. 이는 지역 비영리기관에 소액의 현금이나 몇 시간의 자원봉사 등 소소한 기부를 하는 개인들에게도 적용된다.

평범한 기부자들에게 파트너십을 불어넣고 개인적인 관심을 주는 것이 어려울 수 있다. 심지어 교회나 유대교 회당, 지역 도서관, 소년클럽, 소녀클럽 등의 작은 기관도 수백 또는 수천 명의 기부자에게서 지원을 받을 수 있으며, 많은 사람이 한 차례에 5달러, 10달러 혹은 20달러만을 기부한다. 만약 이와 같은 집단을 위해 일하는 모금가라면, 어떻게 그렇게 많은 개인과 의미 있는 관계를 맺을 수 있을까?

바로 여기에서 SNS가 한몫을 담당할 수 있다. 그러나 비영리세계의 활동가 가운데 특정한 마케팅과 의사소통, 공동체 만들기 목표를 달성하기 위해 페이스북, 트위터, 유튜브, 핀터레스트(Pinterest) 같은 뉴미디어를 효과적으로 사용하는 방법을 아는 사람은 거의 없다. 그 결과, 잘못 만들어진 소셜미디어 광고 또는 시간과 에너지 및 기타 자원을 쓰고는 실망스러운 결과만을 내놓는 홍보활동이 계속된다. SNS의 힘을 효율적으로 이용하는 방법은 이를 파트너와 파트너, 그리고 기관과 파트너들 사이의 친밀한 일대일 관계를 만드는 수단으로 쓰는 것이다.

'네트워크 포 굿'의 최고 전략책임자인 캐티야 안드레센은 비영리 마케팅의 권위자이다. 안드레센은 어떤 플랫폼을 사용하든 소셜미디어의 가치는 기관과 기부자 사이의 관계를 거래에서 변화로 바꾸도록 하는 기능에 있다고 강조한다. 소셜미디어는 과거보다 더 친밀하게 상호작용하는 방식을 제공하여, 소액기부자들이 '롱테일'(long tail) [8]에 도달하는 것을 가능하게 한다. 즉, 소액기부자들과도 고액기부자나 기타 핵심 파트너와의 관계에 맞먹는 긴밀한 관계를 만들 수 있게 된다.

기부를 통해 광범위한 공동체의 일부로 소속된다고 느낄 때 기부 동기가 가장 높아진다는 사실을 명심하자. 모든 SNS 사이트에서 발견

---

[8] 〔옮긴이 주〕 인터넷이 보편화됨에 따라 소액 다수의 고객이 기업의 매출과 성공에 중요한 존재로 부각되는 패러다임, 주요 핵심 고객에 집중하는 전통적 기업전략과 구별된다.

할 수 있는 온라인 공동체(Electronic Community)도 이러한 소속감을 주는 공동체로 기능할 수 있다.

여기에는 수많은 실제 응용사례가 있다. 예를 들어, 소셜미디어 사용자는 기관이 보내는 메시지보다 개인이 보내는 메시지에 더 호의적으로 반응한다는 연구결과가 있다. 그렇다면 페이스북, 트위터, 유튜브, 또는 다른 사이트에 있는 기관의 '공식' 페이지에 의존할 것이 아니라, 각각의 팀원과 외부 파트너들이 자신의 메시지를 공유하는 개인 페이지를 만들자. 그렇게 하는 것의 영향력이 훨씬 더 클 수 있다.

비슷한 맥락에서, 단순히 기관의 '공식적인' 이야기 또는 기관의 마케팅 팀이 선정한 소수의 이야기하기 위해 소셜미디어를 이용하지 말자. 그 대신, 각 직원, 기부자, 그리고 다른 친구들이 기관의 일에 관한 개인적 이야기를 올릴 수 있게 하자.

다른 연구들에 따르면, 개인이 개인을 상대로 기부를 요청할 때 수락할 가능성이 가장 높다. 이는 20, 30대의 젊은 사람뿐만 아니라, 컴퓨터, 인터넷, 페이스북의 시대에 성장하지 않은 나이든 사람도 마찬가지다. 소셜미디어 페이지를 이러한 개별적 요청의 기회로 활용하기는 어렵지 않다. 예를 들어, 기관의 페이스북 페이지에 정기적으로 공지, 논평, 사진, 링크 등을 띄우는 사람이라면 —그런 사람이어야 한다— 생일에 친구들에게 자신이 추구하는 명분에 기부하라고 요청하자. 그 요청은 수많은 축하 기부로 이어질 뿐만 아니라, 그 글을 본 모든 사람에게 개인 간 요청이라는 개념의 모델이 될 수 있다. 이후 그들은 특별한 날—생일뿐만 아니라, 기념일, 졸업, 바르미츠바,[9] 국경

일 등 ― 을 맞아 친구들에게 같은 제안을 할 것이다.

소셜미디어의 상호작용 기능은 외부 지지자, 기관의 구성원, 수령자와 수혜자 사이에서 의사소통을 '자동으로' 이루어지는 것 또한 가능하게 한다. 즉각적인 전자통신의 위력 덕분에 이제는 개인적으로 알게 된 소수의 사람뿐만 아니라 수백, 수천의 평범한 기부자와도 연락할 수 있다.

학교 교육을 위해 모금하는 혁신적 기관 'DonorsChoose.org'는 이 기술적 도구를 탁월하게 사용한다. 이 기관의 웹사이트에 들어가면 자금이 필요한 구체적인 학교 프로젝트 ― 할렘의 한 교사의 미술재료 요청, 시카고의 어느 수학 교실에 아이패드를 제공하는 프로그램, 로스앤젤레스의 어린이들을 무용 교습소에 데려가도록 지원할 기회 ― 가 수백 건 나열되어 있다. 그 프로젝트들은 공부 분야, 지리적 위치, 재정적 긴급성, 여타 특성별로 분류할 수 있다. 지원하고 싶은 프로젝트를 고른 다음, 프로젝트 전체 또는 일부를 지원하는 기부를 결정한다(프로젝트 평균 비용은 500달러이며 평균 기부액은 약 60달러이다). 하지만 500달러를 기부하든 1달러를 기부하든 상관없이, 교사가 직접 쓴 감사편지와 해당 프로젝트를 담은 사진 한 장 이상을 보답으로 받는다. 만약 50달러 이상을 기부하면, 학생들이 직접 쓴 감사편지도 받는다. 이 편지에는 기부가 교실의 학습 환경에 미친 영향을 생생하게 표현한 그림이 동봉되기도 한다.

---

9 〔옮긴이 주〕 12~14세가 된 유대인 소녀들의 성인식.

'DonorsChoose. org'의 설립자이자 CEO인 찰스 베스트('혁신적 모금' 과정의 학생) 는 그 모델의 힘을 이렇게 설명한다.

20달러를 기부하는 사람의 고전적인 기부 경험은 극도로 궁핍한 어떤 사람의 사진이나, 기부에 응하지 않는다면 마음이 불편해지도록 설계된 메시지나 슬로건 등 대개 몹시 비통한 간청에 맞닥뜨리는 것이었습니다. 하지만 기부를 하더라도 기부자는 그 20달러가 어떻게 되었는지 알지 못합니다. 그에게는 20달러의 사용계획에 참여할 권리가 없지요. 자선 현장까지 추적할 수도 없습니다. 그는 자신이 돕기로 선택한 사람들을 만나지 않습니다. 사실상 그는 수동적 기부자에 지나지 않습니다.

'DonorsChoose. org'는 새로운 기부 경험, 즉 20달러로 능동적인 자선가가 되게 하는 기부 경험을 만들고자 애씁니다. 사람들은 자신의 열정에 어울리는 프로젝트를 검색할 수 있습니다. 즉, 자신이 성장한 동네, 좋아하는 책, 고등학교 시절 좋아했던 과목, 즐겼던 운동 같은 것들이지요. 그들은 가장 마음이 가는 프로젝트를 고르고, 자신이 낸 돈이 어떻게 쓰이고 있는지를 정확하게 알고, 돕기로 한 학생과 교사로부터 뒷이야기를 듣거나, 그들과 소식을 나누면서 실제적인 관계를 형성할 수도 있습니다.

베스트의 보고에 따르면, 그 사이트를 통해 시작된 수많은 기부자-교실 관계는 지속적인 파트너관계로 발전한다. 많은 사람들이 한 학교나 교사에게 여러 가지 기부를 한다. 어떤 사람들은 편지왕래를 하거나 직접 교실을 방문하며 오랜 인연을 유지한다. 베스트는 "우리는 교사들에게서, '아, 우리 기부자 한 분이 방금 전 학생들에게 주려고 구운 초콜릿 케이크를 한 보따리 들고 오셨어요'라는 소식을 듣기도 합니다"라고 말했다. 음악 교육에 각별한 관심이 있는 미시건 출신의 부부 기부자는 뉴욕시의 교실 프로젝트에 수십 차례 기부했다. 그 부부는 많은 학생과 교사들의 친구가 되었다. 어떤 학급은 그 부부를 위해 노래를 만드는 음악 프로젝트를 해서, 그들이 학교를 방문했을 때 불러 주기도 했다.

인터넷이 없던 시설, 널리 흩어져 있던 익명의 기부자들과 수혜자늘 간의 대인관계를 촉진하는 것은 불가능하지는 않았겠지만 어려웠을 것이다. 'DonorsChoose. org'는 현재의 온라인 상호작용 기술을 사용하여, 과거에 주로 고액기부자들에게만 가능했던 파트너관계를 시간이나 재능, 또는 돈을 기부할 정도의 관심을 가진 사람이라면 누구나 경험할 수 있게 만들었다.

뿐만 아니라, 그들은 바로 그 쌍방향 미디어를 사용하여 끊임없이 새로운 파트너를 불러들인다. 교실 프로젝트에 온라인 기부를 하면 체크아웃 직후 이런 질문이 전송된다. "왜 이 프로젝트에 기부하셨습니까?" 이 '왜'라는 질문은 이야기를 이끌어 내기 위해 설계된 것이다. 예컨대 방금 교실의 과학 프로젝트에 기부했다면 이렇게 답변할 수 있다. "어릴 때 아버지께서 현미경을 사주셨습니다. 그러자 제게 온 세상이 열렸지요. 저는 그 같은 경험을 아이들이 할 수 있길 바랍니다." 이런 이야기들이 기부자 본인의 허락하에 'DonorsChoose. org' 웹사이트나 페이스북 페이지에 게시된다. 이는 기관의 집단적 스토리의 일부가 되면서 동시에 개인의 활동을 강조하여 보여 준다.

'DonorsChoose. org'는 기술을 매우 잘 활용하여 활동을 점점 확대했다. 이 기관은 2013년에 기부자 20만 명 증가를 기대하며, 궁극적으로는 100만 명에 도달하기를 바란다. 하지만 규모가 훨씬 작은 비영리 기관이라고 해서 개인 간 파트너관계라는 비슷한 시스템을 채택하지 못할 이유가 없다. 예컨대, 지역 자선단체(동네 무료급식소, 노숙자 임시숙소, 어린이집, 공부방) 지원을 위해 봉사활동 기금을 모으는 '유나이티드웨이'(United Way), '유나이티드 유대인 공동체'(United Jewish Communities), '가톨릭자선기구'(Catholic Charities)의 지역 사무소, 또는 교회나 유대교 회당에서도 가능하다. 중앙기관에서는 기부자가 지원하고 싶은 기관을 고를 수 있는 간단한 웹사이트나 페이스북 페이지를 만들 수 있을 것이다. 또한 사진과 설명을 통해 무료급식소에는 새 냉장고가 필요하고, 어린이집에는 책꽂이가 필요하다는 식으로 지원이 필요한 구체적인 프로젝트의 세부사항을 묘사할 수 있을 것이며, 기부자와 수혜자 사이의 개인적인 의사소통을 촉진할 수도 있을 것이다. 이와 같은 시스템이 많은 지지자에게 힘을 불어넣고, 기부자와 그들이 공감하는 명분 모두에 커다란 이득을 안기면서, 수혜자와 기부자의 관계를 전면적인 파트너관계로 발전시키리라는 것에는 의심의 여지가 없다.

파트너십, 유명인이 아닌 당신과 나의 관계

우리가 기본적으로 개인 대 개인 관계를 선호한다는 사실은 소셜미디어에 관한 반 직관적인 진실 한 가지 — 유명인 광고에 의존하는 호소는 상대적으로 비효율적이다 — 를 설명하는 데 도움을 준다. '혁신적 모금' 과정의 한 학생이 이런 이야기를 들려주었다. 그가 소속된 기관에서 많은 시간과 에너지를 들여 기관의 업무를 소개하는 동영상을 만들었는데, 그 안에 아주 유명하고 널리 존경받는 영화배우 두 사람의 목소리를 담았다. 그 배우들은 연달아 5일 동안 하루 두세 차례씩 트위터에 그 기관에 관한 글을 올렸다. 각 트윗은 5달러를 바로 기부해 달라고 요청하는 내용이었다. 모금된 돈의 최종 합계는 135달러였다. 유명인의 모금행사로는 배우 케빈 베이컨의 'SixDegrees. org'가 성공적이었지만, 그 행사는 유명하지 않은 사람이 제시한 독특한 의견 때문에 성공했다. 베이컨은 할리우드 친구 몇 사람에게 자선명분에 관한 이야기를 포스팅하도록 했다. 그리고 일반인들에게 자신의 이야기를 더해 달라는 초대를 보냈다. 이때, "당신의 명분을 위해 유명인이 되십시오"라는 슬로건을 사용하여 기부를 권유했다. 베이컨은 1만 달러를 이번 행사에서 가장 높은 인기를 얻은 자선단체 — 유명인이 아니라 이름 없는 참여자들에게 지지받은 명분 — 에 기부하는 것으로 행사를 마무리했다.

결국 자선 파트너관계의 핵심은 유명인이 아니다. 그 관계는 개인과 개인의 것이다. 그렇기 때문에 당신과 실제 팀 동료들이 바로 가장 유능한 소셜미디어 대변인이 되는 것이다.

소셜미디어의 세계는 아직 젊고 변화무쌍하다. 이를 이용한 새로운 도구도 끊임없이 개발되고 있다. 시간을 내서 인터넷에 들어가 영리기관과 비영리기관 모두에서 이용하는 최신 공동체 만들기 기법에 관심을 기울이자. 최근 '보스턴 YWCA'의 실비아 페럴-존스로부터 그 기관이 연례 조찬회의 기부서약 용지에 QR코드를 부착했다는 소식을 들었다. 스마트폰으로 QR코드를 스캔한 참석자들은 바로 '보스턴 YWCA'의 기부 페이지로 이동했고, 즉각적인 기부를 쉽게 할 수 있었다. 다른 비영리기관들도 이러한 기법을 채택하는 것이 시급하다.

하지만 아무리 기술이 변하더라도 기부에 내재한 근본적인 심리는 사람들은 팀원으로 소속되고 싶어 한다는 것이며, 이는 예나 지금이나 같다. 팀의 고유한 파트너로서 기부자들을 대접하자. 그러면 그들도 같은 식으로 반응할 것이다.

브랜드 민주화: 브랜드 전략에 파트너 참여시키기

우리는 브랜드(*brand*) — 온갖 종류의 회사, 제품, 조직을 정의하는 이름, 로고, 이미지, 개성 — 의 세계에서 물밀 듯 쏟아지는 브랜드에 파묻혀 살고 있다. 브랜드는 일상적으로 보이는 수천 개의 이미지를 쏟아낸다. 맥도날드와 디즈니에서 애플과 나이키까지, 주요한 세계적 브랜드의 이름과 의미는 국기나 거대 종교의 상징처럼 전 세계 수십억 명의 사람들이 친숙하게 알고 있다.

브랜드가 세상을 지배한다. 그런데 비영리세계에서 브랜드에 관한 생각은 아직 영리세계처럼 정교한 수준에 도달하지 않았다. 비영리기관을 만들고 운영하는 사람들은 브랜드와 브랜드 메시지를 이해하고, 분석하고, 만드는 것을 창의력과 통찰력이 있는 영리 마케터의 수준으로 수행할 수 있도록 훈련받지 못했다.

이 격차는 앞으로 좁혀져야만 한다. 하버드대학의 브랜딩 전문가인 나탈리 킬랜더가 "우리는 누구이며 무엇을 하고 그것이 왜 중요한지"라고 적절히 요약하듯이, 비영리 브랜드는 기관이 더 넓은 세계와 파트너들에게 보여 주는 얼굴이다. 그 브랜드가 정확성, 명료성, 지속성, 선명성, 광범위한 호소력을 유지하는 것은 의사소통 과정에서 결정적으로 중요한 요소이다.

많은 비영리기관 리더들은 기관의 사명을 말 속에 포착한 캡슐메시지(*capsule message*), 즉 "우리는 누구이며, 무엇을 하고, 왜 그것이 중요한지"를 정의하고 다듬고 완성함으로써 '브랜드 문제'를 해결할 수 있다고 착각한다. 이 캡슐메시지는 엘리베이터를 타는 동안 나열하기에 충분할 정도로 기억하기 쉬우면서도 짧아야 한다는 통념이 있기 때문에 앞서 말했던 '엘리베이터 피치'로 묘사된다.

기관의 짧은 강령을 명확하게 하고 이를 분명히 표현하기 위한 노력은 필요하다. 무엇을 하기 위해 애쓰고 있으며 왜 그러는가를 한두 문장으로 설명할 수 **없다면**, 틀림없이 초점 맞추기에 문제가 있는 것이다. 하지만 멋진 엘리베이터 피치를 마련하는 것이 강력한 브랜드를 만드는 것과 아주 밀접하다고 생각해서는 안 된다.

엘리베이터 피치는 사람들에게 변하지 않는 하나의 메시지를 외우도록 강요함으로써 진정한 의사소통에 장애물을 만든다. 즉, 지지자들의 개별적 열정을 사전에 조립된 마케팅 상자 속에 가두고 포장하여 저마다의 풍부한 경험과 재능을 낭비하고 만다. 그로 인해 결과적으로 모두 똑같아진 주장은 변별성이 떨어지다 못해 수많은 다른 기관 어느 곳에든 적용될 수 있을 정도다.

명확하고 설득력 있는 전략 구호는 반드시 필요하다. 단, 팀의 브랜드를 세계에 알리기에 앞서 먼저 자신을 들여다보아야 한다. 엘리베이터 피치가 개인적 이야기와 열정을 반영할 때 그 스토리와 결과는 훨씬 더 강력해질 것이다.

나탈리 킬랜더는 민주적 과정을 통한 브랜드 전략을 열렬히 지지한다. 그녀는 브랜드를 정의하는 과정을 소수의 기관 리더(예컨대 이사회나 집행위원회 구성원)에게 맡기거나, 더 나쁘게 컨설팅 회사에 외주하는 것이 아니라, 기관의 직원과 기부자, 그리고 외부 파트너를 참여시키라고 주장한다.

중요한 것은 사람들이 기관의 브랜드 정체성을 표현하게 하는 것입니다. 최선의 방법은 브랜드의 개발과 표현에 그들을 참여시키는 것이지요. 그 기관이 무엇이고, 무슨 일을 하며, 왜 중요한지 알 때, 사람들은 공감하면서 사적이고 정확한 방식으로 그 브랜드를 전달할 수 있습니다. 브랜드 민주주의라는 개념이 중요한 이유가 바로 여기에 있습니다.

종업원과 자원봉사자에게 "이것이 우리의 브랜드 정체성이며, 우리 기관에 대해 말하는 이유는 이것이다"라고 말하는 것은 더 이상 유용하지 않습니다. 하향식(top-down) 의사소통 전략은 실제로는 쓸모가 없지요. "당신이 보기에 우리는 누구인가요? 우리가 하는 일은 왜 중요한가요?"라고 말하는 것이 훨씬 더 중요합니다. 그 과정에서 수집된 정보를 브랜드 메시지를 알리고 다듬는 데 사용하세요.

수백 명의 내·외부 지지자에게서 의견을 수집하고, 그 의견을 강력한 브랜드 메시지로 담아내는 것은 시간이 걸리는 힘든 작업입니다. 하지만 이러한 과정을 통해 훨씬 응집력이 큰 브랜드 정체성과 이를 열의와 진정성을 담아 표현할 수 있는 팀이 만들어집니다. 기관 또한 훨씬더 강력해지지요. 왜냐하면 팀의 모든 사람들이 기관의 지향점을 정의하고 표현하는 과정을 함께하며, 같은 방향으로 기관을 이끌어 가기 때문입니다.

브랜딩(branding)에 대한 민주적인 접근법에는 여러 이해당사자 집단과의 대화가 필요하다. 그 집단에는 기관의 직원, 이사, 고객 또는 수혜자, 기부자, 기업 및 기관의 파트너, 사회관계망, 그리고 기관을 취재한 미디어나 타 단체 동료들과 같이 기관의 일과 평판에 대해 잘 아는 사람들이 포함된다. 브랜드의 의미는 내가 의도하거나 믿는 것과 상당히 다르며, 그 의미가 한 이해당사자 집단에서 다른 이해당사자 집단으로 넘어갈 때 폭넓게 변할 수 있다. 이러한 의견을 열린 마음으로 경청하는 것은 어려울 수 있다. 하지만 불완전한 추측이 아닌 현실에 근거하여 브랜딩을 하고자 한다면, 이는 매우 중요한 과제이다.

브랜드 과정의 민주화는 파트너들이 기관의 통제 없이 기관에 관해 자유롭게 이야기하도록 하는 것을 의미한다. 물론 파트너들은 이미 자유롭게 말하고 있다. 오늘날의 즉각적인 의사소통과 사회관계망 시대에는 특히 그럴 것이다. 엘리베이터 피치를 모든 지지자에게 강요하려 노력하기보다는(그래봤자 대개 성공하지 못한다) 다양한 목소리를 받아들이는 것이 중요하다. 그런데 이 '열린 마이크' 정책에는 위험이 따른다. 직원, 이사, 기부자, 기업 파트너, 또는 페이스북 친구가 부정확하거나 당황스러운 방식으로 기관을 대변할 수도 있다. 하지만 기관에 관한 의사소통을 관리하려 드는 것은 헛수고이다.

결국, 기관이 진정 의미하는 것을 파트너들이 받아들이도록 투명하게 의사소통함으로써 모두가 기관의 브랜드에 합의할 수 있도록 하는 것이 가장 중요하다.

생각거리

◆◆◆

- 기관의 성공에 중요한 기부자, 지지자, 이사, 자원봉사자, 조언자, 동료, 동맹 등 핵심 파트너 명단을 만들자. 각 집단과의 의사소통 책임을 특정한 직원에게 부여하고, 사람들과 연락할 일정을 만들자. 여기에 의사소통을 위한 수단의 종류별 계획이 포함된다(예컨대, 이메일 뉴스레터를 한 달에 한 번 보내고, 통화는 적어도 석 달에 한 번 한다는 식이다).

- 기부자, 이사, 자원봉사자 등 중요한 파트너들을 생각해 보자. 그중 얼마나 많은 사람들의 참여도가 최적 수준에 미치지 못하는가. 최적 수준에 못 미치는 파트너들의 참여를 활성화할 계획을 세우자. 그들과 새로운 방식으로 관계 맺기, 새로운 활동이나 과제 제안하기, 또는 그들과 기관의 관계가 되살아날 수 있는 소집단 환경에서 기관의 종사자나 다른 파트너에게 관여할 기회 만들기가 계획에 포함될 수 있을 것이다.

- 명분을 홍보하기 위하여 소셜미디어를 어떻게 사용하고 있는가? 제1장에서 제시한 4가지 원칙, 즉 "기부는 정서적이다", "기부는 개인적이다", "기부는 사람들을 행복하게 만든다", "기부는 사회적이다"를 고려하여 기관의 소셜미디어 사이트를 분석

해 보자. 그 사이트가 이 4가지 효과를 하나하나 극대화하도록
설계되었는가?

- 기관의 브랜드에 대한 접근을 민주화하는 것을 검토하자. 함
  께 일하는 사람들에게 "우리 기관이 당신에게 어떤 의미인가?
  우리 기관의 일은 왜 중요한가?"라고 물어보자. 그에 대한 답
  변을 참조하여 당신의 브랜드가 어떤 모습이어야 하는지를 생
  각해 볼 수 있다. 그리고 그 과정을 외부 지지자들로 확대하
  자. 웹사이트, 페이스북, 또는 다른 쌍방향 대화수단이 있다
  면, 앞의 2가지 질문에 답하도록 기부자와 친구 및 다른 사람
  들을 초대하자. 그 결과를 연구하고, 그것을 미래의 브랜드
  관련 의사소통에 사용하자.

Chapter 5

'돈'에 관한 것이 아님을 이해하기
거래에서 변화로

새롭게 행동하기, 새로운 단어 말하기는
사람들이 가장 두려워하는 것이다.
— 표도르 도스토옙스키

지금까지 우리는 많은 아이디어를 제시했다. 이 중 어떤 것들은 모금가, 비영리기관 임원, 또는 훌륭한 명분의 지지자로서 본인의 경험에 비추었을 때 친숙하지 않을 수도 있다.

우리는 재정 문제에 집중하는 좁은 모금 개념을 개인적 변화라는 더 넓은 의미로 전환하는 것을 이야기했다. 왜냐하면 결국 그것이 비영리 공간에서의 우리 일이 궁극적으로 지향하는 바이기 때문이다. 또한 단순히 '그들이 돈을 내게 하는 것'이 아니라 모두를 더 아우르는 방식으로 '자원의 자연스러운 흐름을 유도하는 것'으로서 모금의 의미를 제시했다. 이때 자원은 비단 돈뿐만이 아니라 시간, 재능, 네트워크, 창의성, 전문지식, 아이디어, 명분을 활성화하고 그 명분에 큰 힘을 부여하는 데 도움이 되는 다른 모든 수단을 포함한다.

우리는 모금의 새로운 개념으로부터 자라나는 개인적 관계를 살펴보았다. 이러한 관계는 미리 정해진 역할, 사회적 위계라는 인식, 또는 '세일즈'라는 이름으로 진행되는 조작적인 게임이 아니라, 개방성과 투명성, 상호발견에 바탕을 둔다. 이 관계를 형성하면 할수록, '필연적 관계'라 부르는 상태, 즉 사람들의 관계가 굉장히 끈끈하고 경계가 허물어지며, 에너지가 자연스럽게 흘러 서로 더 너그러워지는 그런 상태에 이를 것이다.

또한 개인적 스토리는 개인 간의 관계를 깊게 만드는 아주 중요한 경로임을 파악했다. '자신에 관한 스토리'로 시작해서 '우리에 관한 스토리'로 확대되고 시의적절한 '지금에 관한 스토리'로 정곡을 찌르는 잘 만들어진 자신의 스토리는 사람들의 심금을 울리고 열정을 공유하는 강력한 방법이 될 수 있다.

끝으로, 파트너들과의 관계를 교환에서 관계 중심으로 전환하는 것의 중요성도 언급했다. 교환은 제한적이며 엄격히 정의된 대상이 있는 거래다. 반면 관계는 제한이 없고 조정이 가능하며, 함께 정한 목적지로 향하는 창의적인 파트너십을 맺는 것이다. 이는 타인의 가치와 세계관에 대한 이해와 존중을 통해 구축된다.

이 모든 개념들이 한데 묶여 모금에 대한 혁신적인 접근법 ─ 전통적 모금법, 세일즈, 설득보다 더 깊은 방식으로 사람들과 관계를 맺는 방법 ─ 으로 가는 길을 제시한다. 이는 사람들에게 귀를 기울이고, 그들을 알아 가며, 열정을 위해 제휴하는 방법을 고민하는 것에서 시작한다. 이 새로운 접근법에서 당신은 애원자나 세일즈맨이 아니라 잠재적 관계가 무한한 개인들로 이루어진 네트워크 속의 한 접속점이 된다. 그리고 많은 사람들과 연결된 접속점이 되면, 자연스럽게 그들을 연결하는 에너지의 중심이 된다. 이렇게 생겨나는 자연스러운 인맥은 종종 놀랄 만큼 폭발력 있는 결과로 이어진다.

모금에 대한 새로운 접근에서 가장 중요한 개념은 관계의 중심에 돈을 두지 않는 것이다.

비영리기관 리더 또는 파트너로서 자신도 모르는 사이 빠져드는 함정이 바로 돈에 초점을 맞추는 일이다. 물론 돈은 기관을 계속 운영하기 위해 필요하다. 하지만 돈을 내는 것이 기부자와 기관 사이의 진정한 관계를 만드는 것은 아니다. 현금기부가 관계의 총합이 된다고 보는 인식은 더 깊고, 풍부하고, 창의적인 관계 맺기에 방해가 된다.

보다 강력한 관계는 오히려 돈과 거리가 먼 관계에서 출발한다. 예컨대, 'MDG 보건동맹'에서 일하는 제프와 동료 팀원들을 보자. 이 세계 기구는 여성·어린이와 관련한 보건 분야에서 '밀레니엄 개발목표' (MDG)를 달성하기 위해 일한다.

모금지원을 요청할 때, 제프와 동료들은 그냥 수표를 발행해 달라고 요구하지 않는다. 대신 그들은 똑똑하고 재능이 있으며 창의적인 사람들에게 다음과 같은 질문을 한다. 지구 남반구를 위해 일할 보건담당자 100만 명을 채용·교육할 비용 마련을 위해 우리를 도와주실 수 있겠습니까? 개발도상국에서 현지 위생관리 서비스를 개선할 전략과 관련하여 어떤 아이디어가 있습니까? 사하라사막 이남 아프리카에서 산모 사망률을 줄이는 마케팅 캠페인을 위해 우리를 도와주실 수 있겠습니까? 남아시아 국가를 대상으로 여성보건 관련 이슈의 해결을 위한 권한을 강화하려면 무엇을 하는 것이 좋을까요?

물론, 기관의 노력을 지원하기 위해 돈이 필요한 것은 분명하며, 제대로 된 단원들이 회의에 모이면 돈은 자연스럽게 구할 수 있다. 이에 더해 더욱 소중한 자원인 아이디어, 재능, 인맥 또한 발생한다.

이 새로운 스타일의 모금에서 대화의 중심은 돈이 아니다. 대신, 대화의 중심에 하고 있는 일과 만들고자 하는 악단에 대한 이야기가 자리 잡는다. 그 결과, 변화적 기부(*transformational giving*) — 기부자와 수혜자 모두의 학습과 변화, 심리적, 정서적, 정신적 성장을 수반하는 관계 중심의 기부가 나타난다. 변화적 기부는 기부자가 자신의 가치와 목표를 찾아내면서, 자아를 발견하고, 궁극적으로 더 만족할 수 있게 한다. 또한 이를 통해 비영리기관은 새로운 통찰력 — 목표 달성을 위해 새로운 아이디어와 자원을 적절하게 배치하는 방법, 수용해야 하는 새로운 미션 등 — 을 갖게 된다.

비영리기관이 거래적인 자선활동에서 변형적인 자선활동으로 관점을 옮길 때, 파트너와 함께 이룰 수 있는 것은 무궁무진해진다.

한 번의 만남, 그 이상

우리 모두는 사람들과의 멋진 만남— 이야기를 서로 교환하고 (운이 좋으면) 순수한 관계의 순간을 함께하는 점심식사 또는 차 한 잔의 만남—을 경험한다. 앞서 논의한 몇몇 아이디어에 개방성과 투명성 및 자신의 자선 경험을 공유하고자 하는 의지 등을 더 고려한다면, 그러한 만남은 의미가 더욱 커질 것이다. 하지만 함께 뜻을 모아 관계의 다음 단계로 나아가지 않는다면, 그 만남은 이어지지 않는다. 멋진 대화 자체만으로는 한 번의 교류를 넘어서는 만남의 기반이 될 수 없다.

따라서 우리의 가장 큰 과제는 멋진 만남을 관계를 형성하는 헌신이라는 실제적인 행동으로 이어지도록 하는 것이다.

잠재적 파트너의 관점에서 이런 상황을 생각해 보자. 내가 시간이라는 소중한 자원을 당신에게 준다면, 당신은 나에게 더 가치 있는 것을 주리라고 기대할 것이다. 이때에는 리스크가 있고 불확실성도 있다. 만약 내가 그 시간을 내게 익숙한 방식으로 사용한다면, 확실성과 위안을 얻을 수 있을 것이다. 그런데도 당신을 위해 내 시간을 할애하고 첫 만남 이후에도 계속해서 시간을 내주겠다고 결정했다면, 여기에는 더 깊은 관계에 관한 최소한의 약속이 있어야 한다.

관계를 만드는 헌신은 자잘한 이야기를 나누는 일상적인 만남이나 진정한 대화가 있는 좋은 모임을 통해서도 구현되기 어렵다. 이는 단순히 상대방의 신상정보를 아는 것을 넘어서서, 서로의 진실한 부분을 충분히 알 수 있도록 의도적인 노력을 필요로 한다.

관계의 발전을 통해 중요한 어떤 것을 찾아갈 수 있다는 것을 알면, 우리는 시간이라는 귀한 자원을 서로에게 투자할 수 있게 된다. 이런 관계를 시작하고자 한다면, 개방적이고 투명한 환경을 조성하고 공유하기 위해 애써야 한다. 깊이 있는 관계 맺기의 매력과 관계를 위한 헌신이 발현될 가능성은 이러한 환경 속에서 더 높아질 것이다.

투명성=취약성

기부자 입장에서 투명성은 기부와 관련된 가치, 목표, 꿈, 걱정, 욕망에 관해 솔직하게 이야기하는 것이다. 이는 다음의 주제에 대해 이야기할 의향이 있다는 것이다.

- 기부자는 자신의 너그러운 행동을 개인적으로나 공적으로 얼마나 인정받고 싶어 하는가. 어떤 기부자에게 인정은 아주 중요하다. 다른 기부자에는 어떤 대가를 치르더라도 피하고 싶은 것이다.
- 고액기부를 결정할 때 어떤 사람의 동의가 필요한가. 배우자가 종종 결정적이다. 어떤 경우에는 부모, 자식, 사업 파트너, 또는 다른 중요한 사람이 중요한 배후역할을 한다.
- 기부 뒤에 자리 잡은 개인적인 동기는 무엇인가. 이는 사실상 사람마다 다르다. 어떤 사람은 호두까기 인형을 좋아했던 부모님을 기리려고 지역 무용단에 기부할 수 있다. 또 어떤 사람은 위대한

발레리나가 되겠다던 어린 시절 꿈을 위해, 또 다른 사람은 단지 시즌 첫날 공연 때 가장 좋은 좌석을 얻기 위해 기부할 수 있다.

- 기부자는 기관과 어떤 관계를 맺고 싶어 하는가. 어떤 기부자는 가끔 비영리기관 직원에게서 전화 받기를 좋아하고, 어떤 기부자는 개인적 또는 직업적 전문지식에 관해 그의 의견을 묻기를 원하며, 어떤 기부자는 그런 전화를 짜증스러워 한다.
- 기부자의 삶에서 자선은 어떤 역할을 하는가. 많은 사람이 인생을 바꿀 만한 경험, 예컨대, 가족의 죽음, 심각한 병, 직업 전환, 영적인 각성 때문에 자선가가 된다. 종교적 가치, 정치적·사회적 확신, 가족 전통 등에 이끌리는 사람도 있다.
- 기부를 하면서 기부자가 품을 수 있는 의심과 걱정은 무엇인가. "기부하면 내 돈이 지혜롭게 쓰일까? 기관의 간부들은 그들의 일을 제대로 아는가? 해결하고자 노력하는 문제는 진정 해결할 수 있는가 — 아니면 수술이 불가능한 암 환자에게 일회용 반창고를 붙여 주는 모양새는 아닌가?" 많은 기부자가 이와 같은 생각을 하지만 그런 생각을 말로 표현할 만큼 솔직한 사람은 거의 없다.

모든 기부자가 그런 주제에 관해 모금가나 비영리기관의 사람들과 이야기할 준비가 된 것은 아니다. 하지만 많은 사람들이 이를 원하며, 대화 이후 아주 보람 있는 관계로 발전한다.

하지만 투명성은 일방통행이 아니다. 모금가 역시 파트너와 소통할 때 자신을 열어야 할 필요가 있다. 모금가는 다음과 같은 주제에 관해 솔직하게 이야기해야만 한다.

- 기관의 실수와 실책. 모든 비영리기관은 성공을 자랑스레 홍보한다. 또 그래야 한다. 실패, 그리고 더 중요한 것으로서, 그 실패로부터 배운 것을 공개하는 곳은 거의 없다.
- 시간에 따른 기관의 전략 변화. 어떤 기관은 마음을 바꾼 것을 지난 잘못에 대한 고백이라 보고 창피하게 생각한다. 하지만 위대한 기업은 변화하는 환경에 맞춰 전략을 진화시킨다. 위대한 비영리기관 또한 그렇게 한다.
- 기관의 업무를 둘러싼 약점과 무지 또는 불확실성의 영역. 지구촌 빈곤, 의료 서비스, 교육개혁, 국제 평화 등 세계가 직면한 문제의 대부분에는—심지어 주요 전문가 사이에서도—엄청난 지식 격차가 있다. 비영리기관이 추구하는 해법은 증명되지 않았거나 불완전할 수 있지만, 그럼에도 여전히 지지할 가치가 있다. 유능한 대변인은 이렇게 말하는 것에 주저함이 없다.

물론, 기관의 파트너들과 투명하게 의사소통하는 법을 배우는 것은 힘든 일이다. 때로는 당황스럽거나 고통스러울 수 있다. 하지만 대안은 없다. 암암리에 오류나 실수가 없다는 이미지를 부추기며 파트너들로부터의 도전이나 비판을 막으려 하면 할수록, 그만큼 더 높은 수준의 불신과 마주칠 수 있다. 반대로, 솔직하게 실수, 불확실성, 무지한 영역에 대해 기꺼이 말할 때, 파트너들은 더 많이 공감하고 협력하거나 도움을 제공한다. 지난 실패사례를 개방하는 것 등의 투명성은 '나'를 '우리'로 변형시켜 팀원의 유대를 강화하고, 미래의 성공으로 가는 길을 닦는다.

오늘날 최고의 비영리기관들은 이러한 진리를 안다. 심지어 어렵거나 긴장을 불러일으킬 때조차도 양방향의 투명성을 추구한다. 이는 좋은 의도의 지지자들이 하는 어려운 질문과 도전을 기꺼이 수용하는 것을 포함한다. 그들은 고통스러운 대화를 통해 무언가를 발견하고 배우며 스스로 성장할 수 있음을 알고 있다.

트레이시 더닝은 영향력 있는 기업가이자, 사회적 이슈를 둘러싼 광범위한 영향력을 목표로 삼는 혁신적 프로젝트를 공동 창설해 지원하는 플랫폼 '49 프린스 스트리트'(49 Prince Street)의 설립자다. 트레이시 더닝의 관심 분야는 대양(ocean), 자연환경 보호, 기후변화, 그리고 동물 개체 수 과잉 및 안락사이다. '49 프린스 스트리트'에서 그녀는 '플래닛헤리티지재단'(PHF)을 위한 자선사업을 추진 및 관리하며, 다수의 자선가와 제휴하여 일한다. 그녀는 "제게는 우정과 일 사이에 아무런 경계가 없습니다. 인생은 짧고 소중해요. 그리고 저는 인생을 개방적인 사람들 — 함께 일하고 싶고, 함께 긴 여행을 하고 싶은 사람들 — 주변에서 보내고 싶습니다. 이것이 제프와 제니퍼가 우리 팀의 일부이고 나는 그들 팀의 일부인 이유입니다"라고 말한다.

더닝은 비영리기관 리더와 그의 일을 가능하게 하는 파트너관계에 관한 통찰력 있는 사상가이기도 하다. 그녀는 기부자와 수혜자 사이의 투명한 의사소통이라는 과제를 양쪽 모두의 입장에서 조사하고,

더 솔직하고 개방적인 공유 — 심지어 그 공유가 힘들고 도전적인 질문과 대화라고 해도(특히 그럴 때) — 를 열렬히 옹호한다.

함께 이야기하는 사람이 잠재적 파트너인지 아닌지 꽤 빠르게 알 수 있습니다. 파트너는 성공 전략을 편안하게 이야기하는 것만큼이나 불확실성과 의문점에 대해서도 편하게 이야기하지요. 저는 답을 모두 갖고 있지는 않다고 털어 놓는 사람들을 포함하여, 힘든 질문에 편안하게 귀 기울이고 더 깊이 대화에 들어갈 수 있는 사람들을 굉장히 **사랑합니다.** 이들은 진실합니다. 사실 모든 답을 가진 사람은 없으니까요!

제가 가까이 하지 않는 부류는 화를 내거나, 방어적이거나, 줄곧 미소 지으면서 제가 듣고 싶을 것 같은 이야기를 하는 사람들이다. 그런 행동은 나약해지거나 속을 드러내는 것을 불편해하는 것에서 발생합니다. 업무상 만나고 **싶지 않은** 사람들이지요.

더닝이 옳다. 현재 또는 미래의 파트너들이 비영리기관 리더에게 그들의 계획, 프로그램, 비전에 관해 힘든 질문을 던질 때, 파트너들은 리더에게 호의를 베푸는 것이다. 깊고 창의적인 관계는 도전에 직면하고, 이를 함께 해결하면서 학습하고 성장할 수 있는 관계이다.

따라서 기부자라면, 물어보기 힘든 질문이 있어도 망설이지 말자. 그리고 비영리기관 리더나 모금가라면, 두려움을 이겨낼 수 있을 정도로 성장하여 취약성(*vulnerability*)을 받아들이겠다고 결심하자. 이전의 많은 리더들이 알아냈듯이 취약성은 약점이 아니라 강점이다.

파트너십은 무엇이며 무엇이 아닌가

기부자와 열린 소통을 추구하는 과정에서 다른 도전, 예컨대 기관을 장악하고 싶어 하거나, 관계자들이 원하지 않는 방향으로 기관을 끌고 가려는 기부자들을 상대하는 일이 생길 수 있다.

제니퍼가 강의 중에 이상적인 기부자 관계를 설명하기 위해 **파트너십**이라는 말을 사용할 때, 일부 비영리기관 베테랑들은 표정이 굳어진다. 그 교실의 한 학생은 이렇게 말했다. "우리가 보기에 **파트너십**이라는 단어에는 문제가 있습니다. 개발도상국 사람들과 관련해 우리가 하는 일을 파트너들에게 알려 주면, 그들은 그 일의 방법을 안다고 생각합니다. 말이 떨어지기 무섭게 잡지나 웹사이트에서 읽은 내용에 기초해 프로그램을 재설계하라며 우리를 압박하기 시작하지요. 사실 효과가 있는 것과 없는 것, 그리고 어떤 계획을 설계할 때 반드시 고려해야 하는 모든 변수를 완벽하게 이해하려면, 그 분야의 전문가가 되어야 합니다. 우리의 활동을 구체화할 때, 기부자들이 우리와 똑같은 파트너들인 것처럼 느끼는 것을 원치 않습니다."

지구 남반구 국가들의 경제개발 프로그램에 관여하는 또 다른 학생이 고개를 끄덕이며 말했다. "우리의 잠재적 기부자 중 한 명은 헤지펀드 업계의 거물이에요. 저는 그 사람에게서 재정적 기부를 얻고자 합니다. 하지만 그는 벌써부터 소액대출 쪽으로 초점을 옮기기를 원해요. 소액대출은 우리가 봉사하는 사람들이 진정 필요로 하지도, 원하지도 않는 것인데도요."

이런 이야기는 현실에서 관계가 사전에 조정되거나 제한되기 어려움을 잘 보여 준다. 그러나 파트너들과의 진정한 파트너십을 원한다면, 양방향에서의 열린 의사소통을 예상해야 한다. 이는 때로는 딱히 도움이 되지 않거나 듣기 거북한 말을 듣게 된다는 것을 의미한다.

학습하고 성장하기를 원하는 기관이라면 피드백과 새로운 아이디어에 개방적인 자세를 취하는 것이 정말 중요하다. 이러한 태도가 기관이 일하는 방법이라는 점을 모든 사람에게 분명히 밝혀야 한다. 새로운 아이디어를 논의하는 토론장이 있고, 그곳에 모이는 사람들이 모든 피드백을 진지하고 열심히 받아들인다는 것을 사람들에게 알려 주자.

이제 다음의 질문이 생겨난다. 파트너를 사명을 위한 적극적인 참여자가 되도록 하고, 그러면서도 프로그램이 비생산적인 옆길로 빠지지 않도록 하기 위해서는 그들을 어떻게 이끌어야 할 것인가?

다행히 이 질문에는 수많은 답변이 있다.

우선, 진정한 관계는 양방향이라는 사실을 인식하는 것이다. 파트너가 하는 말에 귀 기울이고 그 말에서 배울 준비를 하자. 파트너들 역시 마찬가지로 당신의 말에 귀를 기울이고 배울 필요가 있다. 모든 당사자가 열린 마음으로 진정 서로를 듣고자 한다면, 빈곤 완화에서 의료 서비스 개혁과 교육 개선에 이르는 문제에 대한 최상의 접근법을 찾으려는 건전하고 정보에 근거한 토론은 더욱 유익해진다. 파트너십은 기부자가 하는 말이라면 따져보지도 않고 무시하거나, 반대로 무조건 수용하라는 것이 아니다.

기부자가 프로그램을 변경하라고 강력히 요구하는데 반박하기가 어

172

렵다면, 이는 전통적인 모금방식이 낳은 최악의 부작용인 권력 불균형 때문일 것이다. 모금가는 전능한 기부자의 지혜에 도전한다면 버림받을지도 모를, 기부자의 변덕스러운 너그러움에 의존하는 초라한 애원자가 된 듯한 기분이 들 수도 있다. 어떻게 해서든 그런 생각의 잔재를 제거해야만 파트너와 진정한 관계를 맺을 수 있다.

많은 경우, 전략적 정책이 어떻게 개발되었는지를 논리정연하고 근거 있게 설명하면 파트너들은 금세 그 가치를 알아보고 받아들인다. 솔직한 대화를 통해 기관의 선택을 고수하면, 파트너들 또한 그 선택에 헌신한다. 'MIT 미디어랩'의 조이 이토는 다음과 같이 말했다. "만약 당신에게 훌륭한 전략과 계획이 있다면, 대부분의 사람들은 자기의 계획을 강요하지 않습니다. 당신이 그 전략을 진정으로 깊이 생각했는지 의심스러울 때에만 자기의 전략을 강요하는 것입니다."

프로그램을 장악하려는 어떤 파트너가 겉으로 드러낸 욕망은 특정한 가치를 직접 주장하지 못하고 미숙하게 표현한 것일 수 있다. 만약 그의 심층적인 목표와 열망에 관해 솔직하게 대화할 수 있다면, 그 파트너와 기관 모두에 이득이 될 대안을 제시할 수 있을 것이다. '오스트레일리안 발레'의 케네스 왓킨스 말대로, "특정한 기부자의 관심을 구체적으로 알아내 그쪽으로 에너지를 돌리는 것이 관건이다."

예컨대, 소액대출을 강하게 원하는 잠재적 기부자와의 깊은 대화를 통해 그는 가난한 사람들을 돕기 위해 자유시장을 활용하고 싶은 강한 열의가 있으며, 소액대출이 그가 가장 잘 아는 사례임을 알 수 있다. 이를 기초로 이 기부자에게는 그에게 의미가 큰 자유시장의 가치를 반영한 구체적인 프로그램 계획을 제안할 수 있을 것이다.

기부자와 건강한 쌍방관계를 맺기 위해서는 그들이 제안한 아이디어에 우선순위를 매기는 것이 효과적이다("새로운 아이디어에 우선순위 매기기" 참조).

극단적인 경우 특정 기부자와 특정 기관은 파트너십을 맺지 않는 편이 더 좋을 수도 있다. 그래도 괜찮다. 모든 사람이 모든 열정을 똑같이 공유하는 것은 불가능하다. 솔직한 대화를 통해 그러한 결론에 도달하면, 잠재적 파트너에게 그 사실을 솔직히 밝혀라. 가능하다면, 그 사람에게 더 좋은 기관을 제안해 보자.

이는 결코 나쁜 결과가 아니다. 오히려 우리 모두가 관계를 맺을 수 있는 멋진 방법이다. 그리고 에너지가 더 자유롭게 흐를수록, 전체 관계망은 더 밝게 빛날 것이다.

새로운 아이디어에 우선순위 매기기

기관을 위한 아이디어가 많은 기부자를 파트너로 삼는 일은 멋지다. 위대한 혁신은 그와 같은 사람과의 대화에서 시작되기도 한다. 하지만 현장 지식이 없는 파트너의 열의와 창의성을 이용하는 것 — 그들을 무시하거나 결례를 범하지 않으면서 — 은 때로는 도전이 된다. 이 도전을 극복하는 효과적인 방법이 있다. 파트너가 새로운 아이디어를 내놓으면, 이를 다음 3가지 우선순위 단계 중 한 가지에 배정해 보자.

• A는 즉각적이고 역동적인 탐구가 필요한 높은 순위의 아이디어이다.

- B는 더 검토해 보고 생각해 볼 만한, 가능성이 있는 아이디어이다.
- C는 시간이나 여타 자원을 투자할 가치가 없는 낮은 순위의 아이디어이다.

이 3단계 우선순위 시스템은 상대적으로 개인적인 판단을 피하는 피드백 제시 방식이다. 제안된 아이디어가 A다, B다, C다 하고 신속하게 반응하여, 어떤 아이디어가 유망하고 어떤 아이디어가 그렇지 않은지 파트너에게 유용하게 안내한다. 이때, 다음과 같이 좋은 유머를 섞어 재치 있게 말할 수 있다. "야, 톰, 그것 참 흥미로운 아이디어야. 다른 기관에는 잘 들어맞을 거야. 하지만 우리 입장에서는 그 아이디어에 C를 줄 수밖에 없어. 지금 하고 있는 다른 프로젝트와 비교할 때, 잠시 제쳐 둬야 할 프로젝트인 것 같아."

물론 파트너는 제시한 아이디어가 B나 C로 여겨진다는 것을 알면 섭섭해 할 수 있다. 하지만 대부분의 파트너는 진실하지 못한 칭찬이나, 아이디어에 후속 조처를 하겠다는 의미 없는 약속 이후 침묵과 무대응만 이어지는 것보다는 솔직한 피드백을 선호한다. "적어도 다른 사람이 어떻게 생각하는지는 알게 되었군"이라고 말할 것이다. 그리고는 성공가능성이 전혀 없는 아이디어를 좇느라 시간을 낭비하지 않게 된 데 감사할 것이다.

기업 기부자와 함께하는 변화적 기부

변화적 기부는 개인 기부자에게만 적용되는 것이 아니다. 비영리기관은 기업이나 재단 등 다른 종류의 기부자와도 양쪽 모두의 성장과 발견과 변화로 이어질 수 있는 투명하고 제약 없는 관계를 만들 수 있다.

비영리기관과 기업 사이의 깊은 관계가 양쪽 모두에 어떻게 변화를 일으킬 수 있는지는 사례를 통해 살펴보겠다.

앞서 우리는 알렉산더 맥린이 창설한 '아프리카 교도소 프로젝트' (APP) 를 소개했다. 'APP'의 주요 기부자 가운데 영국 법무법인 '클리포드 챈스'(Clifford Chance) 가 있다. 두 기관의 인연은 'APP'와 '클리포트 챈스'의 파트너 한 사람과의 관계에서 시작되었는데, 시간이 흐르면서 기관 사이의 변화적인 관계로 성장했다.

처음부터 '클리포드 챈스'가 '여러 채널의 관계'를 맺는 데 개방적이라는 것을 알 수 있었습니다. 그들이 재정지원과 무료 법률상담을 동시에 제공하기로 했기 때문입니다. '클리포트 챈스'는 500시간의 무료 법률상담을 해주기로 약속했고, 이는 정말 값진 것이었습니다.

'클리포드 챈스' 내 다수의 사람과 우리가 맺은 관계를 깊이는 주목할 만합니다. 우리는 런던에서 사무실을 운영하는 그들의 선임파트너와 지속적으로 접촉하고, 세계 다른 지역에 있는 사무실들과도 접촉합니다. 나는 뉴욕의 직원들을 만나 보았으며, 암스테르담과 워싱턴에 있는 직원들과 편지를 주고받았습니다. '클리포드 챈스'에 소속된 약 8명이 법률 학위를 따고자 관련 대학교 통신강의를 듣는 재소자들과 교도관들의 멘토로 활동합니다. 다른 사람들은 우리의 웹 개발, 홍보, 마케팅 및 브랜딩 작업에 관여하지요. 전체적으로 우리는 '클리포트 챈스'의 직원 약 20명과 관계를 유지합니다. 이를 통해 우리 두 기관의 관계는 매우 깊고 풍성해집니다.

우리는 다양한 수단을 통하여 의식적으로 이러한 관계를 발전시킵니다. 정기적으로 이메일을 보내고, 활동을 지속적으로 알리고, 행사에 초대하고, 뉴스레터를 발송합니다. 또한 우리 직원들은 '클리포드 챈스' 직원들에게 정기적으로 도움이나 조언을 요청합니다. 그 직원들은 매우 박식하며 재능이 있기 때문에, 이러한 정기적 접촉은 우리에게 큰 이익이 됩니다. 그들에게도 우리 기관의 일은 우선순위를 차지합니다. 양쪽 모두의 헌신은 진실하면서도 강력하지요.

올해 늦여름, 우리는 '클리포드 챈스'와 기존 파트너들, 새로 알게 된 인사들, '클리포드 챈스'에서 추천한 인사들을 대상으로 저녁행사를 공동 주최할 것입니다. '클리포드 챈스'는 고객들까지 우리의 공유 네트워크로 끌어들여 훨씬 더 끈끈한 관계를 만들겠다는 의지를 보이고 있습니다.

우리는 관계를 강화하고 심화할 방법을 계속해서 모색합니다. 저는 이번 주에 '클리포드 챈스'에서 근무하고자 하는 대학생을 대상으로 하는 시상식의 심사에 참여했지요. 우리는 관계에 투자하고 업데이트하며, 우리의 관계가 어떻게 이득이 되는지 잊지 않도록 서로를 끊임없이 돕습니다. 그리고 이 관계를 다른 사람들과도 공유하기 위해 헌신합니다.

'클리포드 챈스'와 'APP'의 깊은 파트너관계를 통해 자선의 관계가 어떻게 개인뿐 아니라 기관 간에도 변화적 관계로 이어질 수 있는지를 알 수 있다. '클리포드 챈스'의 한 개인이 시작한 'APP'와의 관계는 성장하고 확대되어 법인의 수많은 구성원들의 참여를 이끌어 냈다. 이 재능 있는 사람들은 재정지원뿐만 아니라 광범위하고 다양한 전문적 사업 관련 서비스와 폭넓은 네트워크까지 제공한다. 이토록 특별한 수준의 기여는 '클리포드 챈스' 구성원들의 자아상은 물론, 세상이 그들을 보는 시선까지도 바꾸었다. '클리포드 챈스'는 '그저 그런 또 하나의 법무법인'이 아니라, 세상을 바꾸는 인도주의적 노력에 참여하는 든든한 후원자로 인식된다.

기부하는 단체와 변화적 관계를 맺는 또 다른 비영리기관은 '카붐' (KaBOOM!)이다. 이곳의 설립자이자 CEO인 대럴 해먼드는 '로열 오더 오브 무스'(LOOM) 조합의 전적인 지원을 받는 시카고 외곽의 그룹홈 무스하트에서 7명의 형제자매와 살았다. 이는 해먼드의 삶에 큰 영향을 미쳤다. 공동체 생활을 통해 해먼드는 봉사활동의 힘, 사람들이 서로 보살펴야 할 필요성, 성장과 발견을 위한 놀이시간의 중요성을 배웠고, 어린 시절부터 자신에게는 어려움에 처한 사람들에게 봉사하기 위해 다가가는 특별한 본능이 있음을 발견했다. 그는 "무스하트에서 제 별명은 '변호사'였습니다. 왜냐하면 제가 부당한 일을 당하는 다른 아이들의 옹호자가 되었기 때문입니다. 저는 보통밖에 안 되는 학생이었지만 설득력 있는 사람이었습니다"라고 회고한다.

'카붐'의 비전은 해먼드가 워싱턴 D. C. 남동부에서 어린아이 2명이 버려진 자동차 안에서 놀다가 질식사했다는 〈워싱턴포스트〉(*Washington Post*)의 기사를 접하면서 만들어졌다. 가난했지만 사회적 보살핌을 받을 수 있었던 자신의 어린 시절과 달리, 너무도 많은 미국 아이들이 제대로 보살핌을 받지 못한다는 사실에 충격을 받은 그는 그러한 비극이 일어나지 않도록 무엇이든 하겠다고 결심했다. 1995년, 그는 돈 허친슨과 함께 '카붐'을 출범시켰다. 이들은 600곳 이상의 지역 놀이터를 만들었고, 해먼드는 어린이의 놀 권리에 대한 대변인이자 '사막 같은 놀이터'를 재미있는 오아시스로 바꾸는 리더로서 널리 알려졌다.

'카붐'은 기업 및 기타 기관 파트너와의 변화적 관계를 전략의 주춧돌로 삼았다. '카붐'은 단순히 연장과 자재를 들고 동네 속으로 뛰어들어 몇 개의 그네와 미끄럼틀을 지어 주기만 하지 않았다. 카붐은 여러 기업, 중소기업, 교회나 YMCA 같은 공동체 집단, 공원관리국 같은 지역 정부기관 및 자원봉사자들을 조직하여 실제 놀이터 건설에 참여할 수 있게 했다.

그 결과, 새 놀이터라는 즉각적인 성취뿐 아니라 공동체의 역량강화라는 더 큰 이득까지 발생했다. 해먼드는 "놀이터 그 자체는 그저 트로이 목마입니다. 즉, 공동체가 어떤 것에 맞서 싸우는 대신 어떤 것을 위해 싸우게 하는 수단이지요"라고 말하며 다음과 같이 설명한다.

처음부터 놀이터는 공동체 협업과정의 부산물이었습니다. 이 과정은 사람들이 스스로 조직하고, 놀라운 경험을 하며, 신뢰를 구축하고, 그로부터 엄청난 자신감 향상을 얻을 수 있는 것이었습니다. 목표는 현지 주민들이 일을 마무리한 뒤 서로를 바라보며 "우리는 놀이터를 지었습니다. 이제 다른 무엇이 가능할까요?"라고 말하는 것입니다.

변화적 기부는 '카붐'의 기업 파트너에게도 적용된다. 해먼드는 한 번에 수표 한 장을 요청하는 모금 개념에 반대한다. 그는 "그것은 전략이 아닙니다"라고 말한다. 대신 그는 '카붐' 직원들에게 지역 공동체를 건설하려는 노력의 일환으로 전국에 수십 개의 놀이터를 건설하는 일의 재정지원에 관심이 있는 장기적 기업 파트너, 또는 아이들의 건강을 해치는 '사막 같은 놀이터'를 바꾸고, 나아가 어린이 비만과 학업부진 같은 더 광범위한 이슈를 함께 해결하고자 하는 장기적 기업 파트너를 찾으라고 촉구한다. 해먼드는 "이는 파트너들에게 수표를 끊어달라고 하는 것보다 훨씬 더 깊은 파트너십입니다"라고 말한다.

기업과 공동체 집단 및 여러 종류의 기관은 충분한 재정의 원천이 될 수 있다. 하지만 'APP'와 '카붐'의 이야기에서 볼 수 있듯이 단순히 거래적인 관계에 만족해서는 안 된다. 기관을 구성하는 사람들은 좋은 명분에 수표를 끊어 주는 것보다 더 많은 것을 원하기 때문이다. 우리 모두와 마찬가지로, 기업을 비롯한 다른 기관들도 더 깊은 삶의 의미를 탐구할 기회를 찾고 있다. 우리는 그들에게 그 기회를 줄 수 있다.

자선가의 진화:
존 메그루 이야기

존 메그루 2세는 크게 성공한 사업가다. 그는 370억 달러가 넘는 사모펀드를 관리하는 독립적인 글로벌 사모펀드 자문회사 '아팍스 파트너스 U. S.'(Apax Partners, U. S.)의 CEO다. 하지만 메그루를 더욱 특별하게 만드는 것은 자선가로서 그의 이력이다.

빈곤 근절과 세계 보건 시스템을 위해 싸우는 메그루는 현재 유엔의

'신규 HIV 소아 감염자 근절'과 '건강한 어머니'를 위한 글로벌 프로젝트를 지원하는 민간 부문의 '재계리더회의'(BLC)를 이끌고 있다. 그는 또한 '밀레니엄 개발목표 보건동맹'(Millennium Development Goals Health Alliance)의 이사이며, 미국에서 빈곤선 이하의 생활을 하는 사업자들에게 대출, 저축 프로그램, 크레디트 설정,[1] 기타 금융 서비스를 제공하는 소액대출 비영리기관 '그라민아메리카'의 이사다.

메그루의 삶은 한 자선가의 기부관이 시간이 흐르면서 거래 중심에서 변화 중심으로 어떻게 진화한 것인지를 생생하게 보여 준다. 다음은 그가 '자신의 스토리'를 기술한 것이다.

저의 자선활동은 3단계를 거쳐 진화했습니다. 제 1단계는 거래 수준의 기부로서 많은 사람들이 평생 머무는 단계입니다. 어떤 기관이 기부를 요청하고 당신은 수표를 끊어 줍니다.

여기에 잘못된 점은 없습니다. 하지만 우리 중 몇몇은 더 깊이 가기를 원합니다. 이는 자기반성과 성숙에서 비롯된 것입니다. 삶의 의미를 더 탐구하고자 하는 사람은 수많은 자선명분을 위해 폭넓은 관계를 맺길 원하지요. 이것이 제2단계, 즉 기관의 설립을 돕고, 다른 사람들을 기부에 끌어들이고, 재계와 정부에서 지지자를 모으는 단계입니다.

저의 자선활동은 3단계에 들어섰습니다. 이 단계는 오랜 친구 제프 워커를 통해 '밀레니엄 약속'을 소개받았을 때 시작되었습니다. 저는 그

---

[1] 〔옮긴이 주〕 일정액의 자금을 융자받기로 미리 계약해 두는 것.

프로젝트를 위해 4~5년을 보냈으며, 수표 발행에만 관심을 기울이는 거래적 관점이 아니라 시간과 에너지, 창의성, 아이디어 기부 등에도 마음을 쏟는 변화적 관점을 갈수록 깊이 따르고 있습니다.

이 단계에서는 인도주의적 영역에서 진정한 파트너관계를 창출하기 위해 노력합니다. 파트너 되기(*partnering*)는 말하기는 쉬워도 실천하기는 어렵지요. 진정한 파트너관계는 개인에게 많은 것을 요구합니다. 먼저, 서로에게 시간과 에너지를 지속적으로 쏟아야 합니다. 또한 자의식을 줄이고, 진심으로 상대방에게 귀 기울이며, 위계질서를 넘어서고, 일의 결과에 대한 책임을 다른 사람들과 함께 져야 합니다.

저는 이 단계에 이르기까지 도전과 성장을 반복하며 멋진 시간을 보냈습니다. 그리고 운 좋게도 열정의 효과를 극대화할 수 있는 세계관과 가치체계를 발전시킬 수 있었으며, 앞선 사람들 — 레이 챔버스, 조지 소로스, 빌 게이츠 같은 이들 — 의 사례에서 배울 수 있었습니다. 이들은 거래적이고 고상한 기부를 초월하여 변화의 단계로 올라선 자선가들입니다. 저는 그들이 올라선 그곳을 향해 가기를 소망합니다.

파트너에게 배우기 :
측정기준, 발견과 성장의 도구

모금가로서, 존 메그루 같은 파트너와 일하며 자아발견 경험을 함께
하는 것은 참 흐뭇한 일이다. 하지만 친밀하고 개방적인 관계를 통해
변화할 수 있는 것은 파트너만이 아니다. 모금가와 기관 또한 변화할
수 있다. 이를 보여 주는 한 가지 사례는 '임팩트 투자'—비영리기관
리더와 그를 지지하는 파트너를 위한 상호 학습과 성장을 강조하는 자
선활동의 새로운 모델—의 중요성이 갈수록 높아지는 현상이다.

이 모델에서 비영리기관에 하는 기부는 영리사업에 대한 투자와 비
슷하게 간주된다. 측정 가능한 결과라는 구체적인 '투자수익'이 기부
금에 대한 교환적 결과로 기대된다. 이 결과는 측정기준—일반적으
로 미리 결정된 목표치와 비교할 수 있는 통계나 재정자료이며, 목표
를 향해 비영리기관이 나아간 정도를 확인한다—의 형태로 수량화된
다. 많은 자선가와 재단, 기부자가 측정기준을 요구하면서, 비영리기
관들은 측정기준을 정의하고 수집하고 보고하는 데에 시간과 에너지
를 쓰게 되었다.

비영리기관은 영리기업으로부터 경영에 관해 확실히 많은 것을 배
울 수 있다. 재계의 유능한 리더들처럼 비영리 리더들이 실적을 점검
하고, 실패에서 배우며, 정확한 자료의 사용을 통해 관행을 개선하고
싶어 하는 것은 합리적인 모습이다. 시간의 흐름을 따라 추정이 가능
하도록 잘 설계된 측정기준은 비영리 리더들이 성과를 측정하고 개선

할 방향을 찾는 데 유용한 수단이다. 그리고 성공한 기업가로서의 경험이 있는 자선가들은 이러한 측정기준을 통해 비영리기관의 성과를 분석하고, 비효율 사례와 개선 기회를 파악하며, 귀중한 통찰과 아이디어, 조언을 제공한다. 이는 정보와 전문지식이라는 강력한 자원이 필요한 곳으로 자연스럽게 흐르도록 하는 좋은 사례이다.

측정기준은 또한 파트너들과의 소통에 중요한 역할을 할 수 있다. 기부자들은 자신의 기부가 미치는 영향을 숫자로 나타낸 자료를 받을 때 감동한다. 중요한 명분에 기부하는 돈이 낭비된다고 생각하고 싶은 사람은 아무도 없기 때문이다. 비영리기관이 수행한 공익활동을 기록한 숫자—도움을 받은 사람 수, 불필요한 경제적 손실의 감소치, 빈곤선 위로 끌어올려진 가정의 수, 학생들의 시험성적 향상치 등—는 파트너들 및 잠재적 파트너들에게 설득력 있는 주요 스토리가 될 수 있다.

이런 사례로 '센터링 건강관리 연구소'(Centering Healthcare Institute)가 있다. 보스턴과 메릴랜드 주 실버스프링에 근거를 둔 이 비영리기관은 전국의 '센터링 현장'을 통해, 집단에 기초한 혁신적인 건강관리 모델을 널리 알린다. 센터링 모델은 산전 건강관리, 여성 건강에 관한 진단·조언과 육아상담 및 당뇨병 치료에 집중하면서, 성과를 개선하고 비용을 낮추며 환자의 만족도를 높이는 등 건강관리의 전체적인 변화를 이끌어 내도록 설계되었다.

'센터링 건강관리 연구소'에는 이 연구소가 이룬 혁신에 관한 설득력 있는 이야기가 있다. 그 이야기의 힘을 강화하는 방법은 다음의 자료처럼 잘 문서화된 인상적인 측정기준을 통해 센터링 모델의 효과성을 입증하는 것이다.

- 센터링 모델은 다양한 임상연구에서 조산율을 33~47% 낮추는 것으로 나타났다.
- 건강관리당국은 센터링 모델을 통해 산전 건강관리를 받는 산모 1명 당 약 2,094달러를 절약할 수 있다.
- 센터링 모델을 이용한 임신 청소년들의 성병 감염률은 52% 감소했다. [2]

이와 같이 놀라운 성과수치 덕분에 비용이 많이 들고 부실한 미국의 건강관리 시스템을 개선하고자 하는 잠재적 파트너들은 센터링 모델의 가치를 실질적이고 생생하게 느낄 수 있다.

또 다른 사례는 2011년 5월 '아프리카 지도자 말라리아 동맹'이 말라리아 퇴치의 진척을 측정하기 위한 새로운 채점카드를 만든 것이다. 이 카드는 분기마다 업데이트되며, ① 정부의 말라리아 정책, ② 재원 조달, ③ 개입률, ④ ALMA 프로그램에서 다루는 46개 국가에서의 모자 보건 측정지수를 포함한 핵심지표 등이 기록된다. 채점표의 칸들은 색깔별로 구분되어 있다(빨간색은 '제대로 궤도에 오르지 않음', 노란색은 '진척이 양호하지만 더 많은 노력이 필요', 녹색은 '목표 달성'을 나타낸

---

[2] www.centeringhealthcare.org/pages/about/history.php 참조.

다). 따라서 관심 영역을 찾아보거나 다른 지역의 진척도를 한눈에 비교하기 쉽다. [3] 이 자료의 투명성과 시의성 때문에 기부자와 다른 파트너들은 그 지역의 핵심적인 말라리아 동향을 최신자료로 접한다고 느끼며, 문제, 도전, 제안과 미래의 기부를 더욱 효과적으로 파악할 수 있다.

측정기준은 잠재적 파트너에게 친숙한 언어를 말하는 하나의 방법이다. 비영리 리더들은 측정기준을 활용하여 기관을 더 효과적으로 운영할 수 있다. 이를 위해서는 신중하게 설계되고 현명하게 사용되는 측정기준이 필요하다. 구체적인 방법은 "의미 있는 측정기준 세우기"를 참조하자.

의미 있는 측정기준 세우기

오늘날 대부분의 비영리기관은 목표 달성 정도를 재는 측정기준을 세우라는 압박을 받는다. 아래의 내용은 측정기준을 추적하는 과정을 판에 박힌 방식이나 피상적인 활동이 아니라 보람 있는 것으로 만들기 위한 몇 가지 권고사항이다.

• 측정기준의 설계를 신중하게 하자. 대중과 공유하는 성과수치는 필연적으로 성공이나 실패의 신속한 지표로 사용될 것이다. 그러므로 수치가 사명의 핵심을 정확하게 보여 줄 수 있도록 올바르게 설계해야 한다. 선택한 측정기준이 실제

---

[3] www.malariapolicycenter.org/news/africa's-leaders-are-committed-winning-fight-against-malaria?page=3 참조.

로 이루려는 것을 반영하고, 수치를 수집하기가 쉬우며, 주관적이 아니라 객관적이고, 수치를 검토하는 누가 보든 사명과의 관련성이 분명하도록 하자.

- 투입이 아니라 결과를 측정하자. 가장 의미 있는 측정기준은 단순히 비영리기관의 활동이나 동원된 자원으로 들이는 노력이 아니라 인류의 삶에 영향을 미치는 결과이다. 한 가지 예를 들자면, 사하라사막 이남 아프리카에 우물을 파느라 들어간 돈을 세는 것이 투입 측정기준이라면, 건설된 우물의 수와 마실 물에 쉽게 접근하게 된 마을 사람의 수는 결과 측정기준이다. 후자가 성공의 측정치로서 더 의미 있다.

- 측정기준을 설계할 때 파트너들에게 도움을 요청하자. 기관의 중요한 파트너 몇몇은 유용한 측정기준을 설계하는 데 귀중한 전문지식을 제공할 수 있다. 재단, 기업, 전문 서비스 회사, 기타 NGO는 모두 여러 비슷한 기관을 연구한 경험이 있으며, 효과적인 측정기준과 이를 실행하는 데 필요한 관리 및 IT 시스템을 제공하는 전문가를 고용하고 있을 수도 있다. 기부자들이 측정기준 설계에 참여할 때, 기관이 만든 결과는 그들에게 두 배로 의미를 지니게 될 것이다.

- 숫자에서 배우자. 잘 설계된 측정기준은 기관을 경영하는 귀중한 수단이 된다. 많은 비영리기관 리더들이 주간, 월간, 또는 분기 단위로 조사하는 3~5개의 핵심 측정기준이라는 '계기판'을 조립하여, 어떤 프로그램과 계획이 효과적인지 그리고 어떤 것이 수정될 필요가 있는지를 찾아낸다.

- 측정기준을 솔직하게 사용하자. 측정기준을 순전히 홍보 도구 — 기부자를 설득하고 그들의 요구를 만족시키는 '붉은 고기' — 로 생각하는 함정에 빠지지 말자. 이러한 태도는 여러 유혹을 낳는다. 숫자를 날조하고, 실상 어떤 이득도 창출하지 못했는데도 측정기준을 과장 광고하기 위해 과정이나 절차를 바꾸고, 더 좋아 보이게 하려고(그리고 프로그램이 실패하고 있을지 모른다는 사실을 감추려고) 지속적으로 측정기준을 재정립하는 것 등이다. 공정한 게임을 하자! 만약 측정기준에 따른 결과가 나쁘게 나왔다면, 문제점과 개선 계획을 투명하게 공개하자. 결국, 파트너들은 솔직한 모습에 신뢰감을 더 갖게 될 것이다.

측정기준은 중요하다: 하지만 숫자가 다는 아니다

사람들은 자신이 지원하는 프로그램의 가치가 과학적으로 증명되기를 원한다. 하지만 사실에 기반을 둔 정보가 사람들의 의사결정에 어떻게 영향을 미치는지 상기할 필요가 있다.

21세기의 위대한 시인 T. S. 엘리엇은 독자에게서 (다소 난해한) 그의 시의 의미를 설명해 달라는 요청을 종종 받았다. 이런 요청에 넌더리가 난 그는 이성적 설명을 피하고, 이미지, 음악, 상징주의를 통해 독자와 연결되기 위해 "시에서 '의미'는 단지 부차적으로만 중요할 뿐이다"라고 설명하기에 이르렀다. 같은 방식으로, 사명을 위한 합리적 논거는 청중의 '좌뇌'의 욕구를 만족시킬 수 있는 반면, 스토리의 정서적 힘은 그들의 '우뇌'에 연결된다. 그리고 인간의 의사결정에 관한 과학적 연구에 따르면, 행동에 관해 최종적으로 힘을 발휘하는 것은 우뇌이다.

따라서 조직과 업무에 관한 가장 적절한 자료를 기부자에게 제공하고, 그 자료에 대한 질문에 답변할 준비는 꼭 해야 한다(우리의 좌뇌는 논리에 대한 감각과 합리성이 충족되기를 고집한다). 하지만 측정기준과 숫자를 중심으로 파트너십을 구축해서는 안 된다. 측정기준은 스토리를 뒷받침할 수 있다. 하지만 스토리가 측정기준을 뒷받침하는 방식은 유효하지 않다.

재능 있는 명상교사이며 유능한 비영리 리더인 샤론 살즈버그는 측정기준의 역할에 대해 이런 관점을 제시한다.

우리는 자선활동이 무모해지거나 낭비되기 쉽다는 것을 알고 있습니다. 따라서 사람들은 원하는 결과의 조합을 보여 줄 수 있는 측정기준을 원합니다.

한편, 사업의 진행과정에서 의도에는 없었던 좋은 결과가 나타나는 경우도 있습니다. 교실 수업을 개선하는 프로그램을 만든다고 가정해 보지요. 우리가 달성하겠다고 작정한 졸업률을 달성하지 못할 수도 있습니다. 그러나 프로그램에 참여한 아이들 중 일부에게 긍정적인 어떤 일이 일어납니다. 혹은 프로그램의 영향으로 이전에는 시도하지 않았을 일을 해보라고 고취하는 교사가 2년 후에 나타날 수도 있지요.

따라서 우리는 의도하지 않은 결과의 세계에 산다는 것을 인정하고 이해하는 것이 중요합니다. 그렇지만 가능한 한 최고의 결과를 이끌어 내기 위해 적용할 수 있는 정신적 규율은 있지 않을까요?

저는 그 규율에 2가지 층위가 있다고 생각합니다. 첫째, 나의 의도가 무엇인지 잘 살펴야 합니다. 의도하는 바는 광범위하되 명료함과 진실함을 유지해야 합니다. 당신은 사람들을 도우려고 애쓰는 것입니까? 아니면 명성을 얻으려고 애쓰는 것입니까? 또는 다른 어떤 사람보다 일을 더 잘 하려고 애쓰는 건 아닌지요? 우리 일의 목표가 이러한 개인적 의도를 충족시키려는 것은 아닙니다. 또 그렇게까지는 매우 오랜 시간이 걸리지요. 하지만 동기가 어떤 것이냐에 따라 일의 결과에 대한 느낌이 달라집니다. 따라서 일의 성공 또는 실패를 정의하기 위해서는 이 점을 이해하고 있어야 합니다.

둘째, 내내 유념하고 깨어 있어야 합니다. 그렇지 않으면 좋건 나쁘건 당신이 의도하지 않은 결과를 놓칠 수도 있을 것입니다. 그리고 까다로운 문제이기는 하지만, 결의와 애착 사이에는 차이점이 있습니다. 결의 ─ 반드시 발생해야 한다고 생각하는 것을 달성하기 위해 열심히 일하는 것 ─ 를 갖는 것은 좋은 일입니다. 하지만 때로는 현실이 바뀌었고, 그 현실이 에너지를 다른 방향으로 보내라고 하는데도 원하는 것에 너무 강하게 매달리는 경우가 있습니다. 그것이 애착 ─ 만족할 가능성이 매우 낮을 때 ─ 입니다. 애착은 새로운 가능성을 배척하게 합니다. 이는 매우 불운한 결과로 이어질 수 있습니다.

살즈버그가 내린 결의와 애착 사이의 구분은 언제, 어떻게 측정기준이 쓸모가 있는지를 정의하는 것에 도움이 된다. 가치 있는 목표를 추구할 때, 우리가 결의를 유지하도록 돕는 측정기준은 소중하다. 그러나 우리에게 애착을 주입하며, 변화의 필요성에 대한 인식을 방해하는 측정기준은 파괴적이다.

더 자료가 더 빨리 처리되어야 하는 이 세계에서는 측정기준과 분석론이 일의 진행을 뒤에서 돕도록 하되, 그것에 끌려 다니지 않도록 해야 한다. 비영리기관의 성과에 관한 자료를 수집하고, 주의 깊게 분석하고, 그것에서 배우자. 하지만 비영리기관 리더로서든 자선가로서든 선택을 할 때, 그 자료에 통제당하지 말아야 한다. 그리고 파트너와 의사소통할 때, 측정기준의 결과가 실제 현장을 대체할 수는 없음을 항상 명심하자. 제프가 즐겨 하는 말대로, "우리는 스토리를 존중하고 숫자를 존중한다. 우리에게는 둘 모두가 필요하다".

생각거리

♦♦♦

- 수많은 생산적인 관계가 앞서 설명한 '멋진 만남'에서 시작되지만, 모든 멋진 만남이 진정한 관계로 이어지는 것은 아니다. 최근 겪은 긍정적 만남 중 관계가 확대된 것과 그렇지 못한 것을 생각해 보자. 이 2가지 경험의 결과가 다른 이유를 파악할 수 있는가? 다음에 누군가와 처음 만나면, 장기적 관계로 이어질 확률을 높이기 위해 다르게 할 수 있는 일들은 무엇인가?

- 앞에서 논의한 것처럼 원치 않은 방향으로 조직을 이끌고 싶어하는 파트너들과 상호작용하는 것은 어려운 일이다. 최근 이런 문제를 겪은 적이 있는가? 만약 그렇다면, 그 문제를 어떻게 다루었는가? 그 파트너의 관심과 열정을 기관을 위해 긍정적인 쪽으로 돌릴 수 있었는가? 만약 아니었다면, 그 사람의 욕망이 적절한 분출구를 찾을 수 있도록 함께 긍정적으로 일할 계획을 세울 수 있는가?

- 만약 기업이나 기타 기관으로부터 자금지원을 받는 비영리기관에 근무한다면, 그 기관과의 관계의 본질을 자세히 살펴보자. 그 관계가 단순히 정기적으로 재정기부를 받는 것인가, 아니면 상호작용하고, 자원을 공유하며, 아이디어를 교환하고,

다른 방법으로 함께 성장하는 다른 기회가 있는가? 더 많은 개
헌신이라는 더 큰 의식이 생겨나도록, 하나의 관계를 선택하
여 그 관계를 심화시키고 풍성하게 할 계획을 준비하자.

제 2 부

모금, 사람과 사람의 연결

Chapter 6

무엇보다 중요한 첫 만남

진실의 언어는 단순하다.
— 세네카

모금 분야에는 "첫 기부보다 첫 만남을 얻기가 더 어렵다"라는 격언이 널리 알려져 있다. 그러나 실제로 이 말이 사실인 것 같지는 않다. 명분에 돈, 시간, 또는 다른 자원을 기부할 생각이 있는 대부분의 사람들은 짧고 비공식적인 만남에 상당히 개방적이다. 그중 많은 이들이 정기적으로 특정 이슈에 '몰입하는 데' 익숙한 자선가다. 어떤 사람들은 새로운 개념을 발표하는 자리에 자주 참석하는 성공한 사업가나 기업가들이다. 또 다른 사람들은 이 세상을 개선하기 위해 기울이는 노력에 관해 배우기를 즐기는, 그냥 배려하고 자선을 베푸는 개인들이다. 매우 바쁜 사람들(성공한 사람들은 거의 모두 아주 바쁘다)조차 존경받는 사람의 소개로 찾아오는 방문객과 20분이나 30분 정도는 기꺼이 공유한다. 진짜 도전은 첫 만남에서 서로를 발견하고 이익을 주고받을 수 있는 진정한 관계의 출발을 만들어서 두 번째 만남을 얻는 것이다. 첫 만남을 성공이 중요한 이유가 바로 여기에 있다.

사례연구: 피터 스톤 그리고 첫 만남

이 연습문제로 첫 만남 IQ를 테스트해 보자. 상당히 일반적인 모금 시나리오를 묘사한 다음의 사례를 읽어 보자. 이 사례연구는 첫 만남을 더 효과적으로 만들기 위해 해야 하거나 하지 말아야 할 일에 집중할 수 있도록 몇 가지 질문으로 마무리된다.

당신은 매우 중요하며 획기적인 가능성이 있는 새 프로젝트—X 프로젝트라고 부르자—를 위해 기금을 모으는 어느 비영리기관에서 일하는 모금가다. 당연히 새로운 기부자에 대한 소식을 알고자 항상 노력한다. 그래서 존 브라운 이사의 전화에 흥분하지 않을 수 없었다.

"어젯밤 친한 친구와 저녁을 함께 먹었어요"라고 존은 설명한다. "그 사람 이름은 피터 스톤인데, 우리 기관과 관련된 소식을 더 많이 듣고 싶어 하더군요." 존과 마찬가지로 피터도 사모펀드 회사의 파트너다. 두 사람은 코네티컷 교외에서 서로 가까운 곳에 산다. 두 집 식구들끼리도 친하고, 종종 디너파티에서나 주말에 함께 모인다.

존은 당신과 피터를 이메일을 통해 소개한다. 피터는 거의 즉각적으로 반응하며, 비서에게 다음 몇 주 안에 두 사람이 만날 시간을 잡아 보라고 요청한다. 비서는 몇 시간 안에 연락하여, 오는 월요일 오전 11시에 피터의 사무실에서 만나면 어떻겠느냐고 제의한다.

당신은 만남을 준비하면서 피터와 공유할 자료를 챙긴다. 컴퓨터 화면을 통해 피터에게 보여 줄 짧은 동영상과 지원 사례를 담은 인쇄물—X 프로젝트에 관한 세부내용, 근본적인 문제에 관한 자료, 그리고 그것에 맞설 전략이 대단히 효과적일 수 있음을 증명하는 문서 등 — 이 포함된다. 또한 존 브라운과 대화하여 뭔가 제안할 것이 있으면 해달라고 요청한다. 존은 피터의 회사의 현행 투자전략을 포함한 몇 마디를 귀띔한다. "피터는 대단한 남자요"라고 존은 강조한다. "정말이지 따뜻하고 멋진 사람이지요. 그가 우리 일에 관여할 가능성이 매우 크다고 확신해요."

약속한 날, 당신과 피터는 멋지게 장식된 피터의 넓은 사무실에서 만난다. 처음 몇 분은 그에게 질문하고 친밀감을 북돋우며 보낸다. 피터에게는 자녀가 세 명 있는데, 두 명은 대학에 다니고 한 명은 사립 고등학교에 다닌다는 것을 알아낸다. 또한 그가 당신처럼 플라이피싱에 관심이 있음을 발견하고(그의 다탁 위에 플라이피싱 사진집이 놓여 있다), 가장 좋아하는 낚시장소에 관해 이야기한다. 피터는 매우 친절하고 사교적이다.

피터가 기관에 대해 좀더 이야기해 달라고 요청하자 가져간 6분짜리 동영상을 틀어 함께 본다. 여기에는 몇 가지 강력한 자료뿐만 아니라 현장에서 나온 여러 멋진 이야기가 담겨 있다. 또한, 당신은 존 브라운 말고도 피터가 알 수도 있을 몇몇 주요한 지원자와 기부자 대해 이야기한다.

끝으로 피터에게 X 프로젝트에 관해 이야기하며, 그 프로젝트에 소요될 것으로 예상하는 비용의 액수를 단도직입적으로 언급한다. 그리고 그가 기부를 고려해 주었으면 싶은 금액 범위를 제시한다. (당신은 이 범위에 관해서 사전에 생각했으며, 이를 두고 존 브라운과 이야기했고, 이런 접근법을 매우 편안하게 느낀다.) 피터는 따뜻하게 반응한다. 그는 "오늘 방문해 주셔서 정말 고맙습니다"라고 말한다. "이 문제에 관해 존과 제 아내와 이야기할 필요가 있다고 생각합니다. 하지만 당신의 요청을 분명히 고려하겠습니다."

그는 검토해 볼 테니 자료를 두고 가라며, 한 주쯤 뒤에 사무실로 전화를 걸어달라고 한다. 당신은 사무실로 돌아가면서 새로운 인연을 만들 수 있으리라 낙관한다. 그리고는 피터에게 전화할 날짜를 달력에 표시하고 다른 할 일로 돌아간다.

질문: 이 경험에서 당신이 피터 스톤과의 첫 만남을 위해 쓴 전략은 무엇인가? 각각의 선택을 고려할 때, 무엇을 잘했다고 생각하는가? 무엇을 잘못했다고 생각하는가? 이 이야기는 어떻게 결말이 날 것으로 생각하는가?

이 장의 뒤에서 이에 대한 분석을 살펴볼 것이다.

분위기 잡기

삶의 다른 일에서와 마찬가지로 잠재적 파트너와의 첫 만남을 계획할 때도 뚜렷한 목적의식을 갖는 것이 대단히 중요하다. 우리의 목적이 기분 좋은 잡담을 즐기는 것이 아님을 늘 명심하자. 우리는 자신과 잠재적 파트너에게 실질적인 위험을 감수하자고 설득하는 노력을 펼치고 있다. 그 위험은 모든 것이 투명하게 드러날 때의 위험, 어떤 반응이 있을지 알지 못하는 상태에서 자신에 관해 털어 놓는 위험, 자신의 약점, 실망, 열망, 욕구를 노출시키는 위험이다. 여기서의 목적은 어떤 프로젝트나 명분을 위해, 의미와 보람이 있으며, 함께 일하면서 변화할 수 있는 공통 영역을 찾는 것이다.

이런 목적이 있는 대화는 명료성, 자신감, 자기 인식, 상대방의 행복에 대한 진정한 관심을 필요로 하는 하나의 예술이다. 이를 위해서는 연습도 필요한데, 다른 예술형식처럼 반복적 실행을 통해 더 잘할 수 있게 된다.

중요한 세부사항에 세심한 주의를 기울임으로써 대화 내내 올바른 분위기와 태도를 형성하고 유지할 수 있다.

파트너의 사무실에서 만나지 말자. 사무실은 모금가와 잠재적 기부자 사이의 대화 장소로 가장 흔하게 제안되는 곳이다. 그렇지만 사무실은 깊은 대화를 하기에는 여러 가지 면에서 적절하지 않은 환경이다. 사무실은 사람들이 업무에 관해 생각하는 공간이다. 사람들은 파일, 서류, 컴퓨터 화면, 그리고 자신이 얼마나 바쁜지를 상기하는 물건으로 둘러싸여 있다. 전화기가 울려대며, "잠깐 뭐 좀 물어봅시다"라면서 주기적으로 동료나 비서가 문을 연다. 한마디로 집중을 방해하는 것이 너무 많다.

더욱이 사무실의 심리적, 사교적, 정신적 분위기는 개방적인 의사소통에 전혀 도움이 되지 않는다. 사무실은 자존심이 전투하는 곳, 권력 게임, 영역 다툼, 명망 추구가 일상사인 곳이다. 그곳은 사람들이 가면을 쓰고 갑옷을 입는 장소다. 우리는 이러한 마음을 버리고 그 자리에 자기반성, 나눔, 투명성, 탐구, 성장의 태도를 채우기를 바란다. 그러나 아무리 의사소통의 달인이라 할지라도, 극도로 조화되지 않은 환경에서 이를 이루기란 참으로 어렵다.

그러니 사무실을 피하자. 그보다는 잠재적 기부자의 집을 방문하는 것이 훨씬 낫다. 또는 아침 식사나 스낵을 함께할 인근 식당으로 초대하자.

제니퍼의 한 학생은 기관의 기부자들이 자주 찾는 커피숍에서 잠재적 기부자와 만나는 것을 좋아한다. 우연히 만난 기관의 기부자들이 인사를 하면, 그는 그들을 잠재적 기부자에게 소개한다. "이분은 에콰도르에서 오신 미구엘 씨인데 우리가 아파트를 구해 드렸지요."계획되지 않고 자연스러운 이러한 만남은 어떤 브로슈어보다 더 강력하게 비영리기관을 홍보한다.

일대일 만남을 고집하자. 기관을 더 알고 싶어 하는 잠재적 기부자의 연락처를 확보하면, 일대일 만남을 주선하자. 만약 다른 팀원의 참여가 필요하면, 예컨대 소개를 해준 사람이 논의에 참석하는 것이 필요하다고 생각하면, 2 대 1 만남까지는 괜찮다. 모임 진행에 도움을 받고자 더 많은 동료를 데리고 가고 싶은 유혹에서 벗어나자. 세 명 이상의 사람들의 집단에서 누군가와 진정으로 연결되기는 어렵다. 집단이 작을수록 대화가 비공식적이고, 느긋하며, 자연스럽고, 개방적일 확률이 더 높다. 그 결과로서 진정한 인간관계의 가능성 또한 높아진다.

준비가 없어도 안 되지만 너무 많이 준비하지도 말자. 잠재적 기부자를 처음 만나더라도 그에 관해 최소한 몇 가지 사실은 알고 있을 것이다. 중간에서 그를 소개해 준 사람이 배경정보를 어느 정도 제공했을 것이기 때문이다. 또는 사전에 간략한 이력서를 받았을 수도 있고, 인터넷에서 이력을 조사해 보았을 수도 있다. (제니퍼는 이것이 자연스러움과 개방성을 해친다고 생각하기 때문에, 첫 만남 이전에 해당 인물을 조사하려 구글링하는 것 등을 선호하지 않는다. 다른 모금가들은 그렇게 얻는 정보가 대화를 자극한다고 믿기 때문에 그 방식을 깊이 신뢰한다. 2가지 방식 모두를 시험해 보고 그중 더 나은 것을 선택하자.)

관심사의 차이가 낳을 수 있는 껄끄러움을 해소하고 개방적 대화의 가능성을 높이기 위해 "왜"로 시작하는 질문을 사용하자. 처음 만나는 사람과의 첫 몇 분간의 대화를 통해 무엇을 알 수 있는지는 중요하지 않다. 모금가는 이력서나 자료에 적힌 단순한 사실을 알아내는 것이 아니라 그 사실을 발판삼아 상대의 인간적 내면을 탐구하고, 자신이 헌신하는 명분을 공유하는 것이다. 추가정보를 요청하는 질문은 이러한 목적을 실현하기 위한 좋은 수단이 될 수 있다. '왜'로 시작하는 질문은 새로운 파트너의 자선 경험의 본질을 이해하기 위해서도 중요하다.

"왜 미술교육 지원 프로그램에 참여하게 되었습니까?"
"왜 어린이 권리에 그와 같은 열정을 보이십니까?"
"왜 기부 대부분의 초점으로 암 연구를 택했습니까?"

어떤 사람의 선택의 배후에 있는 '왜'에 대해 많이 알수록, 그 사람의 생각과 행동을 더 잘 이해할 수 있으며, 잠재 기부자와 모금가 모두에게 딱 맞는 명분의 연결을 더 밀접하게 만들 수 있게 된다.

명분을 긍정적인 용어로 설명하자. 환경 분야의 비영리기관에 종사하는 친구가 있다. 최근 그녀에게 왜 그 일에 열심이냐고 물어보았다. 그녀의 대답은 매우 놀라웠다. 그녀는 덤덤하게 "저는 건강하고 지속 가능한 지구를 지지해요(for)"라고 말했다.

이 대답이 무엇이 그리 대단한지 의아할 수도 있다. 이런 대답은 충분히 논리적으로 보이며 아마 예측할 수도 있을 것이다. 하지만 많은 사람이 자신의 열정을 "반대한다"(against) 라는 용어로 표현한다. "지구가 나빠지는 것에 반대하기 때문에 환경 분야에서 일합니다" 또는 "무책임한 기업에 반대합니다"라거나 "석유에 의존하는 것에 반대합니다"라는 식이다. 두 편으로 나누어진 세력에 관해 이야기할 때, 주요한 동기부여 요소로 공포가 종종 이용된다. 많은 이들이 '나쁜 편'이 이기고 '좋은 편'이 질 것이라는 걱정을 자극한다.

이는 얼마 동안은 강렬한 동기를 부여한다. 하지만 인간은 시간이 지나도 끝나지 않는 투쟁에 지쳐 버리는 경향이 있다. 마침내는 '전투 피로', 비영리기관 업무의 경우 많은 전문가들이 '연민 피로'(compassion fatigue)라고 부르는 것에 굴복한다. 사람들은 관심을 잃고, 더 긍정적인 이득을 약속하는 다른 활동으로 가 버린다.

'반대한다'에서 '찬성한다'로의 미묘한 이동은 매우 위력적이다. 이와 관련한 간디의 유명한 말이 있다. "나는 영국의 지배에 반대하는 것이 아니다. 나는 인도의 독립에 찬성하는 것이다." 목표가 어떤 것을 찬성하는 것임을 명확히 알 때, 부정적인 것에서 벗어나기 위한 노력을 멈추고 긍정적인 것을 향해 움직이기 시작한다. 이러한 움직임은 점잖음, 너그러움, 밝음의 측면이 질적으로 달라짐을 의미한다.

그러니 잠재적 파트너를 처음 만날 때, 왜 자신의 아이디어가 다른 것보다 나으며, 기관이 오늘 기부를 받지 않으면 왜 세상이 무너지는지를 역설하는 사례로 이야기를 이끌지 말자. 목표는 잠재적 파트너들 내부의 긍정적인 무언가를 자극하는 것이어야 한다.

소품에 의존하지 말자. 대화에서 초조해지면 문서, 슬라이드 쇼, 동영상 및 기타 발표 수단에 의지하기 쉽다. 이러한 경향을 피하자. 만약 잠재적 파트너가 추가자료를 요청한다면, 동영상 링크, 파워포인트 파일, 또는 보고서를 대화 이후에 보내는 것은 효과적일 수 있다. 하지만 서로 멀리 떨어져 컴퓨터 화면을 보는 것은 대화의 흐름을 죽이며, 진정한 인간관계를 만들어 내겠다는 시도를 무의미하게 한다. 그러니 가장 강력하고 효과적인 발표 수단, 즉 물리적, 정신적, 감성적 대화에 집중하자.

대부분의 사람들은 그 단어의 여러 가지 의미에서, 그저 함께 있는 (there) 사람과 대화하는 경우가 무척 드물다는 것을 발견한다. 잠재적 파트너와의 첫 만남에서 그런 대화를 선물처럼 주자. 그러면 그는 놀랄 정도로 감사해하며 그 선물을 받을 것이다.

이름 말하기는 목적이 있을 때에만 시도하자. 기관이 운이 좋아서 저명인사들을 파트너로 두고 있다면, "그들의 이름을 대화 중에 언급할까 말까, 언급한다면 어떻게 할까"하고 생각할 수도 있을 것이다. 그러나 파트너들의 명성, 권력, 돈을 언급함으로써 누군가에게 깊은 인상을 주겠다는 목적으로 이름을 말하지는 말자. 그렇게 하면 잠재적 파트너는 관심을 잃어버릴 가능성이 아주 높다. 그것은 자랑이나 과시, 또는 가식과 조작의 느낌을 준다. 이는 진정으로 열려 있는 사람과 만날 가능성을 확실하게 낮춘다. 심지어 의도했던 것과 정반대의 반응을 일으킬 수도 있다. 기부에 대한 상대방의 욕망을 자극하기는커녕, "이 사람들은 하도 인맥이 좋아서 나 같은 사람의 작은 기부 따위는 필요 없을 게 틀림없어!"라는 생각을 할 수도 있다.

다른 파트너의 이름과 스토리는 잠재적 파트너에게 행동과 경험의 모델을 제시하고자 할 때, 기부와 참여가 얼마나 보람 있고 뿌듯한지 생생하게 보여 주고자 할 때, 그리고 잠재적 파트너 또한 그렇게 하는 것이 똑같이 의미 있는 일임을 알려 주고자 할 때 언급해야 한다.

첫 만남에서 긍정적인 분위기를 잡는 것은 정말이지 중요하다. 우리가 내놓은 제안을 따라서 관계를 올바른 방향으로 향하게 하자. 그러면 먼 곳까지 파트너와 동행하며 놀라운 경험을 할 수 있을 것이다.

코끼리 출입금지:
진정한 대화로 가는 길

관계를 구축하는 과정에서 직면하는 최대의 장애물은 서로에게 진정으로 귀 기울이지 못하는 것이다. 보통 사람이라면 그러한 문제를 수시로 경험했을 것이다. 친구나 가족 사이에서조차 대화가 판에 박힌 방식으로 흐르는 경우가 많다.

진정한 대화가 어려운 가장 큰 이유는 '방 안 코끼리들'의 존재 때문이다. 이 코끼리들은 대화 참가자의 마음에 큰 영향을 미치지만, 이런저런 이유로 인정받지 못하거나 공개적으로 논의되지 않는 정황, 이슈, 아이디어를 말한다. (한두 가지 사례를 보려면 최근 있었던 가족모임을 회고하여 저녁식사 자리에서 언급되어서는 안 된다고 모두가 알고 있었던 역사나 분쟁을 주제로 나눈 대화들을 살펴보자!)

잠재적 파트너와의 첫 만남의 경우, 두 사람 모두가 '모금 코끼리'

(*fund-raising elephant*) 때문에 정신이 산만해질 수 있다. 그 코끼리는 대부분의 첫 만남에서 두 사람 모두가 머릿속에 품는 질문이다. "이 대화는 모금에 관한 것이지? 우리가 오늘 이야기하려는 모든 것은 결국 금전 요청으로 이어질 예의바른 사전 작업이 아닌가?"

대부분의 사람들에게 돈이 무척 걱정스러운 주제이기 때문에 이 '코끼리'는 골칫거리이다. 많은 잠재적 기부자는 만남이 진행되는 내내 모금가가 무슨 말을 하든 귀를 반쯤만 기울인다. 그러면서 마음의 나머지 절반을 사용해 '이 여자가 언제쯤 돈 이야기를 꺼낼까? 얼마를 요구할까? 나는 뭐라고 말해야 하지?'라고 궁금해한다. 대화가 길어질수록, 기부자 마음 속 코끼리는 그만큼 더 커지고 마음을 더 어지럽게 한다. 지원을 호소하는 감동적이고 사실적인 열변은 상대방에게 들리지 않으며 이해되지 않은 채 이어진다. 그리고 만약 그 첫 만남이 돈 요청 없이 끝나면, 그 코끼리는 방 한쪽 구석에 놓인 의자에서 떨어져 나와 대화 전체를 깔고 앉는다. 만남에 관한 기부자의 기억은 '왜 그녀는 돈을 요청하지 않았을까? 그 만남의 요점은 무엇이었나?!'라는 대답되지 않은 질문의 지배를 받는다.

마찬가지로 모금가도 첫 만남 때 정신이 산만하고 불안하다. 결국 같은 코끼리 때문이다. 언제 기부를 요청할지, 얼마를 요청할지, 그러면 어떤 반응이 있을지 확신이 없고 초조하기 때문에, 온 정신을 기울여 잠재적 기부자의 말을 듣고 있지는 않는다. 즉, 완전하게 대화에 참여한 것이 아니다. 많은 첫 만남이 실망스러운 결과로 이어지는 것이 이상한 일은 아니다.

이러한 이유로 우리는 첫 만남에서는 재정적 요청을 하지 말기를 권한다. 방 안에서 코끼리를 치우는 것으로 대화를 시작하자. 그렇게 하는 가장 좋은 방법은 아예 "오늘은 기부를 요청하지 않을 작정입니다"라고 미리 말하는 것이다.

일단 기부라는 문제를 대화의 테이블에서 치워 버리면, 관계 초기부터 일정한 공간을 확보하여 진정으로 듣고, 잠재적 파트너와 서로를 알아갈 수 있다.

요청할 수 있는 것은 요청하자

방에서 코끼리를 치우는 것이 첫 만남에서 어떤 것도 요청하지 않음을 뜻하지는 않는다. 현재나 미래의 파트너와의 모든 만남에서 재정적이거나 비재정적인 무언가를 요청하자. 요청할 수 있는 것들은 다음과 같다.

- 인적 네트워크의 연락처("아시는 분들 중에서 우리 기관에 대해 알고 싶어 하실 분이 계실까요?")
- 아이디어와 통찰("우리 일과 관련된 검토할 필요가 있는 제안이 있습니까?")
- 기술적 조언("우리는 X 문제를 풀기 위해 노력하고 있습니다. 해주실 조언이 있습니까? 아니면 다른 분을 연결해 주실 수 있겠습니까?")
- 현물기부("사업을 계속하고 확대하는 데 필요한 재화와 용역을 제공

해 주실 수 있겠습니까?")

- 조직의 자원("우리의 명분에 참여할 사람이나 부서가 회사에 있습니까?")
- 시간과 재능("다음번 봉사활동 교육 대상자에 존함을 올려도 되겠습니까?")
- 지도력("우리 기관의 이사회, 자문위원회, 또는 다른 부분에서 역할을 맡는 것을 검토해 주시겠습니까?")

그 가능성은 오로지 우리의 상상력과 파트너의 취향, 재능, 자원에 의해서 결정된다. 당신은 파트너에게 저녁식사 자리를 한 번 마련하거나, 만나고 싶었던 어떤 사람을 소개해 달라고 요청할 수 있을 것이다. 기관의 홈페이지에 올릴 홍보 메시지나 자선경매에 내놓을 흥미로운 기부물품을 요청할 수도 있다. 또는 기관의 의사소통 능력을 향상시킬 아이디어나 계획 중인 로비 노력에 대한 조언을 구하는 것도 가능하다.

무엇을 요청하는가는 중요하지 않다. 하지만 무엇이든 요청하는 버릇을 들이자. 첫 만남의 작은 요청은 이후 재정적 기부를 요청할 때 자신감을 갖게 하고, 몇 주 뒤 새로운 파트너를 찾아 나설 확실한 기회를 만들어 낸다. 결국 파트너들의 추가적인 기여를 더 쉽고 자연스럽게 만들며, 모금가와 파트너 사이의 유대를 형성하는 데 도움이 된다.

더불어, 첫 만남이 마무리될 때 두 번째 만남을 요청해야 한다. 대부분의 경우 첫 만남은 짧게 계획되었을 것이다. 하지만 만약 그 만남이 잘 진행되었다면 새로운 파트너는 두 번째 만남에 더 큰 시간을 쓸 마음이 있을 것이다. 두 번째 만남을 요청할 때, "오늘 시간을 함께해서 정말 고마웠습니다. 우리가 더 배울 것이 참 많은 것 같습니다. 오늘 아침 검토한 주제를 더 깊이 들여다보기 위해 다음번에 다시 만날 수 있을지요?"라고 할 수 있다

그가 이를 수락할 때 새로운 파트너관계가 시작되는 것이다. 그 미래는 모르지만 잠재력은 무한하다.

사례연구 분석: 피터 스톤과 첫 번째 만남

피터 스톤 사례연구에서 나타난 많은 선택은 첫 만남을 기획하고 실행하는 비영리 기관 모금가들이 일반적으로 하는 선택이다. 안타깝게도 그들은 진정한 파트너관계보다는 피상적인 관계로만 이어질 가능성이 있는 전략을 묶어 수립한다. 이는 기부금의 액수를 줄이는 것은 물론이고, 단순히 거래적인 기부나 심지어 기부를 전혀 하지 않도록 유도할 가능성이 있다.

다음은 모금가가 흔히 저지르는 실수로, 성공적인 관계 맺기에 장애물이 된다.

- 불충분한 준비 조사. 사례연구 속의 모금가는 소개자인 존 브라운과 잠깐 대화할 뿐이다. 그보다는 존에게 "피터에 대해 아는 것을 말해 주세요"라고 말해야 했다. 그렇게 해서 피터의 배경, 관심사, 개성, 가치관, 목표, 자선의 태도에 대한 단서를 찾아야 했다. 사전 조사는 첫 만남의 성공률을 상당히 높일 수 있다.
- 부적절한 장소. 앞서 강조했듯이 잠재적 파트너의 사무실은 모금을 위한 대화를 나눌 장소로는 좋지 않다. 모금가는 피터를 사무실에서 만나기보다는 그의 집이나 주위가 산만하지 않은 제3의 중립적 장소를 제안해야 했다.

- 보조자료에 지나치게 의존. 동영상을 보여 주거나 서면자료를 제시하는 것은 기관의 이야기를 소개하는 데는 그리 효과적이지 않은 방법이다. 그보다는 사명에 생명을 불어 넣고, 피터의 스토리에 연결할 수 있는 개인적 스토리를 이용해야 했다.
- 개인적 관계를 맺지 못함. 사례연구에서 모금가는 소소한 이야기를 피터와 잠시 교환하고 곧이어 기관을 위한 구매 권유를 한다. 그럴 것이 아니라, "왜 선생님께서는 우리에게 관심이 있으십니까?" 같은 질문으로 제약을 두지 않는 대화를 해야 했다. 대화의 목적은 피터의 인생 경험, 목표, 가치관, 그리고 열망에 관한 깊이 있는 논의를 이끌어 내는 것이다. 만약 기관의 사명이 그 맥락에 자연스럽게 들어맞는다면, 대화는 그 관계를 분명하게 이끌 것이다.
- 기부 요청으로 나아감. 첫 만남에서 기부를 요청하는 것은 너무 이르다. 이번 주에 기부 요청을 열 차례 이상 받았을 수도 있는 잠재적 기부자의 입장에서 생각해 보자. 무엇이 우리 기관을 다른 곳보다 두드러지게 하는가? 그 질문에 대한 답은 더 깊은 개인적 관계에서만 구할 수 있다. 이것이 바로 곧장 기부 요청을 하는 것이 이를 불필요하게 늦추는 것 못지않게 큰 실수인 이유다.
- 불충분한 후속 조처. 일주일 안에 피터에게 전화를 하는 것 말고도, 이사회의 다른 이사들에게 이메일이나 개인적 쪽지를 보냄으로써, 특히 소개를 해준 존 브라운의 역할을 두드러지게 언급하면서 그 만남을 활용해야 했다. 이 단순한 조치는 다른 이사들을 고무시켜 잠재적 기부자를 소개하게 할 가능성이 있다.

모든 대화에서 의미 찾아내기
SIM 도전

잠재적 파트너를 만날 때, 세일즈 전략, 발표 기법, 그리고 마케팅 방법은 내려놓고 가자. 과거의 경험에서 개발된 술수도 잊자. 사실, '모금가'라는 바로 그 역할까지 벗어 버리고, 자신의 일부를 다른 사람과 공유하는 한 사람으로서 자신을 생각하자. 우리의 목적은 다른 사람을 설득하고 그에게 깊은 인상을 주거나 그를 조종하는 것이 아니라, 진정한 감성적, 심리적 수준에서 그 사람과 연결되는 것이다.

이를 위한 간단한 전략 중 'SIM 도전'[1]이라 불리는 연습이 있다. 이는 참여하는 모든 만남의 가치를 높여 줄 수 있다. 모임을 마치고 떠날 때마다 자신에게 다음과 같이 물어보자.

- S: 무엇이 나를 놀라게 했는가(*surprised*)?
- I: 무엇이 나를 고무시켰는가(*inspired*)?
- M: 무엇이 나를 감동시켰는가(*moved*)?

만약 이 가운데 한 가지 이상에 답변할 수 없다면, 당신은 듣고 있지 않았던 것이다. 그보다는 자신과 기관, 그리고 자신이 대변하는 훌륭

---

[1] 여기 소개하는 SIM 도전은 레이철 나오미 레멘 박사의 가르침을 수정 보완한 것이다. 그는 샌프란시스코 캘리포니아대학교(UCSF) 의과대학의 가정·공동체 병원 임상 교수이자 UCSF의 혁신적 과정인 '치료자의 예술'의 소장이다.

한 명분을 팔고 있었던 것이다. 아니면 걱정을 하고 있었거나, 주의가 분산되었거나, 그 대화를 특정하게 정해진 방향으로 이끌기 위해 지나치게 열심히 노력했던 것이다. 근본적인 원인이 무엇이든 간에 당신은 그 만남에서 진정한 모습을 드러내지 않았으며, 그 결과, 대화에서 파트너 모두에게 매우 중요한 것을 놓쳤을 것이다.

모든 만남 이전에 SIM 질문에 관해 생각하는 버릇을 들이는 것은 모든 대화의 겉모습 아래 숨은 의미를 예민하게 볼 수 있게 하는 좋은 방법이다.

생각거리

♦♦♦

- 잠재적 기부자 또는 파트너와 나눈 최근의 대화를 생각해 보자. 그 대화를 최대한 상세하게 회상한 후, 그 경험에 SIM 도전을 적용하자. 무엇이 나를 놀라게 했는가? 무엇이 나를 고무시켰는가? 무엇이 나를 감동시켰는가? 각각의 경우에서 왜 놀랐고, 고무되었으며, 감동했는지 이유를 설명해 보자. 이 3가지 반응 중 하나도 느끼지 못했다면, 그 이유를 곰곰이 생각해 보자. 대화 중 무엇에 집중했는가? 자신과 대화 상대 사이의 더 개방적이고 깊은 연결을 위해 비슷한 논의가 이루어질 때, 다음에는 무엇을 다르게 할 수 있는가?

- 아직 만나지 않은 잠재적 기부자나 파트너의 명단을 뽑아 보자. 최근 받은 소개나 연락처의 수에 따라 그 명단은 짧을 수도(두세 사람), 길 수도(5~10명 이상) 있을 것이다. 명단의 이름 하나하나에 이 장에서 배운 기법을 사용하여 효과적인 첫 만남의 기본계획을 세우자. 이야기 도중 방해받지 않으며, 허물없는 이야기를 나눌 수 있는 적절한 장소와 시간을 정하자. 원한다면 간단한 조사를 하여 잠재적 파트너에 관한 핵심적인 몇 가지 배경정보를 파악하자. 잠재적 파트너의 생각과 행동을 더 많이 알기 위해 사용할 수 있을 '왜' 질문을 생각해야 한

다. 대화 중에 논의할 기관과 자신의 정보에 대해서도 생각하
자. 준비가 됐으면, 잠재적 파트너에게 전화를 걸어 첫 대화
를 마련하자. 그리고 즐기자!

Chapter 7

요청
"우리와 함께하자"고 말하는
옳은 방법, 그른 방법

만약 배를 한 척 짓고 싶다면, 사람들을 불러 모아
나무를 가져오라 할 것이 아니라, 그들을 가르쳐
바다의 끝없는 방대함을 열망케 하라.
— 앙투안 드 생텍쥐페리

파트너와 명분을 강력하게 연결하기 위해 이 책에서 언급한 혁신적 수
단들은 모금이라는 과업을 그 어느 때보다 더 효과적으로 만들 수 있
다. 하지만 모금의 전통적인 요소에서 변하지 않고 이어지는 한 가지
가 있다. 바로 금전, 시간, 재능, 연줄, 또는 기타 자원 등의 형태에
관계없이 기부를 요청해야 할 필요성이 있다는 것이다.

'요청'은 많은 비영리기관 전문가와 파트너가 가장 맞닥뜨리기 어려
워하는 진실의 순간이다.

많은 사람들이 '요청'을 내켜하지 않는 것에는 몇 가지 심리적이고 정
서적인 이유가 있다("'요청'의 공포" 참조). 하지만 이 자연스러운 거부
감을 극복하는 것이 아주 중요하다. 첫 기부를 끌어내지 못하는 것은

의미 있고 지속적인 파트너관계를 어렵게 하는 가장 큰 장애물이다.

이 장에서는 모금가가 지원을 요청할 때 쓸 수 있는 몇 가지 확실하고 구체적인 조언을 제시할 것이다. 이를 잘 활용한다면, 바로 당신이 우리 학생들처럼 "나는 모금을 사랑합니다. '요청'을 포함해서요!"라고 말하게 될지도 모른다.

'요청'의 공포

'요청'을 무서워하는 공통의 심리적, 정서적 이유가 5가지 있다. 이 가운데 어느 것이 큰 만남을 앞둔 날 밤 꿈에 나타나는가?

- 돈 이야기와 관련된 사회적 금기. 많은 주제에 대해 전례 없이 솔직하게 이야기 할 수 있는 시대지만, 돈은 여전히 무거운 주제다. 많은 사람들이 돈에 관한 공 공연한 대화를 피하도록 교육받았다. 그렇기 때문에 많은 이들이 상대적으로 낯 선 사람에게 돈을 요청하는 것을 불편해하는 것은 당연하다.
- 거절에 대한 공포. 누군가에게 무언가를 요청하는 것은 자신을 위태롭게 한다. 즉, 거절로 인한 심리적 고통에 자신을 노출하는 것이다. 거절을 개인적으로 받 아들이지 말라고 말하기는 쉽다. 하지만 그와 같이 감정에 흔들리지 않는 논리 로 대응하기는 엄청나게 어렵다.
- '세일즈'에 관한 신화. 많은 비영리기관 리더가 모금을 여러 부정적인 의미의 '세일즈'라고 생각한다. 세일즈맨의 통상적 이미지(이상주의적이기보다는 냉소 적이며, 협력적이기보다 조작적이다)가 그들의 자기 이미지와 강하게 충돌한다.
- 권력 불균형. 특히 평등주의 사회에서 사람들은 애원자의 역할을 맡아 더 부유 하고, 힘센 다른 사람에게 도움을 구걸하는 것을 두려워한다. 안타깝게도 많은

비영리기관 리더들은 지원을 요청할 때, 특히 대화 상대방이 잘사는 개인일 때 이런 감정을 느낀다.

- '어려운 처지'에 대한 창피함. '빚지지 않고 살아가며', '혼자 힘으로 자신을 성장시키고', '자신의 두 발로 서는' 사람이나 기관은 존경을 받는다. 이는 도움을 요청하는 것이 창피하거나 부끄럽게 여겨진다는 것이다. 운영비를 감당하기 위해 자원을 모으는 것이 자신의 봉급을 구걸하는 것 같을 때, 비영리기관 전문가들은 불편함을 느끼고 곤혹스러워한다.

마음 바꾸기: 요청에 대한 심리적 장벽 극복하기

앞에서 열거한 5가지 심리적, 정서적 걸림돌을 하나씩 살펴보고, 관점 변화를 통해 각각을 어떻게 극복할 수 있는지 검토해 보자.

돈 이야기와 관련된 사회적 금기. 낯선 사람과 돈을 이야기하는 것은 불편할 수 있다. 돈에 초점을 맞추지 않고 자선에 관해 대화하는 것이 중요한 이유가 여기에 있다. 이야기의 초점을 사명과 그 사명을 수행하여 모든 사람들이 어떻게 만족하는지에 맞춰야 한다.

이는 모금가가 지원을 요청할 때, 돈이 유일한 지원이 되어서는 결코 안 된다는 것을 의미한다. 다른 자원도 모두 중요하며, 심지어 어떤 경우에는 얻기가 더 어렵다. 대화의 조건을 확대하자. 기부자의 수표 발행을 유일한 목적으로 삼을 것이 아니라, 전체적인 사명과 이를 지원하는 방법에 초점을 맞추자. 새로운 지원자가 기관과의 창의적인 파트너관계를 시작하기 위해 할 수 있는 다른 것들, 이를테면 만찬 주최나 친구 소개하기, 사업체를 활용한 무료 서비스에 대해서도 물어보자.

거절에 대한 공포. '노'라는 말을 듣기 좋아하는 사람은 없다. 다행히 이와 관련한 심리적 고통을 완화하는 방법이 많이 있다. 그중 한 가지는 '노'를 '아마도'로, 궁극적으로는 '예스'로 전환하는 검증된 수단을 이용하는 것이다. 이 장의 뒷부분에서 그 방법을 제시하겠다.

일단 마음을 움직여 예스/노, 이기다/지다, 성공/실패라는 이분법에 대한 습관적인 애착에서 벗어나는 것이 중요하다. 잠재적 파트너와 만난 뒤의 핵심 질문은 "내가 수표를 얻었나?"보다는 "우리가 생산적인 관계를 만들었나?"여야 한다. 모든 경험을 '성공' 또는 '실패'라는 이름으로 구분 짓기를 멈출 때, 일과 삶 모두가 더 풍성하고 보람차게 될 수 있다.

'세일즈'에 관한 신화. "나는 비영리기관 전문가 또는 파트너로서 어떤 것도 '팔고 있지' 않다"는 것을 늘 명심하자. 우리는 파트너들이 개방적이고 협력적인 방식으로 자선목표를 달성하도록 돕는 사람들이다. 기부 요청은 어떤 것을 '파는 것'이 아니라, 관련된 모든 사람에게 이득을 주고 시간이 흐르면서 이상적으로 깊어지는, 보람 있고 제약 없는 관계를 맺는 것이다.

잠재적 기부자와 만날 때는 물론 어떤 것을 희망하게 된다. 그리고 그 '어떤 것'이 재정적 지원을 포함하는 것은 당연하다. 잠재적 기부자 또한 무언가를 희망한다. 이는 자아발견, 성장, 만족, 완수에 대한 전에 없던 가능성을 보여 주는 새로운 영역과의 마주침 같은 것이다. 양측 모두는 서로에게 줄 수 있는 귀중한 것을 갖고 있다. 그리고 만약 파트너관계가 성공적으로 맺어진다면, 그들이 희망하는 것 이외에 훨씬 많은 것을 얻을 것이다.

권력 불균형. 잠재적 기부자와 이야기할 때 애원자가 된 듯한 느낌에 빠지기 쉽다. 권력 불균형이라는 의식은 특정한 환경 때문에 악화될 수 있다. 예컨대, 비영리기관의 젊은 직원이 잠재적 기부자이자 잘나가는 개인을 방문할 때, 우리 사회의 권력 표지(나이, 지위, 경험, 부, 권력)는 한쪽으로 기운다.

비영리기관의 직원이 이러한 권력관계에서 탈출하기 위해서는 자신의 역할이 흥미롭고, 의식을 확장시키며, 개인을 변화시킬 수 있는 활동과 조직과 기회에 다른 사람들을 연결해 주는 것임을 명심해야 한다. 이는 모금가의 의제가 "엄청난 재산 중에서 약간만 기부해 달라고 '잘나가 여사'를 설득할 수 있을까?"가 아니라 "어떻게 우리 두 사람이 창의적이고, 긍정적이고, 보람 있으며, 함께하는 길을 찾을 수 있을까?"라는 것을 의미한다. 그 의제를 통해 모금가와 파트너는 한 사람은 위, 한 사람은 아래가 아닌 대등한 관계를 맺을 수 있다.

'블루엔진'의 닉 에르만은 '평등'이라는 마음가짐의 결정적인 중요성을 이렇게 이야기한다.

저는 가장 중요한 것은 모금기술이라고 생각하곤 했습니다. 하지만 시간이 지나면서 예상치 못했던 것, 즉 제가 세상에 도움을 요청하던 방식이 역효과를 낳는다는 사실을 알게 되었습니다.

저는 늘 다른 사람들이 돈, 시간, 에너지 같은 것을 기부함으로써 '블루엔진'의 성공을 도울 수 있다고 생각했습니다. 그러나 저는 '블루엔진'과 제가 사람들에게 돌려주어야만 하는 귀중한 자산에 대해서는 생각하지 않았습니다. 이 자산이란 교육개혁이라는 명분을 실현하는 것, 문제에 대한 깊은 지식, 헌신적 팀원들로 이루어진 공동체, 그리고 교육개혁에 관심 있는 사람들이 원하는 의미 있는 참여 기회 같은 것입니다.

제가 가까이하는 기부자들에게는 엄청난 자산이 있고, '블루엔진'에게는 다른 놀라운 자산이 있습니다. 요점은 그 자산을 합치는 것입니다. 관계는 동등한 사람들, 즉 동료들로 이루어지는 것입니다. 깡통을 들고 도움을 구걸하는 애원자로서가 아니지요. 의미 있고 지속적인 나눔과 건강한 파트너관계의 발전은 평등하게 서로 주고받으며 배우는 것에서 시작합니다.

이러한 깨달음은 제게 엄청난 힘과 해방감을 주었습니다. 이는 또한 전통적인 애원자로서의 자세가 얼마나 기능장애를 일으키는지를 아는 데도 도움이 되었습니다. 깡통을 들고 누군가에게 접근한다면, 그 누군가는 크고 당신은 작아 보일 수 있습니다. 이는 매우 혼란스러운 상황입니다. 왜냐하면 작은 인물을 따라 전투에 돌입하고 싶어 할 사람은 아무도 없기 때문입니다. 사람들은 큰 인물인 리더나 열정적이며 목표에 몰두하는 동료를 따르기를 원합니다.

잠재적 파트너에게 접근할 때 스스로 작게 느껴진다면, 닉 에르만이 시도한 것과 같은 마음 바꾸기가 필요하다. 우리가 줄 수 있는 것의 가치를 인정하자. 그리고 우리를 가로막는 비정상적인 권력 불균형에서 벗어나자.

'어려운 처지'에 대한 창피함. 명분을 이루기 위해 자원이 필요하다는 것을 부끄러워하지 말자. 성경의 격언 "일하는 자는 임금을 받을 자격이 있다"를 기억하자. 이는 비영리세계의 근로자들에게도 적용된다! 아이디어, 시간, 에너지, 재능, 인맥, 인적 네트워크, 그리고 당연히 돈을 포함하여 사명을 이행하는 데 필요한 자원에 관해 말하는 것은 중요하다. '요청'을 이렇게 더 광범위한 맥락에 놓을 때, 즉 개인과 사회의 성장을 추구하기 위해 활용하는 수단으로 이해할 때, 비영리세계의 사람들을 겁주고, 당황하게 하고, 대화를 질식시키는 요청은 그 부정적인 힘의 많은 부분을 잃는다.

당신은 '낭비적 간접비'가 아니다

직원들의 임금을 포함한 비영리기관의 간접비는 언제나 나쁘다는 잘못됐지만 흔한 억측이 있다. 유감스럽게도 이는 간접비 비율이 낮을수록 유능한 기관이라는 생각에 기초한 다양한 '자선기관 순위 매기기' 시스템에 따라 조성된 것이다. 이러한 생각이 함축하는 바는 비영리세계에서 간접비는 당연히 낭비적이라는 것이다. 비영리기관에 근무

하면서 생계를 꾸리는 모든 사람은 '낭비적인 간접비'로 격하된다! 거
참, 정말 자존심 상하는 일이 아닌가?

이러한 억측은 토마스와 조엘이 다음과 같이 강조하듯이, 대부분의
비영리기관이 겪는 자원 기근으로 이어진다.

> 우리 모두가 정비 비용을 최소로 하는 항공사의 비행기를 타기로 결
> 정한 것인가? 아니면 가장 오래되고 감가상각이 많이 된 의료장비를 쓰
> 는 병원에 가겠다는 셈인가? 여러 상황에서 소비자들은 가치 있는 일에
> 기꺼이 더 많은 간접비를 지불한다. 비영리기관에도 좋은 간접비와 나
> 쁜 간접비가 있다. … 하지만, 우리는 비영리기관이 영양실조에 걸린 팀
> 으로 A급 결과를 낼 수 있다고 믿는 함정에 계속 빠진다.[1]

이러한 오해에 현혹되면 안 된다. 2010년에 나온 책 《야박한 사람
들》(*Uncharitable*)의 저자 댄 팔로타가 지적하듯, '간접비=나쁘다'라는
잘못된 등식은 여러 가지 명백한 방식으로 비영리기관에 필요한 자원
을 박탈한다.

- 대부분의 비영리기관에서 종업원에 대한 보상은 영리사업체에
  비해 훨씬 낮다.
- 비영리세계의 광고·마케팅 예산(평균적으로 수입의 2%)은 영리

---

[1] 토마스 J. 티어니·조엘 L. 플라이쉬먼, 《기브 스마트: 결과를 얻는 자선활동》.

세계보다 훨씬 적다.

- 기부자들은 비영리기관보다 영리기업의 가치 있는 위험을 떠안을 의향이 훨씬 더 크다.
- 기부자들은 비영리기관에 기부할 때보다 영리기업에 투자할 때 더 인내심을 발휘한다. 이는 비영리기관이 영리기업보다 더 신속하게 인상적인 결과를 내보이길 기대한다는 뜻이다.

비영리기관 리더나 종사자 또는 파트너라면, 이 비영리기관 전문가가 제시하는 교훈을 마음에 새길 필요가 있다. 기관의 목표를 추구하기 위해서는 돈을 비롯한 자원이 필요하다. 이는 기업가 또는 영리회사의 관리자라도 마찬가지다. 돈을 요구하는 것은 당황하거나 미안할 일이 전혀 아니다. 왜냐하면, 임금의 대가로 사람들에게 대단히 귀중한 것, 즉 명분에 연결됨으로써 더 깊고 보람찬 삶을 살 기회를 주기 때문이다. (그리고 비영리 명분을 위해 일하는 시간제 직원이나 자원봉사자라면, 함께 일하는 전문가들에게 재정적 안정을 보장하는 것이 중요함을 인식해야 하며, 그 목적을 위해 기금을 유치하는 것을 어색해하지 말아야 한다.)

비영리기관이 규모, 범위, 효과성 면에서 영리회사처럼 성장하려면, 리더에 대한 투자가 필요하다. 이제 이 문제에 대한 용감한 대화가 있어야 할 때이다. 이는 비영리기관 리더 쪽에서 신선하고 더 현실적인 태도로 시작해야 한다.

'요청'을 해야 할 시점

지원 요청에 대한 마음가짐을 재정비한다면, '요청'은 훨씬 덜 위협적으로 느껴질 것이다. 그 외에 '요청' 그 자체를 고민할 때 활용할 수 있는 구체적이고 증명된 기법을 익히는 것도 크게 도움이 된다. 다음 몇 쪽에 걸쳐 우리와 학생들에게 효과적이었던 몇 가지 접근법을 공유하겠다.

먼저 타이밍에 대해 살펴보자. 이는 제니퍼가 새내기 모금가였을 때 맞닥뜨렸던 문제다. 당시 상사가 그녀에게 가장 먼저 해준 말은 기부 한 건이 실현되기까지 평균 준비기간이 12~18개월이라는 것이었다. "시간을 들여요"라고 그는 말했다. "사람을 알아야 해요. 우리가 하는 일을 충분히 납득시키세요. 그다음 '요청'을 하세요."

새내기인 제니퍼는 이것이 타당하다고 생각했다. 그래서 그에 맞춰 전략을 짰다. 당시의 제니퍼는 '요청'을 말하기 전에 한 사람을 십여 차례씩 방문하곤 했다. 하지만 그 시절을 지내면서 그녀는 요청을 하기 위해 이처럼 오래 기다리는 것은 불필요할 뿐만 아니라 역효과를 낳는다는 것을 알게 되었다.

사실 비영리기관 모금가는 사람들이 파트너가 되기까지 대체로 너무 오래 기다린다. 종종 너무 오래 기다리다 보니 요청하기가 어색하게 느껴지고, 극단적인 경우 불가능해지기까지 한다. 상대방에게 구체적인 방식으로 협력을 요청해야 대화의 질이 높아지고 함께하는 일과 관계 모두를 발전시킬 수 있다. 이런 일은 일찍 시작할수록 두 당사자 모두에게 더 좋다.

이를 위해 다음과 같은 경험 법칙을 따르는 것이 좋다. 구체적 액수의 돈이든 다른 형태의 기여든 무엇을 요청할지 모르겠다면, 이는 잠재적 파트너를 잘 알지 못한다는 좋은 암시다. 즉, '요청'을 하기에는 아직 너무 이르다는 것을 의미한다. 그러나 대부분의 경우 두세 번의 만남이면, 관계의 토대를 단단히 하고, 상대방에게서 무언가를 하고자 하는 마음을 불러내어 '요청'을 하기에 충분하다.

이런 철학은 비영리기관 경영의 전통적 지혜와 배치된다. 하지만 '요청' 단계로 빨리 넘어가는 것이 모든 사람에게 타당하다고 확신하는 데에는 이유가 있다.

첫째, 사람들은 어떤 명분에 헌신하고, 그다음으로 재정적 기여를 한다는 통념이 있지만 실제로는 그렇지 않다. 그러한 인과관계는 논리적으로 들린다. 하지만 그 원인과 결과의 순서가 실제로는 반대라는 것을 경험을 통해 알 수 있다. 사람들은 먼저 기부하고, 그다음 헌신을 생각한다. 사람들이 의미 있는 방식으로 관여하는 것은 첫 번째 수표를 끊어 주고 난 다음이다.

그러므로 파트너와의 관계에서 조금 이른 시기에 '요청'으로 나아가라. 금전적인 기여는 헌신과 참여의 토대이다. 그 토대를 일찍 마련할수록 두 사람이 꿈을 구상하고 실현하는 것을 그만큼 빨리 시작할 수 있다.

둘째, 잠재적 파트너들은 '요청'을 원한다. 그렇지 않다면 그들은 굳이 모금가와 이야기하려 하지 않을 것이다. 잠재적 파트너들이 최초의 기부를 하기 위해 기관의 세세한 근황을 모조리 이해할 필요는 없다. 반드시 필요한 요청을 늦추는 것은 의심과 좌절과 짜증의 씨앗을 뿌리는 것일 뿐이다.

제니퍼는 "지금까지 제가 대화한 자선가 중에서 모금가와의 만남을 이런 식으로 묘사하는 사람이 많았습니다. '우리 아이가 다니는 학교에서 온 짐(Jim)과 이미 다섯 차례 만났습니다. 그런데 그는 지금까지 제게 어떤 것도 요청하지 않았습니다. 혼란스럽네요! 제가 계속해서 그를 만난다는 것은 지원에 관심이 있다는 뜻이거든요. 하지만 필요한 요청은 뒷전에 두고 본론으로 들어가지 못한 채 이야기만 나누는 만남에 질리고 있습니다'"라고 설명한다.

잠재적 기부자가 당신에게 먼저 요청을 한다면 매우 멋지겠지만, 그런 일은 결코 일어나지 않을 것이다. 그들은 당신이 요청하기를 원한다. 특히 그들의 에너지와 열성이 최고조에 달했을 때 요청받기를 원하는데, 그 시점은 대개 관계에서 상당히 초기에 해당한다. (당신의 마지막 연애를 돌이켜 보자. 로맨틱한 감정과 설렘이 최고조에 달했던 것은 만난 지 몇 달 뒤가 아니라, 두 번째나 세 번째 데이트 때가 아닌가?) 사람들은 헌신하고 싶어 한다. 그러니 걱정은 접어두고, 시간이 무르익으면 '요청'을 하자. 꾸물거리는 것은 도움이 되지 않는다.

'요청'의 핵심:
나, 우리, 지금에 관한 스토리

지금까지 언제 '요청'을 할지에 대해 이야기했다. 이제 어떻게 요청에
착수해야 할 것인가를 논하도록 하겠다. 구혼을 하는 데 더 효과적이
거나 덜 효과적인 방법이 있을까?

　많은 모금가는 '요청'을 할 때, '지원을 위한 사례', 다시 말해 일의
독특한 가치와 사회적 이득을 밝히는 논리적인 주장에 초점을 맞추어
야 한다고 생각한다. 이는 중요하지만 '요청'의 핵심이 되어서는 안 된
다. 명심하자. 미국에는 150만 개가 넘는 비영리기관이 있다.[2] 기관
마다 확실하고 강력한 지원을 위한 사례 — 해결을 요하는 심각한 문
제, 전문가들이 개발한 그럴듯한 접근법, 그 주장을 뒷받침하는 설득
력 있는 자료 — 가 있다. 그리고 잠재적 기부자가 대부분의 박애주의
자와 같은 마음의 사람이라면, 그는 아마 그 수백만 미국 비영리기관
하나하나로부터 지원을 호소하는 이야기를 들어 보았을 것이다. 아니
라면 마치 그랬던 것처럼 느낄 것이다.

　따라서 사실에만 기초한 설득으로는 그들을 충분히 자극하지 못할
것이다. 특정 기관을 다른 모든 기관보다 돋보이게 하는 것은 그 기관
이 독특하게 지닌 한 가지, 즉 스토리다.

---

[2] http://grantspace. org/Tools/Knowledge-Base/Funding-Research/Statist-
ics/Number-of-nonprofits-in-the-U. S. 참조.

아이디어에 생명을 불어넣고, 사람들을 가슴과 가슴으로 연결하며, 청중의 마음속에 가능성의 불을 밝히는 스토리의 특별한 힘에 대해서는 이미 살펴보았다(제2장). 요청을 할 때도 스토리는 무기고에서 꺼내 쓸 수 있는 가장 중요한 것이다. 스토리로 이끌고, 사실, 정보, 논리, 자료로 뒷받침하자.

잠재적 파트너들이 자신을 스토리의 중요한 일부로 볼 때, '요청'은 수월해진다. 제시받은 아이디어를 납득했기 때문이 아니라, 기관과 파트너가 됨으로써 신나고 뿌듯한 미래를 상상할 수 있기 때문이다. 잠재적 기부자들은 모금가의 인도를 받으면서 그 스토리 속으로 빠져든다. 그리고 강렬하고 끊임없는 스토리 속에서 지원자 역할을 할 수 있도록 돈과 시간과 재능과 에너지를 기부할 것이다.

스토리의 초점을 유지하는 것이 어렵다면, 제2장에서 언급했던 마샬 간츠의 구조를 채택하자.

- 자신에 관한 스토리. 모금가가 기관의 사명에 어떻게, 그리고 왜 관여하게 되었는지 묘사하는 이야기이다. 명분의 중요성에 눈뜨고, 이 일을 추동하는 열정을 점화시킨 경험을 말로 그림을 그리듯 설명하자. 최대한 명료하고, 구체적이고, 생생해야 한다. 역설적이지만 사실이다. 이야기가 더 깊고, 개인적이고, 진정성이 있으면서도 독특하게 개별적일수록 청자의 가슴에 강하게 연결될 확률이 더 크다.
- 우리에 관한 스토리. 이는 기관의 독특한 힘과 역량을 이야기하

는 것이 자연스럽고 적절할 때 할 수 있는 이야기이다. 선택한 사명을 위해 우리 팀이 특히 적합한 이유와 파트너들이 일을 지속하고 확대하기를 원하는 이유를 밝히면서 우리의 스토리를 설명할 수 있다. 우리라는 특별한 동그라미 안의 모든 사람이 공통으로 품은 것과 각각의 개인이 프로젝트에 기여하는 바를 탐구하자. 모금가는 '이 비전을 위해 독특한 역할을 발휘할 수 있을 것'이라는 느낌을 잠재적 기부자에게 심는 것이 이상적이다.

- 지금에 관한 스토리. 이 일에 성공하면 세상이 어떻게 좋아질지 설명하자. 다시 말해, 이 일을 통해 개별적인 삶이 어떻게 변화할지 구체적인 사례를 보여 주자. 그다지 논리적이지는 않지만, 대부분의 사람들은 특정한 프로그램 덕분에 수천 명 또는 수백만 명이 이득을 볼 것이라는 통계보다, 한 사람에 관한 이야기를 훨씬 더 강렬하게 받아들인다. 또, 원하는 변화에 관한 비전으로 청중을 흥분시켰다면, 실체가 있는 구체적인 행동(금전적 기부든 다른 어떤 기여든)으로 합류하라고 그들을 불러들임으로써 관계를 시작할 수 있다. 이것을 오늘 당장 하자.

여기서 '지금에 관한 스토리'와 관련된 중요한 경고 하나는 많은 비영리기관이 즉각적인 대응을 요구하는 끔찍한 상황, 즉 파괴적인 쓰나미, 창궐하는 전염병, 수십만 명의 난민을 발생시킨 전쟁을 지목함으로써 행동을 부추기려 한다는 점이다. 이런 종류의 '지금' 호소는 긴급 상황에서 발생한 수백만 건의 기부가 실증하듯이 효과를 발휘할 수 있다. 하지만 외부적 긴급성에 의존하는 것은 장기적 동기를 일으킬 수는 없다. 전 지구 차원의 실시간 통신이 가능한 세계의 어딘가에는 진행 중인 재앙이 언제나 있음을 모두 알고 있다. 그 결과, '연민 피로'가 자리 잡는다. 우리는 TV 화면에 비치는 고통스러운 영상에 익숙해지고, 결국 TV를 꺼버린다. 더욱이, '지금에 관한 스토리'에 절망의 느낌—"우리가 당장 행동하지 않으면 세상이 종말을 맞을 것이다!"—을 불어넣으면, 사람들의 참여의욕이 곤두박질친다. 생각해 보면 우리 모두는 우울과 패배주의보다는 희망과 가능성에 끌린다.

그러므로 잠재하는 긍정적 가능성에 초점을 맞추도록 노력하자. 해결하려는 문제가 지금 행동하면 장기적인 효과를 기대할 수 있는 결정적 타이밍(tipping point)에 놓여 있다면 그렇다고 말하자! 새로운 접근법을 개척하고 있고, 그 방법이 절실하게 요구되는 돌파구를 만들어낼 수 있다면, 설명하자! 이런 스토리에는 청자의 마음에서 희망적인 긴박감을 끌어낼 가능성이 있다. 이런 스토리는 외부에서 강요되고 걱정으로 가득한 스토리보다 훨씬 더 효과적이다.

적절한 언어 선택하기

'요청'을 할 때 정확한 단어를 사용하는 것은 그 결과에 큰 영향을 미칠 수 있다.

젊은 모금가 시절, 제니퍼는 재정적 기부를 요청할 때 "X달러의 기부를 고려해 주실 수 있겠습니까?"와 같은 말을 사용하는 것이 효과적이라고 배웠다. 세월이 흐르고, 제니퍼의 접근법의 초점이 판매에서 파트너관계로 변하면서, 그녀는 이런 문장이 적절하지 않다는 것을 알게 되었다. 그녀는 이제 이렇게 말한다. "저희는 선생님께서 X달러의 기부를 고려해 주시기를 바랍니다."

"고려해 주시겠습니까?"에서 "고려해 주시기 바랍니다"로의 변화는 별것 아닌 것처럼 보일지 모른다. 하지만 언어의 미묘한 변화에서 이전에는 없었던 자신감과 권위가 생겨난다. 제니퍼는 잠재적 파트너에게 질문(어느 쪽을 선호하든 그는 여기에 '예' 또는 '아니오'라고 대답할 수 있다)을 던지기보다 그녀가 원하는 것을 주장한다(그리고 잠재적 파트너에게 적절하게 반응하라고 은연중에 요구한다).

비슷한 이유에서, "저는 이 프로젝트와 관련하여 당신이 우리를 도울 수 있기를 바랍니다"와 같은 문장에서처럼, 요청하는 것을 정의할 때 돕다(help)라는 단어를 사용하지 않기를 권한다. 그러한 문장은 기관과 모금가를 궁하고 약하며 불안한 것, 한 단계 위에 있는 것 같은 기부자에 비해 한 단계 아래에 있는 것으로 미묘하게 정의한다. 제니퍼의 학생 한 명이 대안적인 문구를 사용해 다음과 같이 훨씬 나은 메시지를 보냈다. "저는 이 프로젝트를 위해 당신과 함께 일하기를 원합니다." 이 문장에서 사용된 언어는 기관과 기부자가 파트너이며, 공동의 명분을 위해 노력을 함께한다는 것을 내포한다. 이는 훨씬 더 호소력 있고 정확한 묘사다.

또한 돈을 요청할 때는 범위가 아닌 정확한 액수를 요청하자. 기부자는 어떤 금액이든 자유롭게 기부할 수 있으므로 구체적인 액수를 담은 요청은 강요가 아니다. 하지만 확실한 액수를 요청하는 것은 범위를 제시하는 것보다 더 적극적이며 덜 망설이는 것이다. 그리고 우리의 경험상 이는 대체로 더 큰 헌신으로 이어진다.

끝으로, 가장 어려운 조언이 되겠지만, '요청'을 하고 나면 **침묵하자.** 잠재적 기부자가 권유를 받아들이고, 그 의미에 관해 생각하며, 그것이 미칠 잠재적 영향을 진지하게 검토하도록 내버려 두자. 쓸데없는 잡담이나 더 나쁘게는 반쯤 사과하는 식의 물러나기("물론 그런 기부를 당신이 편하게 생각하지 않는다는 점도 이해합니다.")로 침묵을 깨고 싶은, 저항하기 힘든 충동을 느낄 수도 있다. 그런 식의 충동에 굴복하지 말자. 그보다는 그냥 침묵하자.

당신은 진지하게 받아들여질 가치가 있는 중요한 요청을 했다. 그러니 너그럽게 귀 기울이고, 그 요청이 꽃필 수 있도록 약간의 여지를 남겨 두자.

사려 깊게 잠시 멈추었다면, 잠재적 기부자의 반응에 기분 좋게 놀랄 수 있을 것이다.

'노'라는 대답이 나올 때

'요청'의 모든 단계에 사려 깊고 효과적으로 접근하더라도 결과를 최종적으로 통제하는 것은 당신이 아니다. 대답이 '노'일 때도 많다. 이는 물론 실망스럽다. 하지만 중요한 것은 '노'에 반응하는 방식이다.

흔히 나타나는 반응은 거북이처럼 껍질 속으로 움츠리는 것이다. 이해는 된다. 거절은 아프다. 그리고 그 결정이 개인적 일이 아님을 알면서도 개인적으로 받아들이지 않기는 어렵다. "뭔가 잘못한 것은 없을까, 잠재적 기부자의 신경을 거스른 부적절하거나 공격적인 말을 한 것은 아닐까"하고 생각할지도 모른다. 희망이 없는 명분에 시간과 에너지를 '낭비한' 것이 낭패스럽거나 굴욕감을 느낄 수도 있다. 비영리기관 모금가나 관리자로서 자신이 과연 성공할 수 있을지 의문을 품기 시작할 수도 있다. 심지어 지존감이 크게 흔들릴 수도 있다.

이런 반응은 자연스럽다. 그런데 대단히 비생산적이다. 지금은 다친 감정에 에너지를 낭비할 때가 아니다. 거절의 원인을 찾고, 만약 있다면 그것을 바꾸기 위해 할 수 있는 것을 찾아내야 한다.

강력한 후속 질문 4가지

잠재적 파트너가 '노'라고 말하는(아니면 "좀 더 생각해 봐야겠다", 즉 '노'를 약간 돌려서 표현한 것) 이유로는 대체로 4가지가 있다.[3] 그중 어떤 이유가 특정한 사례에 적용되는지 판단할 때는 4가지 후속 질문을 사용할 수 있다. 4가지 질문의 목적은 '노'의 배후에 있는 진짜 이슈를 이해하는 것이다. 이를 통해 잠재적 파트너에게 진실하고 의미 있고 유용한 방식으로 반응할 수 있을 것이다.

후속 질문 #1. "당신이 우리 기관을 좋아하고 우리의 일을 높이 평가하는 것처럼 보입니다. 맞습니까?" 대부분의 잠재적 기부자는 이 질문에 '그렇다'라고 대답할 것이다. 본능을 사용하여 그 대답의 깊이와 진실성을 측정해 보자. 만약 그 대답이 뜨뜻미지근하고 건성건성이거나 진실하지 못하다고 감지하면, 그 느낌을 시험하기 위한 후속 질문을 덧붙이자. 예컨대, "우리 기관이 당신의 욕구와 관심에 잘 맞지 않을 수 있다고 생각하십니까?"라고 물어볼 수 있다. 만약 잠재적 파트너가 곰곰이 생각한 끝에 기관에서 성취감을 얻을 수 있는 역할을 찾지 못하겠다고 결론 내렸다면, 대화를 다른 주제로, 즉 서로 연결될 수 있고, 각자에게 더 이로운 다른 방법이 있는지 찾아보기로 옮기는

---

[3] '노'라고 말하는 것에 대한 이 4단계 분석은 《커다란 선물》(*Mega Gift*, 2003), 《요청》(*Asking*, 2009) 등 모금에 관한 책을 다수 저술한 제롤드 파나스의 연구에 부분적으로 기초한다.

것이 최선이다.

후속 질문 #2. "우리는 X 프로젝트와 이를 현실로 만들기 위해 필요한 지원에 관해 이야기하고 있습니다. 그 프로젝트에 대해 더 알고 싶으신 것이 있습니까?" 만약 잠재적 파트너가 진지한 관심을 기울이고 기관을 높이 평가한다면, 소개하려 했던 구체적인 프로젝트나 프로그램을 명료하게 밝히지 않은 것이 문제였을 수 있다. 이럴 경우, 그가 기부의 잠재적 영향력과 긴급함을 잘 몰랐을 수 있다. 그렇다고 느꼈다면, 무엇이 불명확하거나 설득력이 없었는지 직설적으로 물어보자. 명심하자. 자선은 학습되는 행동이며, 모금가는 교사, 멘토, 인도자의 역할을 한다. 기부자가 결정을 숙고하는 데 시간과 정보가 더 필요하다면 괜찮다. 충동적인 파트너보다는 생각이 깊은 파트너가 낫다. 하지만 두 사람이 알고 있는 정보의 차이가 영구적인 장애물이 되도록 방치하지 말자. 잠재적 기부자의 어떤 질문이나 반대의견에도 사려 깊게 귀를 기울이고, 기부를 성사시키는 쪽으로 함께 노력하자.

후속 질문 #3. "제가 권해 드린 기부 액수가 적당합니까?" 만약 이것이 문제라면, 해결은 상대적으로 쉬울 수 있다. 그다지 친밀한 사이도 아니면서 공격적으로 나온다고 느끼지만 않는다면, 모금가가 지나친 액수를 요청하면 사람들은 흔히 자신을 추켜세우는 것이라고 생각한다. 그럴 경우 전술적으로 후퇴하여, 필요하면 사과하고, 기부자에게 더 적절한 액수를 직설적으로 요청하자. 물론, 기부자가 재정적 기부는 어떤 식으로든 문제가 있겠다고 이야기하면(또는 당신이 그렇게 파악하면), 더 적절하고도 똑같이 중요한 비재정적 기부로 대화를 쉽게 전환할 수 있다.

후속 질문 #4. "재정적 기부의 타이밍이 문제입니까? 만약 그렇다면, X년에 걸쳐 분할하면 어떻겠습니까? 아니면 첫 지불을 X까지 미루면 어떨까요? 당신에게 맞는 일정관리 전략을 찾아보고 싶습니다." 망설이는 이유가 타이밍일 때는 제시된 액수와 연관이 있을 수 있다. 이는 매우 흔한 일로서, 기부자는 요청받은 기부를 하고 싶지만, 전액을 현금으로 마련하기는 어렵다고 생각한다. 이때 계획 기부(planned giving)가 역할을 발휘할 수 있다. 계획 기부는 파트너가 다양한 방식으로 자선 목표에 도달하도록 돕는다. 예컨대 이렇게 물어볼 수 있다. "당신은 여러 해에 걸쳐 기부할 수도 있다는 사실을 알고 계십니까? 또는 현금뿐만 아니라 증권으로도 기부할 수 있다는 사실을 알고 계십니까? 여러 해 동안 X 프로젝트의 운영비를 기부하고, 유언을 남겨 그 기부를 영구적인 것으로 할 수 있다는 사실을 알고 계셨습니까?" 가능한 기부의 방법은 여러 가지가 있으며, 각각의 방법은 재정, 법률, 세금에 특정한 영향을 받는다. 기부자들이 알 필요가 있다면 무엇이든 가르쳐 줄 수 있도록 그러한 방법들을 숙지하자.

요점은 '노'에 과잉반응하지 않는 것이다. 대부분의 경우 '노'는 관계의 끝이 아니라 새로운 대화 단계의 시작이다.

생각거리

♦ ♦ ♦

- '요청'이 걱정의 근원인가? 만약 그렇다면, '요청'에 관해 30분 동안 생각과 느낌을 자유롭게 적어 보자. 요청이 유발하는 기억, 연상, 감정, 추정, 생각, 반응, 믿음 등…. 다음번에 잠재적 기부자와 계획된 중요한 대화를 할 때는 자신에게 "아, 이런 생각과 기분이 또 드네"라고 말한 다음, 그러한 생각과 느낌에 통제되기보다 이를 관찰하고 지나가게 내버려 둘 수 있을 것이다.

- 돈 이외에 어떤 것을 잠재적 파트너에게 요청해 보았는가? 연락처, 아이디어, 기술적 역량, 현물기부 등이 가능할 것이다. 일회성 재정 거래가 아니라 깊고 오래가는 관계를 이끌기 위하여 '요청'을 조정해 본 적이 있는가?

- 삶에서 '요청'과 관련하여 성공적이지 않았거나 불만족스러웠던 경험을 이야기로 써보자. 그리고 하루를 기다리자. 그런 다음 성공적이었고 보람 있었던 경험을 두 번째 이야기로 써보자. 두 문서를 며칠 간 덮어 두고 감정적 반응을 수그러들게 하자. 이후 두 이야기를 비교하면서 읽어 보자. 어떤 유사점과 차이점이 있는가? 자신의 선택이 어떻게 그토록 다양한 결

과로 이어졌는지 분명히 밝힐 수 있는가? 이 비교분석에서 다음 '요청' 준비에 유용하게 참고할 교훈을 찾아낼 수 있는가?

- 요청을 했다가 '노'라는 답변을 들은 최근 사례를 돌이켜 보자. '예스'를 방해한 장애물을 파악할 수 있는가? 이 질문의 대답에 따라, 그 잠재적 파트너와 다시 대화하고 모두에게 더 보람 있는 결과를 찾고 싶어질 수도 있다.

Chapter 8

제퍼슨 만찬과
공동체를 구축하는 여러 가지 방법

확실히 재미없는 사람들만 질문과 대답으로
이루어진 대화 속으로 들어갔다. 진정한 대화의 기술은
마음의 놀이 (*play of mind*) 에 있다.
— 베드 메흐타, 《사랑을 위한 모든 것》(*All for Love*)

지금까지 우리는 결코 순탄하지만은 않은 '요청' ─ 파트너가 될 준비
가 된 사람에게 최초로 하는 헌신 요청 ─ 의 바다를 항해하는 방법을
살펴보았다. 잠재적 파트너와 처음으로 관계를 맺는 방법 또한 이야
기했다. 지금부터는 중요한 명분과 사람들을 연결하기 위해 우리가
개발한 방법을 소개하겠다. 이 중 '제퍼슨 만찬'(Jeffersonian Dinners)
은 가장 강력하고 보편적인 방법이다.[1]

제퍼슨 만찬은 명분에 초점을 맞춘 새로운 공동체를 만드는 좋은 방

---

[1] 제퍼슨 만찬의 개념을 신속하게 소개받고 싶은 사람은 이 주제를 다룬 제프 워크
의 TED 강의를 들으면 된다. www.youtube.com/watch?v=HuAT0YHQz94

법이 될 수 있다. 이는 또한 기존 공동체와 연결된 개인들의 네트워크를 확장하는 데 도움을 준다. 그리고 돈이 제퍼슨 만찬의 핵심은 아니지만, 결과적으로는 연례 자선행사 같은 전통적인 모금행사보다 훨씬 더 많은 자원을 이끌어 낼 수 있다.

그렇다면 제퍼슨 만찬이란 무엇인가? 이 개념을 이해하기 위해 타임머신을 타고 시간을 거슬러 올라가 보자.

토마스 제퍼슨 ― 대통령, 과학자, 농부, 감정가이자 미국 독립선언문 작성자 ― 의 우아한 버지니아 저택 몬티첼로에서 1819년에 열린 만찬에 초대받았다고 상상해 보자. 그의 식탁에서 시대를 주도한 사람들, 즉 정치, 문학, 예술, 과학, 신학, 역사, 풍습, 예절에 밝은 사람들과 마주할 것이다. 제퍼슨은 이들을 활기찬 저녁시간을 함께 보낼 수 있는 흥미롭고 유쾌한 사람들이라 생각하고 초대했다. 이 같은 저녁은 제퍼슨과 손님들 모두에게 더없는 배움의 기회였다. 손님들은 모두 참여하는 시민으로서, 빠르게 성장하는 젊은 국가의 운명을 만들고 발전을 촉진할 다양한 아이디어를 나누고 토론했다.

제프는 '토마스 제퍼슨 재단'의 이사장으로 일하는 동안, 몬티첼로에서 이런 방식의 만찬을 여러 번 주최했다. 이를 시작으로 이어진 제퍼슨 만찬은 사람들을 연결하고 여러 가지 주제를 논의하는 기회가 되었다. 그 결과, 여러 중요한 명분을 중심으로 활기찬 네트워크와 열정적인 관계가 만들어졌다.

의도가 있는 만찬회

제퍼슨 만찬에는 대략 12명이 참석한다. 참석자 중에는 서로 아는 사람도 있고 그렇지 않은 사람도 있다. 참석자들은 일반 가정이나 다른 조용한 장소에 모여 음식과 함께 목적이 있는 대화를 나누며 저녁시간을 보낸다. 만찬은 흔히 특정한 비영리기관의 후원하에 마련된다. 그리고 그 기관과 어느 정도 연관된 한 명 이상의 사람이 직원, 이사, 기부자, 또는 파트너 자격으로 만찬에 참석한다. 하지만 만찬을 주관하는 이는 대개 비영리기관과 직접적인 관계가 없는 사람 — 예컨대, 괜찮은 식당에서 접대할 용의가 있는 친구의 친구 — 이다.

참석자들은 대체로 그 기관과 연고가 없으나, 기관의 사명에 관심이 있을 것으로 보여 초대되는데, 이와 관련된 다른 명분을 지지한 적이 있거나 관련 업무에 대한 재미있는 대화를 이끌 수 있는 배경지식과 인맥이 있는 사람들이다. 예를 들어 교육개혁에 헌신하는 비영리기관이 주관하는 만찬의 손님은 지역 대학의 교육학 교수, 경력이 오랜 고등학교 교사, 교육 동영상 프로듀서, 지역 학교 이사회에 참여하고 있는 학부모, 지역 신문의 교육담당 기자, 인근 차터스쿨(*charter school*)[2] 설립자 등을 포함할 수 있다. 만찬에 포컬 포인트(*focal point*)[3]

---

[2] 〔옮긴이 주〕 공적 자금을 받아 교사, 부모, 지역 단체 등이 설립한 학교.
[3] 〔옮긴이 주〕 자신의 행동에 대한 상대방의 기대와 상대방의 행동에 대한 자신의 기대가 한 점에서 수렴하기 위한 단서가 되는 것.

나 '스타'가 될 지배적인 개인이 있어서는 안 된다. 만찬 초대장에는 간략한 자기소개 요청이 포함된다. 이 자기소개는 만찬 하루나 이틀 전 참석자들에게 이메일로 발송된다. 그래서 참석자들 대부분이 처음 만나는 자리이지만, 파트너의 정체성과 관심사가 무엇인지는 대략 파악할 수 있다.

모금행사와 달리, 명분, 기관, 또는 사회문제에 대한 공식적 프레젠테이션은 없으며, 기부나 회원가입 권유도 없다. 제퍼슨 만찬의 목적은 참석자들이 공유하는 관심사나 주제를 둘러싸고 공동체 의식과 파트너관계를 구축하는 것이다(예상했듯이, 주제는 대체로 모임을 주최한 비영리기관의 업무와 연관이 있다).

만찬에서 가장 중요한 것은 모든 참석자가 하나의 대화에 쉽게 참여할 수 있는 환경을 조성하는 것이다. 전형적인 만찬과 달리, 어느 한쪽의 파트너와 일대일 대화를 나누는 것은 권장되지 않는다. 대신, 토마스 제퍼슨이 직접 정했던 것처럼 모든 발언은 전체 집단을 대상으로 삼아야 한다. 다음은 백악관에서 있었던 제퍼슨의 만찬에 대한 묘사로, 마가렛 베이어드 스미스가 저술한 《워싱턴 사교계의 첫 40년》 (*The First Forty Years of Washington Society*, 1806)에서 인용한 것이다.

통상적인 그의 만찬회에서 참석자 수가 그와 비서를 포함하여 14명이 넘는 일은 좀처럼 혹은 아예 없었다. 초대는 별 생각 없이, 또는 최근 들어 늘 그랬던 것처럼 알파벳 순서대로 이루어지는 것이 아니었다. 그의 손님은 취향, 버릇 등 모든 면에서 어울릴 만한 사람으로 선정되었다.

그러한 주의 깊은 태도는 그의 파티를 여느 만찬회보다 더 기분 좋은 것으로 만드는 데 놀라운 효력을 발휘했다. 인원수를 제한하자 대형 파티에서 거의 피할 수 없는 관습인, 참석자들이 소규모로 모여 개별적 대화를 나누는 것이 불가능해졌다. 제퍼슨 대통령의 식탁에서 대화는 모두에게 열려 있었다. 손님들은 모두 논의 중인 어떤 주제에도 즐거워했고 관심을 보였다.

제퍼슨 만찬에서는 대화를 시작하기 위해, 그날 만찬의 주제와 관련이 있는 개인적인 느낌, 이야기 및 경험을 끌어낼 수 있는 사전 질문을 제시한다. 다음 예시를 살펴보자.

- 삶을 바꾸는 자선의 잠재력에 초점을 맞추는 만찬: "진정한 변화로 이어졌던 기부 경험을 소개해 주세요."
- 교육개혁에 관한 만찬: "가장 좋아했던 선생님은 누구입니까?"
- 새 영화센터 건립계획과 관련된 만찬: "죄의식을 느끼면서도 가장 즐겨 보는 영화는 어떤 것입니까? 그 이유는 무엇인가요?"
- 기술과 관련된 만찬: "지난 10년 사이 어떤 기술혁신이 삶을 가장 많이 바꾸었을까요?"
- 뉴올리언스의 학생들에게 음악을 선물하는 일에 대한 만찬: "첫 번째로 소유한 음반은 무엇인가?"
- 공동 자선활동에 관한 만찬: "다른 사람들과 공동으로 노력해 성공한 사례를 소개해 주세요."

- 비영리기관 리더십에 대한 만찬: "비영리기관 리더들에게 좋은 롤 모델이라고 생각하는 사람은 누구입니까? 그렇게 생각하는 이유는 무엇입니까?"

제퍼슨 만찬을 위해 적절한 첫 질문을 만들기 위해 공을 들이는 것은 중요하다. 그 질문은 이야기(평범한 의견, 이론적 토론, 또는 언론에서 끌어온 사례들이 아니라)를 이끌어 낼 수 있도록 설계되어야만 한다. '예'나 '아니오'로 답변할 수 있는 질문은 피해야 한다. 대신 약 2분 정도로 이야기할 수 있도록 해야 한다. 질문의 목적은 만찬의 주제와 손님들이 연결되고, 나아가 손님들이 서로 연결될 가능성을 높이는 것이다.

예컨대, 미술전문 대학의 후원자들이 주관한 제퍼슨 만찬에서 제시되었던, 그러나 지나치게 지적이어서 적절하지 못했던 질문이 있다. "삶에 영향을 미친 디자인 아이디어는 무엇입니까?" 평범한 사람(미술계에 전문적으로 관여하지 않는 사람)에게 '디자인 아이디어'라는 개념은 너무 추상적이고 어려워서 일상생활과 자연스럽게 연결할 수 없다. 더 효과적인 질문은 "마음을 변화시켰거나 무언가에 눈뜨게 한 미술작품에 대해 말씀해 주세요" 정도일 것이다. 거의 모든 사람에게 그 사람의 인식을 바꾼 그림, 조각품, 건축물, 또는 기타 미술작품에 대한 경험이 있다. 따라서 이 질문은 그런 마주침에 대한 개인적 스토리를 이끌어 낼 수 있다.

각각의 참석자가 주제 질문에 대답한 이후에는 공개 대화가 이어진다. 이는 사회자에 의해 부드럽게 진행되는데, 그의 목적은 참석자들의 에너지를 소통시키고, 그들이 만찬의 이슈와 관련된 일을 함께할 수 있는 방법을 검토하게 하는 것이다. 적당한 시점이 되면 사회자가 후속 질문을 제시한다. 이는 참석자들과 만찬을 주최한 비영리기관 사이의 직접적인 연결이 생길 수 있는 최초의 시간이다. 예컨대, 제프가 '밀레니엄 약속'의 업무와 관련된 제퍼슨 만찬을 주재할 때, 그는 종종 다음과 같은 후속 질문을 한다. "이 시대에 우리가 빈곤을 종식시킬 수 있다고 생각하십니까? 있다면 왜, 없다면 또 왜 그렇게 생각하십니까?", "만약 우리가 전 세계적으로 공동체 보건담당자 100만 명과 함께한다면 어떤 일이 일어날 것이라고 생각하십니까?"

제퍼슨 만찬에서 사회를 보는 것은 그 자체가 하나의 예술이다. 후속 질문의 정확한 성격은 만찬의 구체적 목적에 따라 다양하다(이에 대해서는 다음 절에서 다루겠다). 효과적인 접근법 하나는 마샬 간츠의 '공공의 내러티브'를 따라 사회자가 참석자들을 부드럽게 인도하는 것이다. 즉, 각 참석자가 만찬의 주제와 관련된 개인적 경험('자신에 관한 스토리')을 하나 이상 소개한 후, 사회자가 그 경험이 전체 집단의 관심사('우리에 관한 스토리')와 이 만찬을 후원한 비영리기관의 업무('지금에 관한 스토리')에 어떻게 연결되는지 물어볼 수 있다. 이는 이미 효과가 검증된 구조이다!

끝으로 만찬을 마무리하면서, 모든 참석자는 오늘의 논의 이후의 행동에 대해 질문을 받는다. 특정한 방식으로 대답해야 한다는 압력 같은 것은 전혀 없다(그리고 비영리기관을 지원하는 기부나 기부서약을 이끌어 내겠다는 의도도 분명히 없다). "우리가 논의한 주제들을 더 알아보고 생각해 보려 합니다"와 같은 간단한 대답이 나올 수도 있다. 또 다른 참석자는 저녁 대화를 통해 생긴 명분에 헌신하려는 뜻에서 "오늘 저녁 처음 만난 수전에게 전화를 걸어 그녀의 업무를 파악하고, 우리 회사가 지원할 수 있을지 알아보겠습니다"라고 할 수도 있다. 그리고 그렇게 이어지는 약속은 종종 새롭고 중요한 자선활동을 포함한다. 가장 소박한 것부터 가장 야심만만한 것까지 모든 대답은 전적으로 수용될 수 있다.

우리가 주관했거나 소식을 전해들은 모든 제퍼슨 만찬은 이 행사가 아니었다면 탐색과 개발에 몇 달 또는 몇 년이 걸릴 수도 있었을 장기적 이득과 더불어, 다수의 비공식 관계, 인적 네트워크 형성 기회, 만찬 참석자들 사이의 후속 대화를 만들어 냈다.

왜 제퍼슨 만찬을 여는가?

제퍼슨 만찬은 모금행사가 아니다. 어떤 권유나 발표회도 없으며, 수표나 기부서약도 없다. 그렇다면, 왜 갈수록 많은 비영리기관이 공동체 만들기 프로그램의 일환으로 제퍼슨 만찬을 선택할까?

제퍼슨 만찬은 여러 가지 중요한 목표를 달성하는 데 도움이 된다.

- 제퍼슨 만찬은 새로운 협력자를 만든다. 만찬 참석자 명단은 기관

에 낯선 사람을 다수 포함해야 한다. 만찬의 특이한 성격 덕에 참석자들에게 기관은 협력, 피드백, 공동체 만들기의 중심이 되는 곳으로 각인될 수 있다.

- 제퍼슨 만찬은 아이디어를 창출하고 전파하는 데 도움이 된다. 제퍼슨 만찬의 대화에서는 중요한 주제에 대한 새로운 아이디어가 제시되곤 한다. 무작위로 조합된 참석자들의 특성이 만나 새로운 의제로 이어질 수 있는 신선한 통찰을 일으킬 가능성이 높아지기 때문이다. "당신이 방금 한 이야기는 우리가 공동체에서 했던 논의를 떠올리게 합니다. 두 아이디어를 통합하면 어떻게 될까요?"

- 제퍼슨 만찬은 참석자의 네트워크를 확장한다. 우리가 경험한 모든 제퍼슨 만찬은 사람들 사이의 가치 있고 새로운 관계로 이어졌다. 참석자가 이렇게 말할 때마다 나는 그에게 상이라도 주고 싶다. "그와 말할 기회가 생긴 것이 정말 좋았습니다. 우리는 비슷한 관심사가 참 많습니다. 우리가 왜 이제야 만났나 싶습니다!"

- 제퍼슨 만찬은 기관에 대한 지식과 관심을 확산시킨다. 기관의 업무를 주제로 제퍼슨 만찬을 조직함으로써 기관은 생각의 리더로서 자리매김할 수 있다. 또한 그 주제에 대한 기관의 영향력이 크게 높아지고, 기관의 관계자들은 관련 이슈가 언급될 때마다 찾아가서 물어봐야 하는 전문가가 될 것이다.

갓 출범한 기관들은 제퍼슨 만찬을 통해 파트너를 모집하고, 정책 문제의 해법을 난상토론하며, 동종업계 사람들에게 기관의 팀에 관한 소식을 알린다. 확실히 자리를 잡은 기관들은 옛 친구들과 연락을 유지하고, 새로운 친구들을 만나고, 잠재적인 새 프로그램이나 기관의 방향 변화에 대한 피드백과 조언을 얻고자 제퍼슨 만찬을 활용한다. 고액 모금계획이나 프로그램을 막 시작하려는 기관들은 공동체를 활성화하고 그들의 새로운 계획을 알리기 위해 제퍼슨 만찬을 기획한다.

가장 중요한 것은 제퍼슨 만찬이 재미있다는 것이다. 참석자들은 목적 없는 일반적인 디너파티(사소한 이야기와 잡담이 지배하는)나 전통적인 모금행사(진실하고 제약이 없는 대화보다는 연사들이 청중을 상대로 하는 이야기가 주를 이루는)와 달리 제퍼슨 만찬이 긍정적인 자극을 주고, 좋은 생각을 떠올리게 하며, 참여의 여지가 많다고 느낀다. 연례 모금행사의 절차와 비용에 지친 비영리기관 파트너들에게 제퍼슨 만찬의 자유로움, 개방성, 친밀성은 매우 신선하게 느껴질 것이다. 그리고 제퍼슨 만찬을 준비하는 일은 화려한 출연진을 자랑하는 모금행사의 기획, 비용조달, 홍보, 준비 및 성사와는 달리 아주 간단하다. 대부분의 사람들은 비영리기관이 주최하는 통상적인 사교활동을 지루하고 피곤한 일로 생각한다. 그런 활동은 비영리기관 관리자와 모금가들까지 탈진시키기도 한다. 반면, 제퍼슨 만찬에 참석했던 사람들은 그 경험을 친구들에게 말하고 싶어 한다. 그들은 두 번째 초대장이 도착하면 가슴 설레어하며, 많은 이들이 제퍼슨 만찬을 주최하는 것에도 흥미를 갖게 된다. 제퍼슨 만찬은 탈진이 아니라 활기를 만들어 낸다.

제퍼슨 만찬을 주최하는 법

1단계: 기획 (4주 전에 시작)

- 공동 관심사 (예컨대, 음악과 아이들, 교육개혁, 여성의 건강관리)를 지닌 사람 8~15명을 초대한다.
- 서로 아는 사람들 일부와 그렇지 않은 사람들 일부를 섞어서 초대하는 것이 최상이다.
- '거물급 인사' — 권력이나 카리스마로 만찬 자리를 휘어잡을 가능성이 있는 유명인, 힘 있는 기업인, 또는 정치 리더 — 를 초대하는 것을 피한다. 모든 만찬 참석자가 누구나 거리낌 없이 기여할 수 있어야 한다.
- 만약 만찬이 어느 비영리기관에 대한 지식이나 관심의 확산과 같이 어떤 목적에 초점을 맞추는 것이라면, 해당 단체의 CEO와 협의하여 만찬 참석자들의 관심을 끌 수 있도록 중심 주제를 다듬는다.
- 가능하면 주택이나 식당의 별실같이 대화를 편안하게 나눌 수 있는 조용한 장소를 선택한다.
- 만찬 주제에 관련된 첫 질문을 제시하고, 식탁에 앉은 모든 사람에게 개인적 이야기(예를 들면, "가장 좋아했던 선생님은 누구입니까?")를 통해 답변하도록 권장한다.
- 만찬에 참석하는 모든 사람에게서 100~150자 정도의 간략한 자기소개서를 받는다.
- 사람들이 대화를 준비할 수 있도록 첫 질문과 자기소개서를 미리 발송한다.
- 만찬 사회자는 성격이 밝으면서도 대화를 진전시키고 논의를 자극할 수 있는 사람으로 선정한다.

2단계: 만찬 중

- 오후 7시: 착석하기 전 칵테일과 가벼운 대화.

- 오후 7시 30분 : 사회자가 기본원칙을 설명하면서 만찬 시작.

  가장 중요한 것 : 대화가 전체 좌중을 포함하므로 옆 사람에게 이야기하기는 금지된다.

- 첫 질문에 대한 대답을 각 참석자에게 요청한다.
- 사회자가 첫 질문에 대한 답변과 이어지는 질문을 제시한다. 후속 질문은 주제와 관련이 있고, 참석자들이 해결책을 논의해 볼 수 있는 문제를 제시할 수 있다. 질문은 "어떻게 하면 교사 이직을 줄일 수 있을까요?"와 같이 비영리 업무에 직접 연관된 것일 수도 있다.
- 논의 시작! 사회자는 대화의 중심을 계속 유지하고, 곁가지 논의가 돌출하는 것을 방지하며, 한두 사람이 좌중을 휘어잡지 못하도록 해야 한다.
- 오후 9시 15분 : 사회자가 각 참석자에게 오늘의 논의 중에서 계속 이어서 발전시키고 싶거나 누군가와 함께 일해 보고 싶다고 느낀 것, 혹은 그냥 더 생각해 보고 싶은 아이디어가 있는지 말해 달라고 요청한다.
- 오후 9시 30분 : 만찬 종료. 대개 편안한 일대일 대화가 이어진다.

3단계 : 만찬 이후 (2주 이내)

- 사회자 또는 비영리기관 CEO가 만찬 참석자 연락처와 만찬 종료 시 종합한 후속 요점을 담은 메모를 발송한다.
- 그 뒤로 몇 주에 걸쳐 원하는 사람들을 서로, 또는 비영리기관과 연결하는 것을 돕는다. 비영리기관 리더들은 이후의 행동에 관심을 보이는 만찬 참석자들과 개별 만남을 이어갈 수도 있다.
- 만약 캠페인을 진행 중이라면, 또는 캠페인을 시작하는 단계라면, 만찬 참석자 가운데 가장 열성적인 몇 사람에게 제퍼슨 만찬을 주최하라고 권유하자.

예상치 않은 일이 발생할 때

제퍼슨 만찬의 가장 놀랄 만한 특징은 이것이 예상치 않은 결과를 만들어 내곤 한다는 것이다. 만찬이 계획대로 성공하지 못했을 때에도 생각지 못했던 일이 발생할 수 있다.

1991년, 사업가 맷 골드만은 옛 친구 크리스 윙크, 필 스탠턴과 힘을 합쳐 '블루맨 그룹'(Blue Man Group)으로 알려진 독특한 극단을 창설했다. 이 극단은 이후, 4개 대륙에 걸쳐 연극 및 디지털 미디어 사업을 하고, 7개 도시에서 상설 라이브 공연시설을 운영하며, 미국과 캐나다에서 상시적으로 연극 순회공연을 하고, 노르웨이 크루저 선박 '노르웨이의 서사시'(Norwegian Epic)에서 크게 인기 있는 쇼를 진행하는 다국적 미디어·오락 기업으로 성장했다.

긴 동업기간 내내 세 사람은 학습과 창의성과 공동체 사이의 상호 연결성에 매료되었다. 이러한 관심을 바탕으로 그들은 '블루스쿨'(Blue School)을 창설했다. 뉴욕시에 소재한 혁신적이고 실험적인 이 초등학교는 학습에서 개방성, 창의성, 즐거움을 중시하며, 교육, 신경과학, 인지 분야의 최신 연구결과에 기반을 둔 프로그램을 진행한다. "이는 우리와 아이들이 꿈꾸던 교육 프로그램입니다"라고 골드만은 말한다. "여기는 학생들이 배우고 성장하기에 가장 좋다고 느끼는 학교입니다."

제니퍼와 제프는 골드만과 친한 친구가 됐다. 골드만은 잘못되었거나, 또는 놀랄 정도로 잘된 제퍼슨 만찬에 관한 이야기를 들려주었다.

'블루스쿨'을 설립한 직후, 골드만과 그의 팀은 블루스쿨 운동을 강화하고, 확장하고, 활기를 불어넣을 수 있는 파트너들을 영입하고 싶었다. 특히 그들은 땅값이 엄청나게 비싼 뉴욕에서 '블루스쿨'이 학교 건물을 마련할 수 있는 방법을 찾고 있었다. 그들은 이런 목표의 달성을 도와줄 수 있는 협력자를 찾아 나서며, '교육의 변화'라는 주제를 내건 제퍼슨 만찬을 조직했다.

골드만은 회고한다. "안타깝게도 우리는 인원수를 적게 유지하라는 원칙을 지키지 못했습니다. 그래서 12명이 16명이 됐고, 16명이 20명으로 늘었지요. 그리고 우리가 만찬장 연주자로 친구 에릭 루이스―'ELEW'라는 무대 이름으로 연주하는 멋진 재즈 피아니스트―를 초대하자 20명이 40명으로, 또 40명이 75명으로 늘어났습니다. 도저히 감당이 되지 않았습니다. 말하자면 스테로이드 주사를 맞은 제퍼슨 만찬 꼴이 된 것이지요."

전통적인 형식이 흐트러졌는데도 골드만 일행은 제퍼슨 스타일의 회합을 추진했다. 사람들은 골드만과 그의 가족이 사는 아파트에 모였다. 모두가 가벼운 식사를 즐겼으며, 교육에 관한 이야기와 생각을 나누기 시작했다. 그리고 '블루스쿨' 관계자들이 그 프로그램의 혁신적 철학에 대해 잠깐 소개했다.

그런데 갑자기 큰 장애물 하나가 만찬장에 돌출했다. 그날 모임은 제퍼슨 만찬의 방식을 고수하며, 모금행사가 아니라고 분명히 못 박았는데도, 어느 열성적인 참석자 한 사람이 학습에 대한 '블루스쿨'의 혁신적인 접근법에 감동해 흥분한 나머지 소리를 질렀다. "그 학교에 기부하고 싶습니다. 2만 5천 달러를 서약합니다. 앞으로 5년에 걸쳐 매년 5천 달러씩 내겠습니다."

방 안이 갑자기 조용해졌다. 사람들이 서로를 힐끔힐끔 쳐다보면서 이 '자발적인' 제스처가 미리 짠 것은 아닌지 의아해했다. 참석자 중 한 사람이었던 제프 워커가 그 사람에 이어 발언에 나섰다. "골드만, 기왕 돈 이야기가 나왔으니 하는 말인데, '블루스쿨' 건물을 장만하려면 얼마를 모금해야 하지요?"

"글쎄요"라고 골드만이 대답했다. "하고 싶은 대로 다 하자면 1천만 ~1천 5백만 달러가 필요합니다."

방 안의 침묵이 깊어졌다. 그리고 교육개혁에 대한 대화가 재개되었지만, 분위기는 완전히 바뀌어 버렸다. 활발하고 자발적인 의견교환에 재정 문제 — 이는 골드만이나 '블루스쿨' 관계자들의 의도가 아니었다 — 라는 그늘이 드리워졌다.

이튿날 골드만은 동네 정보망을 통해 친구 한 사람이 만찬행사가 진행된 방식에 대해 매우 화를 내더라는 소식을 듣고 착잡해졌다. 그는 곧바로 화를 냈다는 친구에게 전화를 걸었다. 골드만은 "우리는 어젯밤 만찬이 모금행사로 바뀌는 것을 원치 않았습니다. 당신이 그런 인상을 받았다면 미안합니다"라고 말했다.

"이해해요"라고 그녀가 말했다. "하지만 제가 지금도 아주 혼란스럽다는 말은 해야겠네요. 만찬의 요지가 무엇이었습니까? 당신 학교에 필요한 것이 무엇입니까?"

"건물이지요."

"아, 그게 전부라고요? 왜 그렇게 말하지 않았습니까?"

골드만의 친구는 뉴욕 부동산 시장에서 저평가된 물건들을 조사하고 사들이는 외국인 사업가를 알고 있다고 설명했다.

"건물을 사서 세를 놓는 것이 그의 전문이지요. 그 사람 전화번호를 알려드릴게요."

골드만은 이어 그 외국인 사업가에게 전화를 걸었다. 그는 익명을 원했지만 '블루스쿨'의 부동산에 진심으로 관심을 보였다. 그는 뉴욕 도심의 건물 여러 개를 매입하기를 원했으며, 건물 한 채를 학교에 장기 임대한다는 아이디어를 마음에 들어 했다. 노련한 부동산 중개업자인 그는 사우스 스트리트 시포트 지구에서 유서 깊은 건물 한 채가 매물로 나왔다는 정보를 입수했다. 몇 달이 지나지 않아 '블루스쿨'은 새로운 학교 건물을 구해 재단장할 수 있게 되었고, 현재 이곳에서 200여 명의 아이들과 함께 행복하게 수업을 진행하고 있다.

이 이야기의 교훈은 무엇일까? 흥미로운 사람들이 제퍼슨 만찬에 모이면 어떤 종류의 돌파구가 생길지 아무도 모른다는 것이다. 심지어 만찬 그 자체가 통제에서 약간 벗어났을 때조차도 말이다!

깊은 관계로 나아가기

제퍼슨 만찬은 새로운 파트너를 영입할 때 이외에, 악단의 기존 단원들 사이의 관계를 증진시키는 훌륭한 방법이 될 수 있다. 예를 들어, 새로운 에너지나 분위기 전환이 필요한 이사회는 제퍼슨 만찬으로부터 이득을 얻을 수 있다.

명분에 깊이 관여하고 있지만 탈진하기 직전인 사람들이 제퍼스 만찬에 참여함으로써 활력을 회복하기도 한다. 예컨대 오랜 지인 조지는 자선가로서 경험이 많은 사람이다. 그는 세계적인 여러 기관에 기부하는 등 충만하고 의미 있는 삶을 살고 있었다. 사람들은 수많은 모금 만찬장의 헤드테이블에 앉아 있는 그를 볼 수 있었다. 그의 이름은 지역 교향악단과 오페라단의 프로그램 책자에 크게 적혀 있었으며, 여러 자선기관으로부터 '올해의 인물상'을 받았다. 하지만 최근 조지는 우리에게 놀라운 말, 즉 자선활동 과정에서 심각한 고립을 느낀다는 고백을 털어 놓았다.

이러한 고백에 우리는 충격을 받았다. 기부는 진정으로 즐거운 행동이어야 하지 않나? 기부자는 기부를 통해 동료들과 연결된다고 느껴야 하는 것 아닌가? 어떻게 이 현명하고 너그러운 남자가 기부행위에서 고립감을 느낄 수 있다는 말인가? 기부 후 자주 고립감을 느끼는 이유를 조지는 이렇게 설명했다. "기부는 사람들이 저를 걸어 다니는 수표책으로밖에 보지 않는 것이 아닌가 하는 의문을 품게 합니다." 그는 이어 이렇게 덧붙였다. "기부하면 행복하죠. 하지만 제게는 돈 말고도 줄 수 있는 것이 많이 있어요. 사람들이 그것을 모를 뿐입니다."

조지 이외에도 수많은 너그러운 지지자들이 이런 맥 빠지는 기분을 경험한다. 파트너 가운데 일부가 처음 사업에 참여했을 때의 설렘을 잃고 있음을 감지했다면, 그 불꽃을 되살릴 방법으로 제퍼슨 만찬을 여는 것을 고려해 보자.

우리는 조지에게 본인이 좋아하는 비영리기관의 몇몇 파트너들과 함께 제퍼슨 만찬을 주최하라고 권했다. 참석자는 사무총장, 핵심 직원, 몇몇 동료 자선가들, 기타 관련 있는 이해당사자 등이었다. 첫 질문으로 그는 기관, 기관의 업무, 기관의 사람들과 특별히 연결되어 있다고 느낀 순간에 대한 이야기를 각 참석자에게 요청했다.

어떻게 이 방법의 효과를 확신할 수 있었을까? 최근 우리는 '밀레니엄 약속'의 핵심 이사 및 선임직원들을 위해 이런 만찬을 열었다. 우리 모두는 '밀레니엄 마을'을 방문한 이야기를 공유했고, 그 경험을 통해 세상과 우리 사명의 영향력을 보는 방식이 어떻게 바뀌었는지를 논의했다.

그 만찬은 우리 삶에서 가장 강렬한 저녁식사였다. 파트너들과의 진정한 유대는 말할 것도 없고, 깊은 공동체 의식, 경험의 공유, 그리고 열정이 가득했다. 그날 만찬에서 공유한 따뜻함과 새로워진 헌신감 덕분에, 우리는 협력사업에 각자가 어떤 자원을 더 제공할 수 있을지에 대해 깊게 생각하게 되었다. 그날 저녁은 고독, 탈진, 좌절 등 우리가 느꼈을지 모르는 감정까지 치유하는 놀라운 만병통치약이었다. 그 결과, 방 안의 모든 사람들은 프로젝트의 사명을 위한 새로워진 정신의 불을 밝힐 수 있었다.

파트너 가운데 일부가 처음 사업에 참여했을 때의 설렘을 잃고 있음을 감지했다면, 그 불꽃을 되살릴 방법으로 제퍼슨 만찬을 여는 것을 고려해 보자.

연례 모금행사와 다른 공동체 만들기 모임을 최대한 활용하기

행사장에 가본 적이 있다면, 다음과 같은 상황을 잘 이해할 것이다. 행사를 위한 장소가 마련되고 멋진 음식이 준비된다. 수백 명의 사람들이 훌륭한 기관의 임무를 지원하고 축하하기 위해 한껏 차려입는다. 때로는 행사에서 진정한 배움과 감정과 통찰의 순간에 대해 이야기한다. 그런 순간은 설립자나 CEO가 명분을 향한 자신의 열정을 공유하는 연설, 비영리기관의 좋은 일 덕분에 혜택을 입은 어떤 사람의 감동적인 찬사, 세상을 바꾸기 위해 현재 추진 중인 사업을 생생하게 구현한 슬라이드 쇼나 영화 등으로 표현된다.

저녁행사의 마지막에 사회자가 모든 참석자에게 와주어서 고맙다는 인사를 하고, 화려한 팡파르와 함께 행사에서 모금된 총액을 발표한다. 군중은 환호하고 자신에게 갈채를 보낸다. 그러고는 다음 해를 기약하면서 헤어진다.

그렇다면 이날 우리가 이룬 것은 무엇일까?

아무 일도 일어나지 않은 것은 아니다. 모금된 돈은 좋은 일에 사용될 것이다. 하지만 그 외에 모금행사의 영향으로 발생할 수 있는 가치 있는 것은 거의 얻지 못했다. 결국 모금행사는 거대한 기회의 낭비가 될 뿐이다. 행사를 준비하는 데만 수천 시간이 소요되며, 엄청난 돈과 에너지가 쏟아 부어진다. 이 모든 것이 기껏해야 멋진 만남의 행사 ─ 그 내용과 의미가 며칠 안에 망각되는 즐겁고 행복한 한두 시간 ─ 를 위해 소모된다.

연례 모금행사가 열리고 난 다음 날 안도의 한숨을 내쉬는 비영리기관 관리자들이 많다. 그런데도 많은 기관이 굳이 연례 모금행사를 여는 이유는 그 행사가 연간 예산을 지탱하는 중요한 역할을 하기 때문이다. 그 행사를 연간 계획표에서 빼는 것은 불가능할지도 모른다. 더구나 기관이 개최하는 그 행사를 참석자 다수가 진정으로 즐기기도 한다. 우리가 모든 비영리기관에게 연례 모금행사를 당장 내다 버리라고 권하는 것은 아니다.

하지만 굳이 행사를 연다면, 그 행사가 단순히 거래적인 기부가 아니라 관계 맺기로서의 기부를 이끌어 내도록 할 필요가 있다. 너무 많은 행사에서 대부분의 참석자들이 마이크가 꺼지고 포도주 잔이 수거되는 순간, 행사의 내용을 잊어버린다. 제니퍼의 말처럼, 다수의 참석자들이 "대부분의 행사에 가면 팀의 일부라기보다는 단순한 구경꾼인 것 같은 기분"을 느낀다. 이래서는 안 된다. 우리는 모금행사를 파트너들과의 관계가 더 깊어지는 계기가 될 수 있도록 탈바꿈시켜야 한다.

뉴욕시의 빈곤층을 위한 프로그램에 지원하는 돈을 모금하는 '로빈후드재단'은 연례 모금행사를 효과적인 팀 만들기 활동으로 끌어올린 기관이다. 이 재단의 연례 모금행사에는 약 4천 명이 참석하는데, 이 행사를 통해 연간 예산의 약 3분의 1이 모금된다. 이 재단은 또한 많은 스타 공연자들과 그 스타들이 불러 모으는 참석자들에 힘입어, 뉴욕 사교계의 명사들을 위해 '서로의 모습을 보여 주는' 행사를 개최하는 데 아주 능하다. 예컨대, 2012년 5월의 만찬은 NBC의 브라이언 윌리엄스와 〈토요일 밤의 라이브〉(Saturday Night Live)의 세스 마이어스가 공동으로 주최했고, 뉴욕자이언츠의 쿼터백 일라이 매닝이 공동회장을 맡았고, 리한나가 음악공연을 했다.

뉴욕의 가장 성공한 월스트리트 금융가들이 설립한 '로빈후드재단' 은 확실히 대부분의 평범한 비영리기관보다 훨씬 많은 자원에 접근할 수 있다. (연례 모금행사의 테이블 하나에서 25만 달러가 쉽게 모이며, 해마다 4천만~7천만 달러가 그 행사를 통해 모금된다.) 하지만 이 재단의 사례에서 중요한 부분은 연례 모금행사가 기관의 영향력을 높이고, 기부자와 사명 사이의 연결고리를 강화할 수 있도록 지원하는 작은 행사를 배치하는 방식이다.

'로빈후드재단'에는 11월에 개최되는 '영웅조찬'이라는 행사가 있다. 이 행사에서는 모금을 하지 않으며, 재단 파트너들에게는 참가비도 받지 않는다. 행사의 목적은 극도의 역경을 극복한 세 명의 스토리를 발표함으로써 빈곤 문제의 해결에 두드러진 업적을 보인 기관 세 곳을 기념하는 것이다. 모두가 알다시피, 그런 이야기들은 다소 고통스럽다. 부모의 학대, 강간, 폭력, 차별, 박탈, 그리고 절망의 이야기가 이어진다. 그러한 삶을 살았던 사람들이 부유한 뉴욕 사람들 앞에서 가슴 아픈 내밀한 이야기와 '로빈후드재단'의 사업이 그들과 같은 수천 명의 사람들에게 어떤 도움을 주었는지를 말하기란 결코 쉬운 일이 아니다.

이 재단의 수석 부사장 라스 얀스는 이 조찬행사의 영향력을 이렇게 설명한다.

우리의 메시지는 자칫 소음으로 들리거나 의미를 잃어버릴 수 있습니다. 빈곤한 뉴욕 시민이 180만 명이나 있습니다. 뉴욕 시민 6명 중 1명은 무료급식소의 도움에 의존하지요. '로빈후드재단'이 10억 달러 이상을 기부금으로 나누어 주었다는 사실을 포함하여, 빈곤과 사업의 통계는 계속 이어집니다. 뉴욕에서 빈곤이 없어지지 않았다는 사실이 우리 사업의 실패를 의미합니까? 전혀 그렇지 않습니다. 우리가 변화시킨 수백만 명의 사람들 때문이지요. '영웅조찬'은 그런 삶을 보고 만질 수 있는 실재로 만듭니다.

'로빈후드재단'은 메시지를 강화하고 파트너들과 사명 사이의 연결을 심화시키는 행사를 1년에 40여 회 개최한다. '길 위의 로빈후드' (Robin Hood on the Road)라는 모임에서는 특정 주제(약물남용, 식품 안전, 가정폭력)를 다루는 전문가들을 재단과 제휴한 기업체의 사무실로 초빙해, 기업의 직원들이 뉴욕의 빈곤 실태를 더 깊이 알고, 질문하며, 참여할 수 있는 기회를 제공한다. 재단 본부에서 열리는 '로빈후드 언플러그드'(Robin Hood Unplugged) 조찬 강연은 바쁜 기업의 임원이 하루 일과를 시작하기 전 교육, 건강관리, 범죄예방에 관한 최신 연구결과를 들을 수 있는 기회를 준다. 이러한 만남 행사를 통해 재단은 프로그램의 차별성과 더 큰 명분에 헌신하는 사람들을 소개할 수 있다. 그리고 각기 다른 그룹의 사람들에 초점을 맞춘 행사들을 개별적으로 진행하는 모습은 연례 모금행사를 위한 준비과정이라는 느낌을 준다. 나아가 연례 모금행사는 수많은 다른 팀들이 한자리에 모이는 것으로 인식된다.

현재 '혁신적 모금' 과정의 학생이자 우리 친구인 로저 브라운이 이끄는 버클리 음대를 포함한 몇몇 다른 기관도 비슷한 전략을 개발했다. 고등학교에서 드럼을 배우고, 데이비슨대학에서 학부생으로 악단에서 연주했으며, 케냐에서는 수학을 가르친 이력이 있는 브라운은 '미국원조물자발송협회'(CARE)와 '유엔아동기금'(UNICEF)의 후원하에 '랜드브리지'(Land Bridge)라는 식량배급 활동을 운영했다. 이는 당시로서는 역대 최대의 기근 구호사업이었다. 이후 그는 대기업 인근에 시설을 설치하여 맞벌이 가정의 자녀에게 질 높은 보육과 조기교육을 제공하는 '브라이트 호라이즌'(Bright Horizon)을 공동 설립했다. 브라운은 그곳에서 16년간 일한 뒤 '버클리음대'의 제3대 학장이 되었다. 그는 에너지와 창의성, 그리고 파트너관계를 형성하는 역량을 발휘하여 빠른 시간에 성과를 올렸다. 그의 성과는 '버클리음대' 역사상 최초의 건축 모금(*capital campaign*)을 성공적으로 출범시켰다는 사실에서도 확인할 수 있다.

'버클리음대'에서 크게 성공한 모금전략 하나는 브라운이 '마이크로

행사'(micro-gala)라는 것으로, 매년 100~200만 달러를 모금하는 이 대학의 연례 모금행사의 실적을 보완하는 모금행사이다. 이 행사는 '버클리음대'와 친분이 있는 개인의 집에서 열리며, 40~100명의 참석자를 초대하여 100만 달러 이하를 모금한다. 여기서 모금되는 돈은 대체로 '버클리음대'의 특정 사업, 예를 들어 '미국의 뿌리 음악 프로그램'(American Roots music program), '버클리 세계 재즈 연구소'(Berklee Global Jazz Institute), '시티 뮤직'(City Music) 등을 지원하는 데 사용된다. 행사 때마다 학생이나 교수로 구성된 합주단이 연주를 하며, 음악 연주 또는 기증받은 고급 포도주 등 특별한 품목을 경매에 부친다. 편안하고 재미있는 마이크로행사는 모금행사 못지않게 기부자 교육과 공동체 형성에 효과를 발휘한다. 그리고 이 행사는 많은 버클리 지지자들이 달력에 표시해 놓는 특별한 날이 되었다.

'보스턴 YWCA'에서는 '임파워 아워'(Empower Hour)라는 효과적인 방법이 개발되었다. 이 기관의 CEO 실비아 페럴-존스에 따르면, '임파워'(empower)는 'YWCA'의 주요한 사명의 하나로서 여성과 소녀에게 권한을 부여하는 것을 뜻한다. 'YWCA'는 친구들과 지지자들에게 '임파워 아워'를 주최해 달라고 요청한다. 이 행사는 개인의 주택, 사무실, 또는 가능한 어떤 장소에서도 열릴 수 있다. 여기에 10~30명이 모여서 'YWCA'의 특정 프로그램, 예컨대 여성 건강, 인종 간 정의, 청년 지도력에 대해 더 많이 배우고, 질문하고, 이야기를 나누며, 참여할 방법을 찾는다.

이전에 'YWCA'와 관계를 맺은 적이 없는 사람들이 참석하는 '임파워 아워'는 이 기관에 대한 오해를 해소하게 한다. 페럴-존스는 웃으면서 말한다. "'나는 매주 당신네 체육관에서 운동해요'라고 말하는 사람이 꼭 있는데, 그것은 틀린 말이에요. 우리는 체육관을 운영하지 않습니다. 그런 말을 하는 사람은 우리를 'YMCA'와 혼동하고 있는 것이죠." 그런 혼동을 없애고 'YWCA'의 사명과 방법에 대해 보스턴 사람들을 교육하는 것이 '임파워 아워'의 중요한 기능이다. 많은 참석자가 'YWCA'가 제공하는 서비스를 반가워하며 참여자가 되기로 결심한다. 재정적 기부를 통해 참여하는 사람도 있고, 특정 활동의 신청서에 서명함으로써 참여하는 사람도 있으며, 'YWCA'의 공동체 기반사업 중 한 곳에서 자원봉사를 함으로써 참여하는 사람도 있다.

많은 비영리기관이 연례 모금행사를 수많은 소규모 비공식 행사로 대체하는 전략을 택한다. 한편, 성황리에 행사를 잘 마치지만, 행사를 통한 관계 형성의 기회를 살리지 못하는 기관들이 있다. '혁신적 모금' 과정의 학생 발 브로디에는 덕망 높은 'NAACP(미국흑인지위향상협회) 법률보호기금'의 연례 모금행사와 관련하여 이러한 문제를 연구한다.

"우리는 연례 모금행사에서 돈을 많이 모읍니다"라고 브로디에는 설명한다. "2011년 행사에서는 260만 달러를 모금했습니다. 그 전해에는 250만 달러였지요. 액수는 지난 수년간 지속적으로 200만 달러가 넘었습니다. 이는 우리 연간 예산의 대략 5분의 1에 해당합니다. 우리로서는 없어서는 안 될 큰 액수입니다. 게다가 많은 후원자들이 연례 모금행사를 기대합니다. 그들은 매년 1월 그 행사에 참석해 옛 친구를 다시 만나고, 우리 기관에 대한 지지를 새롭게 하고자 합니다.

모금행사는 지금으로서는 우리 생활의 일부이지요."

하지만 브로디에와 동료들은 그 모금행사를 제대로 활용하지 못하고 있다는 것을 잘 안다.

우리가 해야 했는데도 하지 않은 것은 행사에서 나타나는 관계와 선의를 활용하는 것입니다. 올해 우리는 처음으로 티켓을 구입하지 않고 만찬에 참석한 사람과 장기적 관계를 맺기 위한 노력을 시작했습니다. 이들은 다른 참가자를 따라왔으며, 대부분이 우리 기관에 대해 들어 본 적이 없었습니다. 그래서 우리는 행사 후에 우편물과 이메일로 그들과 관계를 맺고, 우리가 하는 일에 대한 정보를 제공했습니다. 연말에는 우리 단체의 후원자가 되어 달라는 요청을 할 예정입니다. 이를 통해 우리는 단순한 행사 참가자가 후원자로 성장하고, 이로 인해 단체의 네트워크가 확장되는 등 하룻밤의 만남이 보다 장기적인 관계로 발전되기를 희망합니다.

이 사례를 통해 얻을 수 있는 교훈은 이것이다. 만약 기관 예산의 상당 부분을 연례 모금행사에 의존한다면, 그것을 꼭 없앨 필요는 없다 (다음에 나오는 "모금행사 딜레마를 해소하는 몇 가지 방법" 참조하자). 하지만, 모금행사가 이끌어 낼 수 있는 파트너관계의 가능성을 극대화할 수 있도록, 공식적인 모금행사를 중심으로 두되, 더 개인적이며 심층적인 모임을 꾸리는 프로그램을 만듦으로써, '로빈후드재단'과 '버클리음대'의 성공사례를 따를 수 있을 것이다.

모금행사 딜레마를 해소하는 몇 가지 방법

단체의 연례 모금행사가 파트너 만들기 수단(team-building tool)이 되지 못하고 있다면 아래의 몇 가지 창의적인 제안에 대해 생각해 보자.

- 모금행사의 장소를 대규모 행사장에서 기관의 업무와 직접 연결된 장소, 예컨대 지원하는 학교의 체육관, 박물관의 공룡 전시실 등으로 옮기는 것.
- 기관 사업의 수혜자를 한두 사람 초대하여 각 테이블에 앉히고, 그들의 이야기를 들려주고 질문에 답하는 시간을 갖는 것.
- 사람들이 기관의 일에 대해 알 수 있도록 먼 지역(남아프리카공화국의 어느 마을, 그레이트 배리어 리프[4]의 연구기지 등)을 인공위성을 통해 실시간으로 연결하자.
- 참가자들에게 기관이 직면한 최대의 미해결 문제를 제시하고, 그것을 해결할 아이디어를 요청하자.
- 각 손님에게 기부의 2가지 방법, 즉 현금기부와 다른 종류의 자원(친한 친구 이름, 기업 자산에 대한 접근, 현물기부)을 요청하자.

---

4 〔옮긴이 주〕 오스트레일리아 북동부 퀸즐랜드 해안에 발달한 세계 최대의 산호초.

공동체 만들기로서의 모금

좋은 모금행사는 기관의 여러 목표를 동시에 만족시킨다. 이상적인 모금가는 행사를 통해 ① 파트너들이 공동체라는 인식을 깊이 할 수 있게 하고, ② 기관의 사명에 대한 더 큰 이해를 심어 주며, ③ 기관의 고유한 목적의 달성을 돕고, ④ 업무진행에 중요한 재정적 지원을 만들어 낸다.

이 4가지 역할을 모두 달성하는 모금행사가 있다. 그것도 호텔 행사장을 빌리거나, 유명 사회자를 섭외하는 일, 혹은 저명인사가 참석하는 식사 모임 같은 것은 하나도 없이 말이다.

세인트 바르나바스 교회는 맨해튼 북쪽으로 자동차로 40분 걸리는 뉴욕주 어빙턴에 있는 작은 영국 국교회파의 교구다. 이곳은 목사, 부목사, 비서, 교회 건물을 돌보는 관리인과 신도 163명(신도 가운데 2명은 이 책의 공저자 칼 웨버와 그의 부인 메어리-조이다)이 있는 작은 교회다. 하지만 이 작은 교외의 교구에서 여는 가을 행사인 '연례 헌옷 판매'를 통해 7만 달러가 넘는 모금액이 발생한다. 전통적으로 조용히 진행되는 모금활동이 어떻게 한 교회에서 주요한 공동체 만들기 행사가 되었는지 한번 살펴보자.

행사에는 모든 구성원이 참여한다. 10월이 되고 옷 판매 시기가 다가오면 교구 전체가 동원된다. 사실상 남녀노소 모든 신도가 어떤 식으로든 기여한다. 이는 모든 사람이 옷장에서 깨끗하게 입은 헌옷을 골라 교회 예배당으로 들고 오면서 시작된다. 그다음 몇 주에 걸쳐 교회

자원봉사자들이 그 물품들을 수거하고, 분류하고, 꼬리표를 붙여 진열한다. 다른 사람들은 광고전단을 디자인하고, 인쇄하고, 어빙턴이 속한 웨스트체스터 전역에 배포한다. 또 다른 이들은 쇼핑객에게 요깃거리로 판매할 디저트를 굽거나, 가정식 수프를 만든다. 또 다른 사람들은 판매기간 중 고객을 안내하고, 물건 값을 받는 일을 맡는다.

모든 사람이 그 행사의 일부이기 때문에 결과에 대한 자부심은 물론이고, 행사에 따르는 즐거움(그리고 피로까지도)을 공유한다.

각계각층의 사람들이 환영받는다. 어빙턴과 그 주변의 지역은 매우 다양하다. 그리고 그 다양성은 판매하는 옷과 옷을 사는 고객 모두에게서 나타난다. 거의 입지 않은 명품 드레스, 신사복, 핸드백, 코트를 싼 가격을 좋아하는(안 그런 사람이 어디 있겠는가?) 부유한 사람들이 할인된 가격으로 구입한다. 청바지, 운동복 상의, 운동화, 작업화는 부자들의 주택을 관리하는 정원사, 목수, 주택 청소부가 구매한다. 웨스트체스터에 새로 들어온 이민자 집단(도미니카인, 아이티인, 인도인 등)의 모든 가정이 쇼핑을 하러 나타나며, 어떤 이들은 온 식구가 1년간 입을 옷을 산다. 젊은 유행족들은 스스로 '명품'이라고 부르는 것(사실은 그들의 조부모가 오래 전에 입었던 것)으로 쇼핑백을 가득 채운다. 현지의 10대들도 들러 티셔츠를 살펴본다. 그중 몇 명은 고등학교 졸업반 무도회에서 입을 새 것이나 다름없는 턱시도를 산다.

세인트 바르나바스는 이 모든 고객을 따뜻하게 환영한다. 그리고 해마다 이렇게 옷을 산 고객 가운데 한두 명은 '온통 친절한 사람들만 있는 한 블록 떨어진 그 교회'에 새로 다니기로 결심한다.

이 교회는 높은 수준의 지선사업을 수행한다. 대부분 교회와 마찬가지로 이 교회도 '한밤중의 질주'(Midnight Run) 프로그램(뉴욕시의 노숙인들에게 따뜻한 음식과 옷과 담요를 전달하는 사업)과 인근 욘커스의 '의료봉사 임무'(Medical Outreach Mission)부터 어빙턴의 '힘든 가정들'(Families in Need) 프로그램에 이르기까지, 지역 자선기관을 지원하는 데 크게 기여한다. 해마다 교구의 모든 사람들은 헌옷 판매 뒤풀이 만찬에 초대받는다. 이 자리에서 그해의 수익금을 배분할 자선기관을 결정한다. 이는 기부의 정신을 중심으로 공동체의 유대를 다지는 데도 도움이 된다. 세인트 바르나바스는 해마다 수만 달러에 이르는 지원금을 이를 기대하는 비영리기관으로 보낸다(그리고 한 해의 판매에서 얻은 수익금이 발송되자마자, 다음해의 옷 판매계획을 세우기 시작한다).

설사 마음씨 좋은 정령이나 어느 너그러운 백만장자로부터 뜻하지 않은 유산이 갑자기 튀어나와 앞으로 20년간 봉사 프로그램을 펼치는 데 필요한 돈을 한꺼번에 세인트 바르나바스 교회에 준다고 하더라도, 교인들이 연례 옷 판매행사를 그만둘지는 의문이다. 그 행사는 교회의 이웃들에게 무수한 이로움을 주고, 더 넓은 공동체로부터 아주 긍정적인 관심과 선의를 이끌어 내며, 교구의 구성원들 사이의 끈끈한 동지애를 자극하는 그야말로 너무나 큰 즐거움이기 때문에, 세인트 바르나바스의 사람들은 이를 포기하려 하지 않을 것이다.

자, 이것이 우리가 유능한 모금이라고 하는 것이다.

"함께 갑시다":
여행으로 좋은 일을 생생하게 구현하기

여행을 함께하자고 초청하는 것은 도움을 요청하고 싶은 사람들과 관계를 맺기 위한 좋은 수단이다. 활기차고 명분 있는 여행으로 사람들을 초대하는 일은 천편일률적인 권유를 하는 것보다 훨씬 덜 강압적이고, 더 신나게 느껴진다.

호기심 많은 방관자를 열정적인 파트너로 바꾸기 위해 '함께 갑시다' 접근법을 쓰는 비영리기관이 많이 있다. 현지의 사업현장을 두어 시간 둘러보는 간단한 방문부터, 인간의 새로운 면을 드러내는 이국적인 현장을 시찰하는 일주일 여행까지, 많은 여행이 파트너의 행동과 태도를 변화시킬 수 있다. 몇 가지 사례를 살펴보자. '빅애플서커스'는 기부자들을 초대해 지역의 어느 병원에 있는 '광대 돌봄 서비스 방' (Clown Care Unit)을 둘러보게 했다. 이곳은 서커스 광대들이 어린이 환자들에게 웃음을 선사하는 곳이다. 'MIT 미디어랩'은 파트너들이 다양한 혁신 연구소를 방문하여 최첨단 기술에 종사하는 과학자들과 하루를 보낼 수 있도록 후원한다. '밀레니엄 약속'은 세네갈과 말리의 마을로 기부자들을 데려간다. 그곳에서 기부자들은 '밀레니엄 약속'의 사업으로 삶에 영향을 받은 주민들을 만난다.

'오스트레일리안 발레'의 자선활동 담당 이사 케네스 왓킨스는 발레단의 해외공연을 활용하여 기부자들과 파트너들이 세계적 수준의 발레를 접할 수 있게 한다. 2012년 '오스트레일리안 발레'의 미국 순회공연 중 매사추세츠 주 보스턴에서 우리가 왓킨스를 만났을 때, 그는 해외여행이 어떻게 발레단의 예술적 사명에 대한 파트너들의 헌신을 깊고 단단하게 하는지를 다음과 같이 설명했다.

기부자들 가운데 어떤 사람들은 제가 발레단에 들어오기 전부터 우리 발레단과 매우 오래 관계를 맺었습니다. 그리고 물론 우리는 그들을 소중하게 여깁니다. 하지만 제가 하는 일 중 하나는 어떤 사람이 기부의 어느 단계에서 그다음 단계로 언제 올라갈 준비가 되는지를 알아내는 것입니다. 그 사람들을 여행에 초대하는 것은 관계를 증진시키는 귀중한 방법이 되곤 합니다.

우리는 선별된 기부자들과 함께 여행하면서 세계의 다른 지역에서 발레를 감상합니다. 제가 전체 여행을 조직하는 관리자가 됩니다. 적절한 비용을 들여 VIP 여행을 준비하지요. 그들은 이런 식의 여행에 익숙하지만, 우리와 함께하는 이 여행에는 그들이 좋아하는 발레단과 함께한다는 즐거움이 추가됩니다. 우리는 각 도시에 갈 때마다 세부계획을 실행하는 노련한 관광 안내원을 고용합니다.

우리의 목표는 이 여행단의 다양한 구성원들 사이에서 살아 있고 변화하는 역동성을 창출하는 것입니다. 저는 참가자들의 개성과 스타일이 아주 다양하다는 것을 알게 되었습니다. 몇몇 사람은 여행 내내 제 곁에 바싹 붙어 지냅니다. 그런가 하면 어떤 사람들은 독자적으로 돌아다니길 좋아하지요. 일행 중에는 발레단을 오래 지원한 사람들이 있고, 발레단과 새로 관계를 맺은 더 젊은 사람들도 있습니다. 하지만 모든 사람이 다른 사람을 관찰하며 서로에게 배운다는 것을 알 수 있습니다. 새로 들어온 사람들이 호기심을 갖고 발레단과 무용수들, 그리고 무용수들의 훈련과 일상적 활동을 꼬치꼬치 캐묻는 것은 일행 전체가 즐길 수 있는 활발한 대화를 만들어 냅니다.

물론, 케네스 왓킨스가 묘사하는 것과 같은 해외여행은 비용이 많이 들고 시간도 오래 걸린다. 모든 기관에 적합하지는 않을 수도 있다. 하지만 훨씬 짧고 간단한 여행으로 현재와 미래의 파트너들에게 위와 같은 영향을 미칠 수 있다. 뉴욕시의 빈곤 완화를 위해 활동하는 '로빈후드재단'의 라스 얀스는 재단이 지원하는 기관들을 방문할 때 종종 기부자들과 동행한다. 이는 그 기관들이 모두 '로빈후드재단' 기부자들의 집이나 사무실로부터 지하철로 갈 만한 거리에 있다는 것을 의미한다. 하지만 빈곤한 뉴욕 시민들의 생활을 들여다보면, 그 모습이 마치 사하라사막 이남 아프리카 또는 남아시아의 광경이기나 한 것처럼 충격적이다.

제가 찰스 디킨스 소설 속 등장인물이 되어 사람들에게 과거, 현재, 미래의 크리스마스 유령들 — 불운한 사람들에게 삶이 어떻게 될 수 있는지를 보여 주는 잊을 수 없는 이미지들 — 을 보여 주는 것처럼 느껴질 때가 더러 있습니다. 우리는 프로그램을 통해 돕는 모든 사람들, 예컨대 전과자, 매 맞는 아내, 노숙하는 가족, 마약중독자 등을 만납니다. 하루 종일 여러 현장을 방문한 끝에 한 남자가 벽에 기대더니 바닥에 털

썩 주저앉아 "아, 전혀 몰랐네"라고 읊조리던 것이 기억나는군요.

우리의 기부자들은 똑똑하고 박식하며 정이 많은 사람들입니다. 하지만 뉴욕이 부자와 빈자의 '두 도시 이야기'라는 것을 지식으로 아는 것과 실제로 목격하는 것은 별개의 일입니다. 이 경험을 통해 사람들은 자신에게 필요한 것이 무엇인지 이해하게 되고, 이는 더 깊고, 개인적이며, 심지어 영적인 헌신으로 이어집니다.

'로빈후드재단'은 수혜기관의 사무실에서 이사회를 진행함으로써 일상적인 모임에 그칠 수 있었던 시간을 재단과 파트너들이 돕는 사회 문제를 직접 알아볼 수 있는 기회로 활용한다.

기관을 직접 방문하거나 진행 중인 기관의 프로그램을 직접 보는 기회가 파트너들에게 미칠 수 있는 영향을 과소평가하면 안 된다. 기관의 관계자에게 기관의 일은 매일 접하는 현실이라는 이유로 당연시되기 쉽다. 하지만 너그러움으로 이 일을 지원하는 사람들에게는 깜짝 놀랄, 일생에 한 번 있을까 말까한 경험일 수도 있다. 현장을 공유하는 것은 기관과 파트너들 사이의 유대를 강화하고, 파트너들이 함께 하는 팀의 일원임을 느끼며 감사하게 하는 최상의 방법일 수 있다.

생각거리

$$\blacklozenge \ \blacklozenge \ \blacklozenge$$

- 앞서 제시한 "제퍼슨 만찬을 주최하는 법"을 활용하여 제퍼슨 만찬을 기획하고 조직하고 개최하자. 지지하는 비영리기관의 현재 목표에 맞춰 만찬 계획을 세워야 한다. 만찬 후에는 그 영향을 평가해 보자. 어떤 피드백을 받았나? 행사 후 참석자들이 어떤 참여나 행동을 기획 또는 실행했나? 다음번 제퍼슨 만찬을 너욱 효과석으로 만들기 위해서는 어떻게 할 것인가?

- 만약 기관에서 연례 모금행사 또는 여타 주요한 사교 및 모금행사를 연다면, 모금된 액수만이 아니라, 기부자와 기관 간의 관계가 확대되고 심화된 정도를 기준으로 행사의 효율성을 평가하자. 다음해 행사의 긍정적 성과를 높이기 위해서는 어떤 조치를 취할 수 있는가?

- 새로운 모금행사는 어떤 것이 가능할까? 특히, 사람들이 기관의 일을 알게 하고 참여를 끌어낼 수 있는, 팀원이나 파트너가 주최하는 작고 비공식적이며 주제가 있는 모임을 만들 기회가 있는가?

- 기관이 제공할 수 있는 여행의 기회를 생각해 보자. 기관 내부의 사람들에게는 일상적이거나 평범한 장소와 활동이 외부의 지원자들에게는 특이하고 매력적일 수 있다는 것을 명심해야 한다. 연구대학, 병원, R&D 연구소, 또는 초등학교의 삶과 일의 뒷면을 들여다보는 것이 현재와 미래의 파트너들에게는 무척 흥미진진하고 매력적일 수도 있다. 당신의 파트너들에게 보상을 하고, 그들을 신나게 하고, 자극할 수 있는 여행계획을 개발하자.

Chapter 9

아바타의 힘 활용하기
다른 사람 되어 보기

산, 강, 도시만 생각하면 세상은 너무 공허하다.
하지만 우리와 더불어 생각하고 느끼며, 비록 멀리
있더라도 정신적으로 가까이 있는 누군가를 아는 것,
이것이 지구를 사람이 사는 정원으로 만든다.
— 요한 볼프강 폰 괴테

해외에서 활동하는 많은 비영리기관은 기부자를 개인적으로 참여시키기 어렵기 때문에 모금 분야에서 전통적으로 불리한 입장에 놓여 있었다. 많은 기부자들이 자원봉사 등으로 명분에 직접 참여할 기회를 원한다. 기부자는 직접적인 참여를 통해 기금의 사용에 대한 인식을 높일 뿐만 아니라, 기부하는 돈이 어려운 사람에게 전달된다는 확신을 하게 된다. 더욱이, 시간과 에너지를 기부하는 것으로 비영리기관과의 관계를 시작하는 개인이 재정적 기부자가 될 확률 또한 훨씬 크다.

이러한 관계의 특징 때문에 미국청소년클럽, 걸스카우트, 보이스카우트, 해비타트운동, 교회, 학교, 스포츠리그 같은 기관은 모금 분야에서 우위를 점한다. 이들은 모두 기부자의 돈뿐만 아니라 시간이나 재능기부를 필요로 하는 기관들이다. 반면, '국경없는 의사회'(Doctors Without Borders)나 '국제구조위원회'(International Rescue Committee) 같은 국제기구의 일에 기부자가 개인적으로 참여하려면 돈이 많이 들고, 시간 소모가 많으며, 심지어 위험할 가능성이 있다. '세이브더칠드런'(Save the Children)에 따르면, 미국의 개인 기부 가운데 약 1%만이 국제기관으로 가는데, 이 또한 놀랄 일이 아니다.

이러한 분야에서 개인을 명분에 연결하는 가장 효과적인 새로운 수단은 '아바타'이다. 이는 원래 전자 게임에서 사용하는 용어이다. 게임 속에서 아바타는 게임 하는 사람을 대신하여 행동하는 가상의 대리인이다. 아바타는 인간의 꿈 가운데 가장 깊고 오랜 꿈, 즉 다른 사람의 삶을 살며, 그들의 입장에 서보고 싶은 꿈을 실현하게 한다.

아바타 방법으로 사람들은 국제적 비영리기관과 새로운 관계를 맺을 수 있다. 아바타는 먼 곳에서 진행되는 일의 현실을 파트너의 서재나 거실에 생생하게 구현하는 기술을 사용하여, 세계를 좁은 장소로 만든다. 이는 또한 건강관리, 빈곤, 교육, 미술 등 모든 분야의 다양한 비영리기관이 하는 일을 생생하게 볼 수 있도록 도와준다.

이 장에서는 파트너를 사로잡기 위하여 아바타 방법을 사용하는 기관을 살펴보고, 기관의 사업 분야에 관계없이 이를 활용할 수 있는 방법을 제시하고자 한다.

아바타[1]:
제 4의 힘을 활용한 마케팅

전통적인 비영리기관의 기부 마케팅 활동은 마케팅의 다음 세 단계 중 어딘가에 해당된다.

첫 번째 단계에 있는 많은 기관들은 전통적인 광고 기법에 주로 의존하며, 인쇄매체, 방송매체, 직접 마케팅 수단 중에서 특히 광고용 우편물과 이메일을 사용한다. 이 기관들은 잠재적 기부자에게 기부의 필요성을 언급하거나 명분을 설명하고, 자신들에게 연락하라며 전화번호나 웹사이트를 알려 준다. 오늘날 소셜미디어 시대를 맞아서는 트위터나 페이스북에 메시지를 내보내거나 유튜브에 동영상을 띄운다. 여기에 유명인이 종종 동원되는데, 사람들의 이목을 끌고, 존경하거나 동일시할 이미지를 제시하기 위해서다. 이런 활동에서 기관이 원하는 바는 사람들이 그 메시지를 인지하고 돈을 기부함으로써 반응하는 것이다. 그러나 이런 프로그램은 대체로 비용은 많이 들고 호응도는 아주 낮다.

---

[1] 〔옮긴이 주〕이 책에서 아바타는 비영리기관의 실제 종사자나 대표가 SNS를 통해 실시간으로 본인 업무의 세세한 부분까지 공유하고, 이를 지켜보는 기부자나 잠재적 기부자와 댓글 등으로 교류하는 사람을 뜻한다. 이때 아바타는 '어떤 직원'이 아니라 실명의 인물이다. 이 사람은 기부자가 공익사업을 간접 경험할 수 있게 하며, 딱딱한 기관의 업무를 관계적, 인격적으로 전달하는 기관의 대리자로서의 역할도 수행한다.

두 번째 단계에 속한 기관들은 아동결연 후원으로 대표되는 기본적인 기부 모델을 사용한다. '세이브더칠드런'과 '월드비전'(Worldvision) 같은 비영리기관이 이 모델로 크게 성공을 거두었으며, 최근에는 기술이 발달한 덕분에 많은 기관이 이 모델을 통해 비용을 낮추고 효과를 높이는 것이 가능해졌다. 기부자는 아이를 후원하면서 아이의 삶의 단계를 따라갈 수 있다. '세이브더칠드런'의 일부 기부자들은 실제로 아이 곁에 충분히 오래 머무르며 그 아이가 중등학교, 심지어 대학에 갈 때까지 학비를 지원해 준다. 하지만 아동결연 후원은 안전과 법적 책임 등의 이유 때문에 아이와의 직접적인 상호작용은 허용하지 않는다.

세 번째 단계의 많은 비영리기관들은 고액기부자에게 초점을 맞춘다. 고액기부자들은 기금을 조성한 후 CEO, 사무총장, 이사, 프로그램 전문가 등 기관의 고위 인사와 개인적 관계를 유지할 수 있다. 이로써 기관은 기부자를 명분에 붙잡아 두기 위해 개인적 접촉과 정서적 관계를 활용할 수 있다. 이러한 개인적 관계는 기부자가 돈, 시간, 인적 네트워크, 개인적 관심 등을 여러 차례, 여러 방식으로 기부할 확률을 높인다.

이제 기술의 발전 덕분에 마케팅의 네 번째 단계가 가능해졌다. 우리는 인터넷을 통해 기관과 모금 대상자 간의 관계를 강화할 수 있다. 이제 원조 업무를 수행하는 일선 전문가들이 기관의 파트너들을 위한 아바타가 된다. 위치적으로 기부자들과 떨어져 있었던 사람들이 이제는 이메일, 블로그, 스카이프 등을 통해 완전히 접근할 수 있게 되었다. 이러한 변화로 인해 아동결연 후원 모델에서만 가능했던 장기적 관계가 보편적으로 가능해졌으며, 예전에는 소수의 고액기부자들만의 특권이었던 직접적인 접촉과 개인적 관계 맺기를 다수의 기부자들도 할 수 있게 되었다.

　이것이 아바타의 핵심이다. 기본 콘셉트는 단순하다. 기관 내에서 기부자들과 관계를 맺을 수 있고, 기부자들이 지지하거나 함께 일하고 싶어할 만한 사람을 찾으면 된다. 이 사람이 명분을 위한 아바타, 즉 잠재적 기부자들과 기관을 연결하는 인격적 존재가 될 수 있다. 아바타는 기관과 기부자의 관계를 또 다른 단계, 즉 기부자와 도움을 받는 사람(수혜자)의 관계에서 기부자와 도움을 주는 사람(현장 활동가)과의 관계로 끌어올린다.

　아바타는 파트너들이 가능하다면 한번쯤 되어 보고 싶어 하는 인물이다. 아바타가 하는 일을 실시간으로 보는 것은 그 일을 직접 하는 것 다음으로 좋은 일이다. 이는 똑똑한 비영리기관이 외부 파트너를 그들의 세계와 일에 끌어들이기 위해 수많은 아바타를 만드는 이유이다. 대부분의 경우, 아바타는 한 명 또는 그 이상의 외부 파트너와 직접적이고 개인적으로 연결된 비영리기관 팀의 구성원이다. 그는 개발도상국에서 활동하는 원조 담당자, 아이들에게 절실하게 필요한 외과수술을 집도하는 의사, 가난한 시골 마을에 수도를 놓거나 집 짓는 일을 돕는 기술자일 수 있다. 파트너들은 직접방문, 전화나 스카이프를 통한 대화, 이메일 또는 트위터, 사진, 오디오, 비디오를 포함한 여러 방법으로 아바타와 연결될 수 있다.

　아바타 시스템의 다양한 형태로 변형하여 운영할 수도 있다. 각 기관은 기관의 업무와 자원 및 기부자의 관심사에 맞도록 아바타 시스템을 적용할 수 있다. 세부적인 변형 여부와 관계없이, 아바타관계의 근본적인 목적은 파트너와 비영리기관 및 그 기관의 명분 사이의 연결을 인간화하고 개인화하는 것이다. 즉, 파트너가 아바타를 자신의 손, 뇌, 가슴의 직접적인 연장이라고 느끼도록 하는 것이다.

아바타 사용을 가장 먼저 실험한 기관은 수십 년에 걸쳐 전 세계 아이들을 돕고 있는 '세이브더칠드런'이다. 전통적으로 이 기관은 에티오피아의 소녀, 모잠비크의 소년 등 각 아이의 사연에 초점을 맞춘 광고를 했다. 현재 이 기관은 공동체 보건담당자 25만 명을 통해 전 세계에서 사업을 전개한다. 이들은 세계에서 가장 가난한 지역의 마을과 집을 일일이 찾아다니며 '세이브더칠드런'의 후원아동과 그 마을에 기본적인 의료 서비스를 제공한다.

2010년, '세이브더칠드런'은 새로운 방식으로 공동체 보건담당자들의 업무를 설명해 보기로 했다. 이 아이디어는 파트너들과 '세이브더칠드런'의 기적을 만드는 보건담당자들 사이의 간격을 좁히자는 것이었다. 그들은 웹사이트를 만들어 잠재적 기부자들이 보건담당자들의 월별 실제 업무를 볼 수 있게 했다. 보건담당자들에게는 업무를 위한 휴대전화를 지급했다. 그 휴대전화는 지역 현장에서 업무를 수행하면서 기관의 파트너들에게 문자메시지를 보내고 간단한 통화를 하는 데에도 사용되었다. 제프는 웹사이트와 휴대전화를 통해 서아프리카 말리의 사티구일라 마을의 보건담당자 살리프 디아라의 업무를 볼 수 있었다. 최근 제프는 디아라를 '따라다니며' 그가 말라리아에 걸린 아이

두 명을 치료하고, 한 산모의 출산을 돕고, 이어 그 산모를 계속 방문하는 것을 보았다. 제프는 이것이 그가 직접적으로는 결코 수행할 수 없을 업무에 참여하는 멋진 방법임을 깨달았다. 이는 '세이브더칠드런'과 사명에 대한 친밀감과 헌신을 강화시켰다.

'세이브더칠드런'이 발견한 것처럼, 기부자는 아바타관계를 통해 기부하는 돈이 실제적인 영향을 미칠 것이라는 더 본능적인 확신을 얻을 수 있다. 나아가 '세이브더칠드런'은 작은 기부도 즉각적이고 중요한 결과를 낳을 수 있다는 것을 직접적인 의사소통을 통해 실질적으로 보여 준다.

아바타의 여러 얼굴

아바타는 그 용어는 생소하지만 비영리세계에서는 오래 전부터 사용된 방법이다. 예컨대 대학을 위해 모금하는 경우를 생각해 보자. 대부분의 대학 모금부서는 총장과 학장의 모금활동에 시간과 관심을 집중시킨다. 이는 중요하다. 하지만 교수와 기부자 사이를 아바타관계로 연결하는 것에 추가적인 노력을 기울인다면 더 나은 결과를 기대할 수 있다. 우리는 특정 분야에 열정적인 교수와 같은 분야에 관심이 있는 기부자의 관계가 종종 중요한 기부로 이어지는 것을 보았다. 그 기부자는 교수의 연구, 가르치는 주제, 나아가 그 교수의 비전과 관계를 맺는다. 기부자는 학습과정의 활기를 경험하기 위해 그 교수의 강의

실을 방문하거나, 진행 중인 연구를 볼 수 있도록 연구실에 초대될 수도 있다. 때로 이런 관계는 재정적 지원뿐만 아니라 지식, 인맥, 시간, 에너지를 나누는 활기찬 파트너관계로 전환되어 장기적이고 상시적인 관계로 발전하기도 한다.

아바타 콘셉트는 다른 형태의 비영리기관에도 적용될 수 있다. 대학 사례에서 볼 수 있듯이, 아바타는 이국적인 장소에서 극적이고 가슴을 울리는 사업에 종사하는 기관에서만 쓸 수 있는 방법이 아니다. 지역 교향악단의 음악가 한 사람, 또는 미술관의 큐레이터 한 사람이 소속된 기관의 파트너들을 위해 비슷한 역할을 맡을 수도 있다. 어떤 가능성이든 상상해 볼 수 있다. 예를 들어, 파트너들이 하루는 연구 과학자, 하루는 미술관 큐레이터, 하루는 음악 치료사로서 아바타에게서 업무의 기본을 배우는 '제자'가 되어 보는 프로그램을 기획할 수 있을 것이다.

아바타는 기부자와 수혜자의 관계를 탄탄하게 구축한 기관에게도 도움이 될 수 있다. 예컨대, 'DonorChoose. org'는 기부자가 자금지원이 필요한 공립학교의 특정한 교실 프로젝트에 기부할 수 있게 한다. 이러한 일회성 기부가 많은 경우 기부자와 교사 사이의 장기적인 온라인 연결과 보람 있는 관계로 이어진다. 사실상, 이는 아바타관계이다. 교사가 교실에서 직접 하는 작업을 통해 기부자의 대리인으로 행동하기 때문이다.

기부자를 명분에 연결하는 것에 초점을 맞추는 다른 온라인 SNS 웹사이트도 많다. '코지즈'(cause)와 '크라우드라이즈'(crowd rise) 같은 사이트(둘 다 영리 사이트)가 대표적이다. P2O(동료-기관 연결)라 불리는 이러한 사이트는 중소기부자와 그들이 지원하는 비영리기관을 연결하는 데 초점을 맞춘다. 만약, P2O 사이트에서 기부자들과 그들이 지원하고 싶어 하는 명분의 아바타들이 상호작용할 수만 있다면, 이 사이트의 효과는 더더욱 높아질 수 있지 않을까?

다른 비영리기관들도 아바타 모델을 사용할 수 있다. 'Witness. org'는 음악가 피터 가브리엘이 공동 설립한 기관으로서, 전 세계의 인권 침해 사례를 동영상으로 기록하는 사람들을 지원한다. 'Witness. org'는 인권이라는 이슈 자체보다는 목숨을 걸고 폭압적인 정권을 고발하는 비디오 작가를 부각시킴으로써 아바타 전략을 적용할 수 있을 것이다. 만약 'Witness. org'의 파트너가 가상의 관계를 통해 개별적 비디오 작가를 지원할 수 있게 된다면, 기부를 지속할 가능성이 더 커질 것이다.

'퀸시 존스 뮤직 컨소시엄'은 미국의 모든 아이들이 성장과정에서 음악을 접할 수 있게 하는 것을 사명으로 택했다. 당연히 모금 메시지는 그들이 지원하려 하는 아이들에 초점을 맞춘다. 만약 그들이 아바타 접근법을 쓴다면 어떨까? 아무리 표현이 분명하고 열정적이라도 음악 교육의 필요성을 전반적으로 묘사하는 것보다는 아이들을 가르치는 개별 음악감독과 기부자들의 관계에 초점을 두는 편이 기부자들과 프로그램의 장기적인 연결가능성을 높일 것이다.

아바타 전략의 실행

어떤 다른 전략과 마찬가지로, 아바타 접근법의 설계와 실행은 주의 깊게 행해져야만 한다. 먼저 기관 내부의 어떤 사람이 기부자들을 위한 아바타 역할을 하기에 적합한지 결정해야 한다. 또한 아바타 연결을 위해 어떤 기술적 수단 — 이메일, 문자 메시지, 동영상, 오디오, 사진, 스카이프, 트위터, 블로그, 또는 그 조합 — 을 쓸 것인지도 결정할 필요가 있다.

또한 발생할 수 있는 개인적 이슈를 세심하게 검토해야 한다. 직원이 기부자와 친밀하고 개별적인 관계를 맺는 것을 당신의 CEO나 부서장이 싫어할 수도 있다. 그런가 하면, 너무 강력한 아바타로 인해 기관의 더 큰 전략이 영향을 받을(고의든 아니든) 수도 있다. 예컨대, 카리스마가 대단히 강한 아바타가 아프리카의 특정 국가에서 어떤 프로젝트를 시작하고, 여기에 파트너들의 지원이 쇄도할 수 있는데, 그 프로젝트는 기관 전체에서 볼 때 최우선 사항이 아닐 수도 있다. 그리고 만약 인기 높은 아바타가 된 특정한 직원이 은퇴하거나 퇴사한다면, 그 사람이 만들어 놓은 기부자 관계는 어찌 되는가? 그러니 개별 아바타와 전체 기관 사이의 연결에 균형을 기하는 것은 까다로울 수 있지만 대단히 중요하다.

초기 단계에 좋은 접근법은 기관의 CEO나 기타 유력자를 '아바타 총사령관'으로 만드는 것이다. 제니퍼의 권유에 따라, '아프리카 교도소 프로젝트'(APP)에서는 설립자 알렉산더 맥린이 이러한 역할을 수행했다. 맥린은 아프리카로 여행할 때마다 온라인 여행일지를 쓰기 시작했다. 그 일지 덕분에 APP 파트너들은 맥린의 경험을 공유하고, 그의 눈을 통해 아프리카 대륙을 보며, APP 사업이 만들어 내는 긍정적인 결과와 여전히 방대한 욕구 모두를 살필 수 있었다.

이 단순한 접근법으로 APP는 제한적이고 통제된 방식의 아바타 방법을 실험했다. 이는 파트너들과 사업 사이의 개인적 연결을 기관의 최고 대변인이자 카리스마 넘치는 의사전달자 맥린에게만 의존하는 방식이다. 시간이 더 지나면, APP는 아프리카 곳곳의 재소자나 교도관들과 함께 일하는 개별 현장 근무자를 아바타로 포함하면서, 그들이 기부자의 눈과 귀가 되도록 프로그램을 확장시킬 수 있을 것이다. 또한 이러한 과정에서 기관 최초의 아바타로서 맥린은 자신의 경험을 활용하여 아바타 역할을 맡은 사람들을 위한 유능한 교관이자 코치로서의 역할을 할 수 있을 것이다.

생각거리

‧‧‧

- 기관에서 어떤 사람이 유능한 아바타로서의 역할을 할 수 있는 가? 직원들이 수행하는 업무 중 어떤 것이 기부자나 외부 파트 너들에게 흥미나 강한 인상을 줄 수 있는가?

- 기관의 아바타를 외부 파트너들과 연결하는 데 어떤 기술을 사 용할 수 있는가? 이메일, 문자 메시지, 블로그, 트위터, 페이 스북, 오디오, 비디오(유튜브 또는 다른 곳에 올리는), 사진, 스 카이프, 또는 기타 디지털 매체가 아바타와 기관의 이야기를 전달하는 도구가 될 수 있을지 검토하자.

- 외부 파트너들이 '견습생'으로서 기관의 일을 체험할 수 있게 하는 '하루 일과' 식의 프로그램을 생각해 낼 수 있는가? 기관 의 어느 직원이 현장의 업무를 배우고자 하는 기부자의 멘토 가 되는 일에 의욕과 능력을 갖추었는가?

Chapter 10

권한을 갖고 협력하는 이사회 만들기

활용되지 못하던 자원을
강력한 자원으로 바꾸기

아무도 잠시도 기다릴 필요가 없으며,
우리가 지금 시작하여 천천히 세상을
바꿀 수 있다고 생각하면 얼마나 멋진가!
— 안네 프랑크

모든 비영리기관에는 어떤 형태로든 이사회가 있다. 이는 자문위원회
나 신탁 이사회라 불릴 수도 있으며, 다른 이름으로 지칭될 수도 있
다. 이사회 구성원이 적절하게 조직되어 교육과 동기부여 및 가이드
가 잘 이루어지기만 하면, 그들은 비영리기관 지도부의 효과적인 경
영을 도와줄 뿐만 아니라 기관의 지지기반을 키우는 강력한 조력자가
될 수 있다.

안타깝게도 대부분의 비영리기관 이사회는 이렇게 운영되지 않는
다. 비영리기관 리더들을 만날 때마다 이사회 관련 문제가 언급된다.
우리는 그 수가 많을 뿐만 아니라 종류도 다양한 문제들을 전해 듣는
다. "어떻게 하면 이사회가 통찰과 아이디어를 더 많이 내놓게 할 수

287

있을까요?", "더 에너지 넘치고 열성적인 이사들을 어디에서 구할 수 있을까요?", "우리 이사회를 모금지원 활동에 관여시키기 위해 무엇을 할 수 있을까요?", "이사들이 일상적 프로젝트에 신경을 쓰도록 어떻게 설득할 수 있을까요?", "대화할 때마다 자기가 아끼는 프로젝트만 늘어놓는 이사 한두 사람을 통제할 방법이 없을까요?", "어떻게 우리 이사장을 더 역동적인 리더로 만들 수 있을까요?"

'혁신적 모금' 과정 학생들도 이런 문제를 매우 자주 제기한다. 한 학생은 "우리는 여러 명의 똑똑한 이사와 막강한 이사장으로 구성된 대규모 이사회를 운영합니다. 하지만 그들을 큼직한 이슈에 집중시키는 것은 정말 어려운 일입니다. 우리는 본부 공간을 재설계하고 있는데, 이사회가 최근 내부 계단을 어디에 설치하느냐를 놓고 꼬박 한 시간을 토론했습니다. 시간 낭비지요. 그들이 해결해야 할 중요한 문제가 산적한 상황에서는 특히 그렇습니다"라고 말했다.

또 다른 학생은 "우리 이사회는 프로그램을 감독하는 데는 매우 열심이지만, 도움이 크게 필요한 모금에 한 번도 신경을 써준 적이 없어요. 또 우리가 진정한 도움을 바라는 전반적인 전략 분석에서도 뭔가 큰 것을 내놓지 않았습니다. 이사회가 가장 필요한 곳에 에너지를 쏟게 할 방법이 없을지 고민 중입니다."

또 다른 학생은 "저는 오래 전에 설립된 비영리기관에 근무하는데요. 이곳의 이사회에는 임기제한이 없어요. 그래서 일부 이사는 40년 이상, 영원히 자리를 지킵니다. 대부분 시간이 많은 은퇴자들인데, 이사직을 진지한 헌신이라기보다는 옛 친구들과 사교하는 자리로 여기는 것 같습니다"라고 말했다.

이야기는 다양하다. 그런데 이는 또한 이사들이 말하는 좌절의 이야기들과 일치한다. 왜냐하면 모든 기관의 CEO가 "이사회 때 우리 이사들은 하찮은 것에 집중하는 것 같습니다"라고 불평하는 한편에는 "우리 이사회 회의를 지켜보노라면, 전혀 기관이 직면한 큰 문제를 해결하려고 노력하는 것처럼 보이지 않아요"라고 탄식하는 이사가 있기 때문이다.

다양한 불평은 모두 동일한 기본 문제, 즉 이사회가 비영리기관의 업무와 근본적으로 단절되어 있거나, (일부 경우) 사무국을 지원하고 활력을 불어넣기보다는 방해하고 좌절시키는 역기능적인 방식으로 운영되는 문제를 지목한다.

이 문제를 어떻게 바로잡을 수 있을까? 종종 간과되는 한 가지 기본적인 질문, "이사회는 왜 필요한가?"로 논의를 시작할 필요가 있다. 최근 강의시간에 한 학생이 이렇게 말함으로써 관련된 대화를 시작했다. "제가 이사회에 바라는 것은 일(work), 지혜(wisdom), 쇼윈도 장식(window dressing), 부(wealth)입니다." 즉, 이 학생은 이사들이 기관을 위해 특정하고 구체적인 과업에 힘을 쏟고(일), 기관의 전략 및 프로그램과 관련하여 가치 있는 아이디어와 조언 및 피드백을 제공하며(지혜), 그들의 명망과 평판을 통해 약간의 명성을 기관에 빌려 주고(쇼윈도 장식), 기부자로서 기부를 하면서 모금을 돕기를 기대한다(부).

이 '4가지 W'는 이사들이 기관의 성공을 위해 할 수 있는 기여를 적당히 표현한다. 우리가 그 목록에 추가하고 싶은 다섯 번째 목표는 인적 네트워크 형성, 즉 기관에 필요한 귀중한 자원을 가진 다른 사람들과의 관계를 공유하는 자세이다. 그러나 업무목록을 제시하는 것은 이사들이 기관의 일을 기계적으로 점검해야 하는 것처럼 느끼게 할 위험이 있다. 다른 모든 형태의 팀워크와 마찬가지로, 이사회 관계 또한 제약을 두지 않고, 즐겁고, 자발적이며, 항상 변화할 필요가 있다. 즉, 우리가 이 책을 통틀어 설명한 것과 같은 진정한 파트너관계여야 한다.

이사들과 이러한 관계를 맺고, 그 과정에서 이사회를 무거운 짐이 아닌 아이디어와 자원과 에너지의 역동적인 원천으로 바꾸고 싶다면, "기관이 어떠한 이사회를 필요로 하는가?"라는 질문에서부터 시작할 필요가 있다. 앞으로 몇 페이지에 걸쳐 이 주제를 다룰 것이다. 기관이 직면한 도전을 숙고하고, 우리가 설명할 다양한 이사회 구조 가운데 어떤 것이 적합할지 생각해 보자. 이 장의 뒷부분에서는 우리 이사회를 이상적인 모습으로 이끌고, 모든 진정한 파트너관계에 필수적인 정서적, 심정적, 정신적 에너지의 자유로운 움직임에 열려 있도록 다시 세우는 전략을 몇 가지 설명하겠다.

이사회의 세계:
구조, 스타일, 문화

제프 워커는 열성적인 자선가이기도 하지만 사모펀드 세계에서 오랫동안 임원으로 일했으며, 여러 영리기관과 비영리기관에서 이사로 활동했다. 그 경험을 통해 그는 다양한 이사회 형태와 같이 다양한 경영 및 리더십 스타일의 성격을 인식하는 것이 중요하다는 것을 배웠다. 이사회를 더 유능하게 만들고자 하는 비영리기관 리더에게 가장 중요한 과제는 기관의 이사회가 어떤 종류인지를 파악하고, 그것이 기관에 적합한지 판단하고, 변화를 시도할지의 여부와 방법을 심사숙고하는 것이다.

많은 이사회 구성원들이 영리세계에서 오랫동안 성공적인 경험을 쌓은 뒤 비영리세계로 온다. 이들은 영리 이사회에서 효과적으로 일한 경험이 있기 때문에, 이사회의 적절한 역할을 다 안다고 생각한다. 하지만 영리 이사회의 의사소통, 조직, 구조적 수단 등을 통째로 비영리로 들여오는 것은 옳지 않다. 이는 다양한 이사회가 서로에게서 배울 수 없음을 의미하는 것이 아니다. 서로 다른 이사회 사이의 문화적, 사회적 차이를 존중하는 분위기를 바탕으로 학습이 이루어져야 한다는 것이다. 영리회사와 비영리기관 모두에서 흔한 이사회 형태로는 다음의 몇 가지로 볼 수 있다.

구조 #1 비공식 이사회. 많은 중소기관, 특히 최근에 설립된 기관은 비공식 이사회가 경영한다. 영리든 비영리든 이러한 기관에서는 설립자가 사무국을 지배하는 경향이 있다(기관의 초기 성장단계에 설립자는 실제로 경영의 우두머리면서 유일한 종업원일 수도 있다). 그 자연스러운 결과로서, 비공식 이사회는 주로 기관 설립자의 친한 친구와 친척으로 구성된다. 시간이 지나면서 외부인이 이사회에 합류할 수 있지만, 그들은 기관 운영을 주도하는 설립자의 비공식 고문으로 주로 활동한다.

비공식 이사회의 구성원의 자격과 전문지식은 대단히 다양할 수 있다. 어떤 사람은 기관의 일에 깊이 헌신하며 업무에 관해 매우 박식하다. 반면, 어떤 사람은 단지 설립자와의 가족관계나 교우관계 때문에 이사가 되었을 수 있다. 이 경우, 비공식 이사회는 CEO, 사장, 또는 회장이 내리는 결정을 자동으로 인가하는 집단과 마찬가지로 기능하며, 지적 또는 경영 역량 면에서 구체적으로 기여하는 바가 별로 없다.

구조 #2 신탁 이사회. 성공한 기관들이 진화하면서, 비공식 이사회보다 크고 전문적이며 덜 파벌적인 이사회가 필요해진다. 그래서 많은 기관이 신탁 이사회를 구성한다. 신탁 이사회란 이사회의 구성원들이 기관과 신탁관계를 맺기 때문에 붙은 이름이다. 이사들은 경영진의 기금 및 기타 자원의 사용에 대한 책임 있는 감독자로서 봉사하며, 경영진이 심각한 실수를 했을 때 필요하면 개입할 수 있는 권한이 있다.

영리기업에서 신탁 이사회는 소유주(주주)의 이익을 대변한다. 이사회는 경영진을 경영목표, 특히 이익을 위해 이사회가 활용하는 도구로 본다. CEO와 여타 임원은 이사회의 뜻에 따라 직무를 수행하며 필요할 경우 쉽게 교체될 수 있다(심지어 CEO가 회사 설립자일 때에도 이런 일은 발생할 수 있다. 이는 그가 삼켜야 할 쓴 약이다. 이런 경우는 기업의 역사에서 중대한 변곡점에 해당한다).

이사들은 역량, 지식, 경험 및 인맥을 중심으로 선임된다. 여기에는 노련한 업계 리더, 은행가와 여타 금융전문가, 과학계, 기술계, 또는 학계 권위자, 정부와 비영리 부문의 저명인사가 포함된다. 이사회의 운영은 상당히 공식적이며 실제로 엄격한 규칙과 규정을 따른다. 상장사인 경우에는 특히 그렇다. 경영진은 전략 관련 제안을 이사회에서 공식적으로 발표한다. 그 전략은 진지하고 철저한 토론을 통해 승인되거나 부결된다. 이사회 회의가 없는 기간에 이사회와 사무국 구성원들 간의 깊이 있는 대화는 드물며, 두 집단 사이의 관계는 공식적 규칙에 따른다. 그렇기 때문에 둘 사이에는 뒤에 살펴볼 "이사회의 형태" 도표에 나타나 있는 것처럼 '벽'이 있다.

비영리세계에서 신탁 이사회는 대학, 주요 예술기관, 병원같이 크고 발전된 기관에서 흔히 볼 수 있다. 대형 비영리기관의 신탁 이사회는 영리기관에서와 마찬가지로 경영진과 거리를 두는 관계를 유지한다. 비영리기관의 CEO나 사장 및 다른 리더들은 종종 이사회를 상대로 공식 발표회를 한다. 이사회는 경영진이 제안한 전략적인 계획과 기타 프로그램에 대한 판단을 통과시킨다.

신탁 이사회는 '소유주'나 '투자자'를 대표하지 않는다. 비영리기관에는 이들이 존재하지 않기 때문이다. 하지만, 이사회에 비영리기관의 고액기부자가 포함될 수는 있다. 기부자-기관의 관계는 투자자-회사의 관계와 어느 정도 비슷하다(왜냐하면, 투자자와 마찬가지로 기부자도 기관이 필요로 하는 기금을 제공하기 때문이다). 문화, 교육, 예술계의 대형 비영리기관은 주로 기부자로 구성된 이사회가 경영한다. 기부자 이사회의 구성원은 주로 기업, 금융, 또는 여타 분야에서 성공한 부유한 사람들로 구성되는 경우가 많다. 이는 지휘하는 비영리기관의 업무를 제대로 아는지 확인되지 않은 개인이 이사회를 지배한다는 것을 의미한다.

그런 형태의 이사회의 구성원으로 일하던 제프는 당시 이미 50대였는데도 그 집단에서는 다른 이사들과 차이가 많이 나는 최연소 구성원이었다. 그 이사회에는 불합리한 규칙이 있었다. 이는 그 기관의 모금담당 직원, 즉 모금담당 전문가와 이사회 구성원이 대화하는 것이 사실상 금지된다는 것이었는데, 이것은 아마 '교회와 국가'(즉, 기관의 경영기구와 기관의 재정)가 분리될 수 있고 분리되어야 한다는 그릇된 믿음에서 생겨났을 것이다. 이로 인해 잦은 오해가 발생하고, 기관은 재정을 강화할 수 있는 기회를 잃어버렸다(말할 필요도 없이, 제프는 그 같은 규칙을 다른 기관에 권하지 않을 것이다!).

구조 #3 적극적 이사회. 영리기관과 비영리기관 모두에서 볼 수 있는 세 번째 종류의 이사회는 적극적 이사회이다. 우리는 구성원들이 직위에 걸맞은 일을 아무것도 하지 않는 비영리 이사회를 알고 있다. 그들은 주로 사교행사와 다름없는 회의에 1년에 몇 차례 참석해 한 끼나 두 끼 식사를 함께하고, 서로 잡담하다가, 따져 묻거나 실질적인 조언을 하지도 않은 채 사실상 모든 보고나 계획을 관례적으로 승인한다. 그런가 하면, 관여하겠다는 생각을 지나치게 밀어붙이는 이사회도 있다. 이는 이사장이 의지가 지나치게 강하고 강압적이어서, 의지가 약하고 경험이 없거나 능력이 부족한 사무총장의 동의와 상관없이 기관의 일상적 운영에 미주알고주알 개입하는 경우이다.

적극적 이사회는 이러한 양 극단의 역기능을 모두 피한다. 이런 이사회는 지도부에 많은 외부 인력을 소개하여 기관의 리더들이 관련 분야에 관해 깊고 정교한 지식을 갖춘 외부인의 관점에서 기관의 문제를 파악할 수 있게 한다. 또한, 적극적 이사회는 필요한 경우 기관의 발전을 위해 무능한 리더를 교체할 준비가 되어 있고, 그럴 능력도 있다. 영리세계에서 이런 이사회는 회사가 직면한 전략 및 경영 관련 문제에 실천적 접근법을 취하기 위해 필요한 관심과 지식이 있는 주요 투자자로 구성된다. 이들은 형편없이 경영되는 기업의 운영을 개선할 기회를 포착하고, 그렇게 함으로써 주식의 가치를 높일 수 있기 때문에 그 회사의 주식을 샀을 수 있다. 때로는 적극적 이사회와 회사 경영진의 구성원이 겹치기도 한다. 그렇지 않다고 하더라도, 적극적 이사회에는 신탁 이사회의 경우처럼 이사회와 경영진을 분리하는 벽은 기본적으로 존재하지 않는다.

비영리세계에서 적극적 이사회는 경영을 인도하고 지원하는 실천적 역할을 맡고 싶어 하며, 그럴 지식과 역량을 갖춘 사람들로 구성된다. 열정적 고액기부자가 이사인 경우, 자신의 기부에 따른 사회적 이익을 평가하기 위해 노력을 기울인다. 이런 점에서 그들은 사모펀드나 벤처자본 투자자와 상당히 비슷하다. 실제로 그들은 기부를 '투자'라고 표현하며, '투자수익'을 담보하는 방법으로서 측정기준을 요구한다. (이 투자수익은 주식에서 올린 수익 또는 주가상승이 아니라, 구해 낸 생명, 방지한 환경 문제, 건축된 학교, 빈곤으로부터 구출된 가정이라는 형태를 띤다.)

기타 변형사례들. 많은 비영리기관에서 다수의 특화된 자문위원회를 두는 것이 가치 있는 일임을 알게 되었다. 각 자문위원회는 서로 다른 이해관계자로 이루어지며, 각자의 관점에서 기관의 업무를 발전시킨다. 예컨대, 기부자위원회, 비영리사업 분야의 전문가위원회, 비영리기관과 제휴하는 다른 기관들의 대표자로 구성되는 위원회, 비영리기관의 사업으로부터 이득을 보는 집단을 대표하는 위원회, 과학위원회, 전략위원회 등이 있을 수 있다. 영구적 역할을 지닌 상설위원회도 있고, 단기적 문제해결을 위해 만들어졌다가 해체되는 임시위원회도 있다. 이 다양한 위원회들이 계속해서 활기차고 적극적으로 비영리기관 지도부와 생산적 의사소통을 하는 것은 크고 복잡하고 시간 소모가 많은 작업이다. 하지만 그 이득은 엄청날 수 있다. 비영리기관이 출범시킨 다양한 위원회와 그들이 과업을 향상시킨 방식은 이 장의 뒤에서 더 이야기하겠다.

본인이 가장 선호하는 비영리기관을 떠올려 보자. 그 기관에서의 지위는 관리자, 종업원, 이사, 자원봉사자, 기부자, 어떤 것이든 상관없다. 그 기관은 어떤 형태의 이사회를 두고 있는가? (〈표 1〉 이사회의 형태 참조.) 이사회와 경영진 사이의 관계는 어떠한가? 기관의 장·단기적 욕구에 이사회가 얼마나 제대로 기여하는가? 이는 지지하는 명분의 미래에 큰 영향을 미치는 중요한 질문이다.

〈표 1〉 이사회의 형태

	영리	비영리
비공식	가족 소유의 작은 기업에서는 대개 설립자와 관리자가 동일인물이며, 친구와 친척으로 구성된 비공식 이사회로부터 조언을 받는다.	작은 비영리기관에서는 설립자와 관리자가 대개 동일인물이며, 친구와 고문으로 구성된 비공식 이사회로부터 조언을 받는다.
신탁	주로 공개 기업에 많은 이사회 형태이다. 경영진과 이사회 사이에 거리를 두며, 공식적인 분리장벽이 있다. 이사회는 주주를 대표하며 재정적 목표를 달성하는 수단으로 경영진을 이용한다.	대학, 주요 예술단체 같은 많은 대형 비영리기관에 흔하다. 경영진과 이사회 사이에 거리를 두며, 흔히 공식적인 분리장벽이 있다. 이사회는 주요 기부자를 대표하며, 드물게 회의를 소집하고, 경영진에게서 전략과 계획을 자주 보고받는다.
적극적	경영진과 이사회가 자주 비공식적으로 만난다. 이사회는 투자자를 대표하며, 경영진과 구성원이 겹칠 수 있다. 특히 벤처자본과 사모펀드의 지원을 받는 이사회의 전형적인 형태이다.	경영진과 복수의 이사회가 자주 비공식적으로 만난다. 이사회는 기부자, 전문가 조언자, 공동체 파트너, 수혜 집단, 그리고 기타 이해당사자를 대표한다. 사회적 기업과 영향투자에서 전형적으로 나타난다.

이사회 조직하기

이상적인 비영리기관 이사회의 형태와 구조는 여러 측면에서 검토해 볼 수 있다. 그중 한 가지는 규모다. 연구에 따르면, 6~10명으로 구성된 집단이 대부분의 문제를 해결하고 기업의 과업을 달성하는 데 이상적이다. 이보다 작은 집단은 대체로 지식과 역량 및 특성 면에서 충분한 구성이 되지 않는 반면, 규모가 큰 집단은 통제하기가 힘들고 관리하기도 어렵다. 따라서 만약 맨 처음부터 비영리기관 이사회를 꾸린다면, 6~10명을 최상의 규모로 권한다.

하지만 대부분의 비영리기관 이사회의 구성원은 이보다 훨씬 많다. 불가피한 경우도 많고, 바람직할 때도 있다. 기관의 업무가 너무 복잡한 경우, 폭넓은 주제에 전문지식을 갖춘 이사회가 필요하기 때문이다. 논의에 꼭 참여해야 하는 중요한 이해당사자 집단이 있을 수 있다. 재능과 아이디어를 지녔으며 반드시 참여해야 하는 고액기부자가 있을 수도 있다. 기관을 위해 제공할 수 있는 폭넓은 인맥이나 드높은 명망을 지닌 저명인사가 있을 수도 있다. 일단 이러한 고려사항을 감안해 이사를 늘리기 시작하면, 이사가 8~9명에서 10명, 12명, 15명, 심지어 그보다 더 늘어날 수 있다.

이 정도 규모의 이사회로도 성공적으로 운영되는 비영리기관이 있는 것을 보면, 이사회의 규모가 크다고 해서 반드시 절망적인 것은 아니다. 하지만 일단 이사가 15명 이상에 이르면, 이사회 내부에 위원회를 설치함으로써 추가적인 경영체계를 만드는 것이 꼭 필요하다.

이사회 내부 위원회는 구체적인 영역별 활동을 위한 소집단이다. 위원회는 전체 이사회와 별도로 더 자주 소집되며, 자체 조사결과와 권고사항을 이사회에 보고하고 승인을 요청한다. 위원회 구조는 크고 포괄적인 이사회의 장점은 유지하면서, 6~10명의 작은 팀으로 실용성을 도모하는 이상적인 방식이다.

이러한 위원회는 영리세계에서는 보편적이다. 대부분의 영리 이사회는 집행위원회(이사회 전체회의 사이에 발생하거나, 구체적이고 실천적인 행동이 요구되는 긴급한 문제를 처리할 수 있는 몇 사람의 핵심 리더로 구성된 소집단), 재정위원회 또는 감사위원회(숫자를 다루는 특별한 책임이 있다), 그리고 선임위원회(주된 역할은 이사회의 새 구성원을 선발하는 것)를 둔다.

비영리 이사회는 특별한 중요성이 있는 다른 종류의 위원회를 만들기도 한다. 가장 중요한 것은 모금에 초점을 맞추는 모금위원회다. 이사회 구성원 몇몇이 규모가 큰 인적 네트워크의 구성원이라면, 이들은 모금위원회의 훌륭한 후보가 될 수 있다. 왜냐하면 이들은 기관의 명분을 위해 자신의 네트워크를 활용할 수 있기 때문이다. 모금위원회의 임무는 매달 기관의 모금부서장을 만나 잠재적 기부자의 명단을 점검하고 그들을 영입할 전략을 세우는 것, CEO, 모금담당 이사, 또는 다른 직원의 모금 미팅에 동행하는 것, 그리고 나머지 이사들이 모금에 참여하도록 연락책 역할을 맡는 것을 포함한다.

특화된 위원회는 재능 있는 사람을 이사회로 끌어들이는 좋은 방법이 될 수 있다. 예컨대, 기관의 고질적인 직원 충원 문제의 해결을 도와줄 수 있는 인적 자원 전문가가 이사회에 참여하도록 유도하는 가장 좋은 방법은 그 문제를 위한 특별위원회의 위원 또는 위원장 자리를 제시하는 것이다. 또한, 전체 이사회의 구성원은 아니지만 당신이 활용하고 싶은 특별한 전문지식을 지닌 사람을 이사회 위원회의 구성원으로 영입할 수 있다. 위원회 시스템은 사람 수가 많고 관리하기 어려운 중앙위원회를 만들지 않고도 기관의 파트너 네트워크를 확대하는 길이 될 수 있다. 많은 기관에서 전체 이사회가 위원회의 활동을 공식 허가로서 비준하기 위해 기능하며, 실질적인 업무의 대부분을 이사회 위원회가 수행한다.

이사회 위원회 시스템은 원하는 대로 유연하고 창의적이게 운영할 수 있다. 재능과 에너지의 신속한 투입이 요구되는 문제나 기회가 발생하면, 이를 다룰 특별위원회의 구성을 검토한다(단일한 단기 프로젝트, 문제 또는 계획에 집중하는 위원회를 상임위원회와 구분하여 '대책반'이라고 부를 수도 있을 것이다). 이 같은 임시위원회 또는 대책반이 단기 과제를 위해 구성되어 활동하고, 그 과제를 효과적으로 해결한 후 6개월 이내에 해산한다. 그 과정에서 전체 이사회가 1년 내내 한 것보다 더 많은 일을 해낼 수 있다.

위원회는 다른 통상적인 이사회 문제의 해결에도 도움을 준다. 제니퍼의 한 학생은 전체 논의의 초점을 끊임없이 자신의 특별한 관심사로 몰아가며 역기능적으로 행동하는 이사 한 사람의 에너지를 다른 곳으로 돌리기 위해 임시위원회를 창설했다. 그 위원회는 '역기능 이사님'의 관심사를 위해 특화된 프로젝트를 출범시키도록 설계되었다. 위원장으로서 그는 친구 몇 명을 위원으로 위촉했다. 그들은 1년 동안 불규칙적으로 만났고, 그 프로젝트를 위한 전략을 입안했으며, 필요한 기금 100만 달러를 모금했고, 평화적으로 해산했다. 제니퍼의 학생은 말한다. "특별하게 창설된 그 위원회는 '역기능 이사님'을 잘 활용하는 한편, 원자력 발전소의 격납용기처럼 그의 에너지를 통제했습니다."

또 다른 방법은 다수의 이사회를 창설하는 것이다. 예컨대, 어떤 비영리기관에는 주제별 전문가들로 구성된 이사회(흔히 자문위원회라고 불린다)와 기관의 전반적인 경영을 책임지는 또 다른 이사회(본래 이사회)가 있다. 범위가 전국적이거나 세계적인 많은 기관들은 지역마다 활동을 감독하고, 조언하고, 활성화하는 임무를 담당한 지역 이사회 또는 현지 이사회를 설립한다. 이는 분기마다 멀리 떨어진 도시에서 열리는 전국 이사회에 참석할 시간이나 능력이 없는 사람들뿐만 아니라, 그들의 지역에서 발생하는 일에만 관심이 있는 사람들을 참여시키는 이상적인 방법이다. 다른 기관에는 20대와 30대를 영입하여 그들과 의사소통하며, 기관이 그들의 관심사를 다루도록 돕는 젊은 파트너들로 구성된 '청년 이사회'가 있다(이는 나이 많은 지지자들이 구성하는 일반적인 이사회와는 다르다). 현지 이사회와 청년 이사회는 결국 중앙 이사회로 올라갈 재능 있는 사람들을 위한 교육장이 될 수 있다.

때로 기관은 어떤 전통적인 범주에도 해당하지 않는 이사회를 필요로 한다. '블루스쿨'의 맷 골드만은 어린이 개발 및 교육의 전문가 다수와 다른 관련 분야의 리더들이 소속된 그 기관의 자문위원회를 자랑스럽게 소개한다. 교육 전문가 켄 로빈슨은 뉴욕에 갈 때마다 '블루스쿨' 교직원들에게 직무훈련 프로그램을 시행한다. 《전뇌형 어린이》(*The Whole-Brain Child*)의 저자 댄 시겔은 '블루스쿨' 공동체에 나흘간의 마음·시력 훈련 프로그램을 제공했다. 《장난기 많은 육아》(*Playful Parenting*)의 저자 래리 코헨은 '블루스쿨' 가족들을 찾아다니며 특별히 완충재를 덧댄 방 안에서 요란하고 멋진 놀이시간을 이끌고, 엄마 아빠들에게 자녀들과 상호작용하는 새로운 방식을 가르친다. 또 다른 자문위원이자 '블루스쿨' 건물의 개축을 담당한 저명한 건축가 데이비드 록웰은 '블루스쿨'을 연구대상으로 삼아 아이들이 놀고 공부하는 공간이 어떻게 학습하는 방식에 영향을 미치는가를 조사하는 3년짜리 연구에 착수했다.

교육 비영리기관 '블루엔진'(Blue Engine, '블루스쿨'과는 무관하다)에는 (2013년 초 현재) 6명의 이사로 구성된 전형적인 이사회가 있다. 하지만 설립자 닉 에르만은 상당히 많은 사람들이 이사회에 합류하고 싶어 한다는 것을 알았다. 그들을 수용하기 위해서 그는 '엔지니어 이사회'라고 부르는, 기관명을 따서 멋지게 작명한 이사회를 구성했다. 에르만은 이렇게 설명한다.

엔지니어 이사회는 전통적 이사회와 자문위원회 사이의 간극을 메웁니다. 엔지니어 이사회의 구성원은 40명인데요. 이들은 모두 20대 중반에서 30대 중반의 젊은이들로서, 우리와 함께 일하고자 하며, 우리의 문제와 해결방안에 대한 지식을 원하는 사람들입니다. 그들은 또한 영감을 주는 또래들과 어울릴 수 있기를 바랍니다. 엔지니어 이사회에 봉사하는 것이 바로 그렇게 할 기회가 되지요.

엔지니어 이사회에 합류하기 위해서는 1년에 최소 1천 달러의 기부를 약속해야 합니다. 그 보답으로 이사회의 젊은이들은 우리 기관에 참여할 방법을 스스로 기획할 수 있는 권한을 얻게 되지요. 우리는 사람들의 특별한 역량을 활용한 특별대책반(task force)을 만들어 운영합니다. 그리고 엔지니어들이 학교를 방문하고, 위험성이 큰 학생들과 근무하는 교사들과 이야기하고, 독특한 모금활동을 조직하고 주최할 기회를 만들기도 합니다. 엔지니어 이사회는 아이디어와 파트너 참여를 조직하고, 서로에게 이득이 되는 방법을 우리에게 알려 줍니다. 이는 일방통행이 아니라 파트너관계입니다.

이 사례에서 볼 수 있듯, 설립하는 이사회의 수와 종류는 상상력, 기관의 요구, 리더가 이사들과 함께 일해야 하는 횟수에 따라서 결정된다. 특화된 이사회는 기관의 파트너 팀을 확대하고, 다양한 사람들로부터 새로운 에너지와 아이디어를 얻게 하며, 미래의 언젠가 중앙이사회에서 가능한 역할을 맡기기 위해 새로운 인재를 대상으로 '오디션을 실시하는' 좋은 방법이 될 수 있다.

이사회에 적절한 사람 앉히기

이사회와 관련해 비영리기관 관리자가 직면하는 주요한 문제 하나는 탁월하고 헌신적이며 열정적인 사람을 이사회로 영입하고, 그 반대의 구성원을 축출하는 것이다. 최악은 '목소리만 크고 실속이 없는' 사람들이다. 이들은 일은 최소한으로 하고, 말은 최대한으로 하며, 자신이 방안에서 가장 똑똑하다고 생각하는 것처럼 보이는 사람들이다. 이런 사람들은 반드시 솎아 내야 한다. 그것도 빨리!

안타깝게도 말은 쉬워도 실행하기는 어렵다. 비영리기관에 최근 합류했거나, 선발이나 교육에 직접 관여하지 않은 이사회를 물려받은 운영자라면 특히 그렇다. 기관에 이사직이 영구히 유지된다는 전통이 있으면, 생산성이 낮은 구성원을 '해고'하기가(또는 사임을 유도하기가) 더 어려울 수 있다. 그 문제는 갈등을 싫어하는 비영리기관 사람들에게는 특히나 어렵게 보인다.

이 문제를 완화하는 한 가지 방법은 이사직의 정기적 순환정책을 시행하는 것이다. 구체적인 임기(3년이 현실적)를 정하고, 연임 횟수를 제한하며, 이사들 가운데 예측 가능한 일부가 해마다 은퇴하도록 임용에 시차를 두자. 이는 팀을 새롭게 하면서 자기의 의무를 다하지 않은 구성원을 조용히 떠나보낼 수 있는 기회가 된다.

하지만 때로는 이사회의 전면적 혁신의 일환으로 사임을 강요하는 일도 불가피하다. 제 기능을 하지 못하고 오히려 기관의 일을 방해하는 이사회에는 대대적인 정비가 필요할 수 있는데, 이때에는 최소한 이사직 세 자리를 새로운 사람으로 바꾸어야 한다. (한 자리를 바꾸는 것만으로는 바라는 효과를 얻지 못할 가능성이 있다. 그러나 이사회의 재기를 위해 필요한 새로운 태도와 행동의 모델로서 교육받은 세 명의 신입 구성원들은 함께 일하면서 전반적인 문화의 변화를 일으킬 수 있다.)

어떤 기관이 이러한 필요성에 직면할 때, 기관의 CEO 또는 대표가 사임을 얻어 내는 부담을 떠안아서는 안 된다. 이는 이사장이 할 일이다. 이는 최대한의 존중과 존엄 속에서 은밀하게 다루어져야 한다. 또한 시정을 요구하거나 실패를 질책하는 것이 아니라 긍정적 변화의 모색을 강조하는 언어를 사용해야 한다. 예컨대, "우리는 당신에게 이사회의 의무를 마무리하실 것을 요청하고자 합니다. 우리 기관이 새로운 역량을 갖춘 이사회를 재구성할 필요가 생겼기 때문입니다"라고 말할 수 있다. 이렇게 재치 있게 처리하면, 떠난 이사와 기관의 친구이자 파트너로서의 관계를 유지하는 것도 가능하다.

물론 이 문제의 이면에는 떠난 사람을 대신할 좋은 이사를 뽑는 문제가 있다. 많은 비영리기관 설립자, CEO, 여타 리더들은 이 일을 두렵게 생각한다. 제니퍼의 학생 한 사람은 이사 영입의 어려움을 탄식하면서 이렇게 말했다. "제가 아는 자선가 대부분은 이미 다른 비영리 명분에 참여하고 있어요. 우리 명분을 포용해 줄 사람을 어떻게 찾을 수 있을까요?"

그 일은 어려울 수 있다. 하지만 필요 이상으로 어렵게 생각할 문제도 아니다. 고액기부자 명단에서 시작하면 된다. 이사회의 핵심 목적 하나는 중요한 파트너가 지도부의 일원이 되도록 하는 것이다. 중요한 재정지원을 제공하는 많은 사람들(모두는 아니라고 하더라도)에게는 확실히 기관에 도움이 되는 풍부한 네트워크, 경험과 지식, 통찰력, 아이디어가 있다.

이사 후보 명단을 짤 때, 사람을 섣불리 넘겨짚지 말아야 한다. 인터넷에서 어떤 사람을 후보자로 찾아냈는데, 그 사람이 다른 명분에 공개적으로 관여한다고 해서 그가 '잡혀 있다'고 성급하게 결론 내리지 말자. 사람들은 여러 가지 이유로 기부를 하거나 이사회에 봉사하겠다고 한다. 그 이유 모두가 깊은 개인적 헌신에 관련된 것은 아니다. 제약 없는 대화는 언제나 시도해 볼 가치가 있다. 전혀 생각지 않았던 사람에게서 기관과 직접 연결되는 열정이 있음을 발견할 수도 있다.

여러 이사회에서 맹활약했던 존 메그루는 이사 영입을 준비하는 사람들에게 그 일을 "집단적으로 시도하세요"라고 조언한다. 기관 내외부의 동맹군과 파트너로부터 도움을 이끌어 내라는 것이다. 기관의 이사장, 위원장, CEO, 아직 이사가 아니면서 인맥이 풍부한 기부자와 파트너에게 올바른 자질, 에너지 수준, 가치관을 지녔으면서 새로운 일을 찾고 있는 사람을 추천해 달라고 청하자. 기업에서 막 은퇴하려는 사람, 보람 있는 외부활동으로 본업을 보완하려는 의욕 넘치는 30대 전문직, 자녀들을 멀리 대학으로 떠나보낸 부모 등 기관에 관여할 만한 인생의 단계에 있는 사람을 찾아보자. 지금은 많은 사람이 새로운 분야로 이동할 준비가 되어 있는 시대다.

이사장을 영입하는 일은 특히 중요하다. 이사장에게는 탁월한 이사의 모든 특징을 넘어서는 자질이 필요하다. 즉, 근면하고, 개방적이며, 지략 있고, 에너지가 넘치며, 헌신적인 것과 같이 이사라면 누구나 갖춰야 할 자질뿐만 아니라, 강력한 리더십과 의사소통 기술이 필요하다. 또한 '성숙한 자의식'이 필수적이다. 이는 삶에 대한 깊은 철학을 지닌 똑똑하고 의지가 강한 이사들과 긍정적인 관계를 유지하기 위해 필요하다. 일이 닥치면 이사장은 이사들을 단결시켜 필수적인 계획이나 힘든 결정을 지지하게 할 능력이 있어야 한다. 그런 결정에 이견이 존재할 때조차 그럴 수 있어야 한다.

이사장은 또한 상당한 시간을 기관에 헌신할 마음의 준비를 해야 한다. 가장 좋은 이사장은 그의 시간 중 15~20%를 기관을 위해 쓴다. (이보다 적으면 부적절하며, 기관의 필수적인 과업을 돌보지 않을 가능성이 있다. 이보다 많으면 직원의 권한을 침해하는 지나치게 세부적인 관리로 이어질 수 있다.) 이사장은 기관의 CEO, 대표, 사무총장과 긴밀하고 신뢰하는 관계를 맺을 수 있어야 한다. 둘 사이에 가끔 논쟁이 벌어져도 괜찮다. 그런 논쟁은 새로운 아이디어가 적절하게 검토되는 건강한 분위기를 반영한다. 그렇지만 이사장과 CEO는 강력한 상호존중을 바탕으로 좋을 때나 나쁠 때나 서로에게 요청할 수 있고, 기관의 가치와 사명을 위한 헌신을 함께하는 파트너들이어야 한다.

일단 훌륭한 이사장을 영입했으면, 그 사람의 재능을 최대한 활용해야 한다. 하지만 임기를 연장하여 이사장을 지치게 하지는 말자. 우리 경험에 따르면, 어떤 사람이든 역할을 수행하는 데 적당한 시간은 2년에서 3년이다. 3년 임기의 끝날 무렵에는 이사장의 창의적인 에너지가 줄어들 수 있으며, 그의 연락처 명단은 아마 대폭 고갈되었을 것이다. 그때가 새로운 사람, 가급적이면 이사장 자리를 위해 미리 선발되었고, 전임 이사장과 긴밀하게 일하면서 1년여의 도제기간을 거친 현직 이사를 조타실에 앉힐 좋은 시점이다.

끝으로, 일단 새 이사장이 취임하면, 명예 이사장의 역량과 기호에 따라 좋은 역할을 찾아 주자. 전임 이사장은 특별한 계획을 책임지거나, 곧 시작할 대형 모금 캠페인의 의장을 맡거나, 세간의 이목을 지나치게 끌지 않는 선에서 기관을 위한 조언자가 되어 연설, 인터뷰, 발표 등을 담당하기를 원할 수 있다.

대부분의 비영리기관은 계속해서 훌륭한 이사를 영입해야만 한다. 다행히 이사회를 올바른 방향으로 운영하면, 긍정적인 나선 효과를 일으킬 수 있다. 우리가 이사회에 봉사할 헌신적인 사람을 더 열심히 찾아 나설수록 이사회는 그만큼 더 적극적으로 기관에 관여할 것이다. 이사회가 점점 더 흥미롭고 도전적이고 창의적인 일을 떠맡는다면, 똑똑하고 재능 있고 열정적인 사람들이 이사회로 더 많이 모여들 것이다. 훌륭한 이사는 자신과 같은 사람들을 영입하고 싶어 한다. 분위기를 올바르게 잡고 공을 굴리기 시작하자. 그러면 좋은 결과가 쌓이기 시작할 것이다.

이사 영입에 관한 마지막 요점 하나. 어떤 기관의 리더는 이사회의 인구통계학적 다양성을 지나치게 걱정한다. 이런 사람들은 여성, 소수자 집단 구성원, 영리 또는 비영리 경험을 갖춘 사람들 등의 '옳은' 비율을 파악하고 맞추기 위해 많은 시간과 에너지를 쏟는다. 다양성은 중요하다. 하지만 이는 맹목적으로 지켜야 하는 것이 아니다. 지적이고 심리적인 다양성이 훨씬 더 중요하다(똑같이 사고하는 구성원으로 채워진 이사회는 같은 아이디어만 내놓는 한 명의 조언자나 다름없다). 게다가 더욱 중요한 것은 과업에 대한 이사들의 열정과 에너지와 함께 일할 의지다.

할 수 있는 한 인종, 민족, 성별 면에서 다양한 이사회를 꾸리자. 하지만 제대로 작동하는 이사회가 더 필수적이다. 그리고 그것이 더 가치 있다.

이사회에서 최고의 가치 끌어내기

이사들에게서 최대의 기여를 끌어내기 위해 어떤 노력을 기울일 것인가? 제니퍼와 제프가 이사로 활동하면서 쌓은 폭넓은 경험과 비영리 기관을 위해 고문으로 일하면서 관찰한 바를 바탕으로 몇 가지 제안을 할 것이다.

첫째, 이사들의 목표를 정하되 개인화하여 분명하게 만든다. 제프는 2년마다 한 번씩 이사장과 이사가 일대일 면담을 할 것을 제안한다. 이는 대부분의 기업관리자가 수행해야 하는 연간 업적평가와 매우 비슷하다. 이사장은 다음과 같은 질문을 해야 한다. "앞으로 2년간 당신은 무엇을 하고자 계획하고 계십니까? 맡고 싶은 프로젝트가 무엇입니까? 참여하고 싶은 프로그램은 무엇입니까? 들어가고 싶은 이사회 위원회가 있습니까? 아니면 새로 만들고 싶은 위원회가 있습니까? 기관에 잠재적 파트너를 얼마나 많이 소개할 수 있습니까? 우리를 위해 어떤 새로운 인맥을 만들 수 있습니까? 우리가 당신의 향후 1년 목표로 어떤 것을 설정하면 좋겠습니까?" 면담이 끝날 즈음에는 구체적인 목표들의 목록에 합의해야 하며, 며칠 이내에 서면으로 확정해야 한다. 그 목록에는 그 이사가 직접 기부하거나, 아는 사람에게서 모금하거나 아니면 둘 다를 통해 마련할 재정적 목표가 포함되어야 한다.

CEO 이하 기관의 내부 임직원들 또한 이사회의 목표설정에 참여할 필요가 있다. 그러나 CEO나 다른 직원이 목표설정 회의에 참석하는 것을 원치 않는 이사회 구성원이 있을 수도 있다. 그런 회의는 이사들끼리 하도록 내버려 두는 것이 제일 좋다고 생각하기 때문이다. 하지만 직원들도 설정된 목표를 알아야 하며, 그 목표가 기관의 전반적인 전략에 도움이 되도록 의견을 제시할 수 있어야 한다. 또한 목표를 이루기 위해 이사들과 함께 노력할 준비가 되어 있어야 한다. 잘 운영되는 여러 비영리기관에서 사용하는 좋은 전략 하나는 특정 직원을 이사회와의 연락책으로 지정해 그가 이사들의 질문에 답하고, 도움이 될수 있는 기초연구 과업을 수행하도록 하는 것이다.

이사들을 위한 목표설정 시스템을 만들 때, 이사회 위원회를 잊어서는 안 된다. 위원회 역시 분명한 목표를 지향하면서, 위원장들이 목표수립 과정(이사장으로부터 지시와 승인을 받으면서)을 운영하고, 목표달성 여부에 책임을 져야 한다.

둘째, 모든 이사를 모금에 관여시킨다. 이는 모든 이사가 기관의 재정적 지원자임을 명확히 하는 일에서 시작된다. 이는 누가 생각해도 확실한 조처로 보이지만, 놀랍게도 이를 제대로 하는 비영리기관은 거의 없다. 비영리기관 임원을 대상으로 실시한 2011년 조사에서, 이 사회가 기관의 모금 노력을 의미 있게 지원했다고 답한 사람은 조사 대상자의 절반에 못 미쳤다.[1]

이러한 수치는 사람을 맥 빠지게 한다. 이는 오늘날 비영리기관 이 사회 대부분 모금 참여 수준이 실망스럽게 낮음을 반영하기 때문이다. 그러나 오히려 이 조사결과를 고무적으로도 볼 수도 있다. 왜냐하면, 이는 자원 동원에 적극적으로 참여하도록 이사회에 활력을 불어넣을 수만 있다면, 엄청난 잠재력이 구현될 수 있음을 암시하기 때문이다.

물론 이사들을 모금에 참여시키는 일은 빈틈없이 잘 판단하여 진행 해야 한다. 만약 이사회가 모금활동에 참여한 적이 없거나, 심지어 이 사들이 개인적으로 기부한 경험조차 없다면, 일부 이사들은 모금에 참여해 달라는 요청에 반발하거나 분노할 수도 있다. 그렇기 때문에 이러한 요청은 점진적으로 이루어져야 하며, 모금활동이 어려운 일부 나이든 이사들에게는 특별한 '할아버지 예외'(grandfather exception)를 적용할 필요도 있을 것이다. 만약 이사들의 재정 형편이 크게 다르다 면, 모든 이사들에게 같은 수준의 기부를 요청하는 것은 적절하지 않 을 것이다. 모든 이사들이 친구와 지인에게서 모금하는 것에 뛰어날 필요 또한 없다. (다른 사람에게 기부금을 '요청'하는 데 능한 사람이 우리

---

[1] 과감히 이끌기: 비영리기관 임원 지도력에 관한 전국 조사,
http://daringtolead.org/wp-content/uploads/Daring-Brief-3-080511.pdf.

기관에 참여하기 위해 내야 하는 기부금의 액수를 낮추는 것을 고려해 보자. 그리고 그런 사람들을 모금위원회에 참여시키자.)

현행 이사회가 이런 역할을 충분히 하지 못하고 있다면, 이를 위한 조치를 취해야 한다. 이사들을 개별적으로 방문하여 이사회의 참여가 필요한 이류를 설명하고 협조를 부탁하자. 이 방문면담은 듣기와 브리핑하기 모두를 포함해야 하는데, 이사장과 더불어 CEO와 핵심 직원 몇 명에게 이 브리핑 역할을 맡기는 것이 좋다. 그래야만 이사들이 리더 집단을 의식하게 되며, 모든 것을 CEO 한 사람의 문제로 환원시키지 않는다. 이는 CEO의 리더 역할을 유지하는 동시에 조직의 리더십을 확장할 수 있다.

이런 논의에서는 미래를 위한 비전과 사례를 만들기 위해 경영진이 취한 전략적 접근법과 일의 진척된 정도를 알려 주는 것이 필요하다. 이사 개인의 기여에 대한 기대와 이사회 집단의 기여에 대한 기대 모두를 끌어올리는 것이 중요하다. 이사회의 임무가 단순히 직원이 세운 멋진 계획을 감탄하며 승인하는 것이 아니라, 주인의식을 갖고 자신의 에너지와 헌신으로 그 계획을 지원하는 것임을 명확히 인지하게 해야 한다. 명심하자. 각 이사와 기관의 개인적 관계의 깊이가 모금의 수준을 결정할 것이며, 성공적인 모금의 핵심이 될 것이다.

다시, 이사회에 활기 불어넣기: 그 방법에 관한 두 개의 이야기

'버클리음대' 학장으로서 로저 브라운의 가장 중요하고도 어려운 목표는 방대한 신탁 이사회(무려 35명이나 된다)에 활력을 불어넣고, 그들이 가진 무수한 자원을 기부할 수 있도록 독려하는 것이었다. 브라운의 첫 번째 행동은 마음을 열고 그들과 대화하기 위한 프로그램을 기획하고 실행하는 것이었다.

우리는 회원관리위원회에게 우리가 만든 간단한 인터뷰 지침을 사용하여 가능한 한 대면하는 방식으로 이사들을 한 사람씩 면담하도록 했습니다. 면담 지침은 이렇습니다. 버클리 이사로서 좋았던 점은 무엇입니까? 무엇이 더 좋아질 수 있을까요? 어느 분야에서 대학이 일을 잘하고 있다고 생각합니까? 어느 분야에서 더 잘할 수 있을까요? 브라운 학장이 어떻게 하면 일을 더 잘할 수 있다고 생각합니까? 당신은 무엇을 하고 싶습니까? 어떻게 버클리대학이 다음 단계로 발전하도록 기여하고, 자신의 참여를 높일 수 있다고 생각합니까?

각 인터뷰를 마치고, 위원들은 3~5쪽의 보고서를 작성했으며, 회원관리위원회 위원장은 모든 결과를 요약하여 백서를 만들었습니다. 여기에는 특별히 다양한 이사들이 제시한 향후활동 제안이 수록되었습니다. 이 백서는 제가 이사회와 대화할 때 활용한 기초자료가 되었습니다.

물론, 이사 35명의 아이디어와 제안을 평가하고 종합하는 것은 결코 쉬운 과제가 아니다. 브라운은 빙그레 웃으며 말했다. "이 일을 진행하면서 끔찍했던 것은 35명에게 의견과 아이디어를 물었는데, 돌아온 반응은 3,500가지였다는 것입니다." 브라운은 이를 다루기 위해 '주짓수(jujitsu)에서 빌려온 기술'이라 부르는 방법을 사용했다. 이사회를 대상으로 한 발언 자리에서 브라운은 이렇게 밝혔다.

이사회 모두의 이야기에서 가장 중요한 것은 우리가 더 집중해야 하며, 특별히 중요한 몇 가지 일에 자원을 배정하고, 그 이외의 것에 현혹되어 우왕좌왕해서는 안 된다는 것입니다. 이는 우리가 여러분이 제시한 멋진 아이디어를 모두 실행할 수는 없으리라는 것을 의미합니다. 우리는 모든 것에 다 집중할 수 없습니다. 따라서 오늘 아침 가능한 한 최상의 전략을 선택하여 실행하고, 그 전략적 경로에서 벗어나는 프로젝트에 마음을 뺏기는 일을 피하도록 노력할 것입니다.

"이사들은 제가 하는 말을 이해했으며 솔직한 저의 자세를 진정으로 알아주었습니다"라고 브라운은 말했다. "사람들이 저에게 바라는 모든 것을 다 할 수는 없다고 인정하고 나니 정말 후련했습니다. 그리고 그 덕분에 사람들이 말하고 싶어 하는 것을 듣는 것에 더 용감해졌다고 생각합니다."

그다음 단계는 각 이사를 상대로 실시한 인터뷰를 주의 깊게 검토하고, 강조된 관심사, 좋아하는 것, 싫어하는 것을 분석하는 일이었다.

이러한 검토는 그 이사와의 목표설정 면담 — 학교의 목표를 설명하고 그 이사의 헌신을 약속하는 개별 면담 — 에 기초가 되었다. 브라운은 "모두 멋진 면담이었습니다"라고 말했다.

한 이사는 처음부터 이렇게 말했습니다. "당신은 우리 모두에게 시간과 에너지를 더 많이 써달라고 요청합니다. 하지만 저는 이미 줄 수 있는 모든 것을 주고 있습니다." 저는 이것이 정말 긍정적인 순간이었다고 생각합니다. 이같이 솔직한 논의를 이끌어 내는 것은 이사회에 활기를 불어넣는 과정에서 중요합니다. 그리고 더 많은 시간과 에너지를 헌신하는 것에 회의적이던 그 같은 사람조차 더 적극적으로 참여하기 시작했습니다. 이는 기대치를 높이는 것이 이룬 마술 같은 일이었습니다. 우리는 "모두가 여기서 우리 일을 한 단계 끌어올릴 것입니다"라고 말하고 있었습니다. 사람들은 이런 말에 반응합니다. 특히 모두가 자신의 생각을 발언한 후에는 특히 그렇습니다.

'버클리음대'에서 이사회를 활성화하는 작업은 지금도 진행 중이다. "저는 우리가 모든 것을 완성했다고 보지는 않습니다"라고 브라운은 말한다. "하지만 이사회의 분위기와 업무 전반이 매우 좋아졌다고 생각합니다. 많은 이사들이 활동했던 이사회 중에 '버클리음대'가 가장 신나고 재미있다고 말합니다. 이러한 이야기가 우리가 옳은 길에 들어섰음을 말해 준다고 생각합니다."

바네사 커쉬는 '뉴프로핏'(New Profit) 사의 설립자 겸 사무총장이다. '뉴프로핏'은 혁신적인 사회적 기업이 교육, 노동력 개발, 공중위생, 빈곤과 관련한 미국의 문제를 해결하는 것을 돕기 위해 기부자들로부터 돈을 모으는 일종의 '벤처 자선기금'이다. '뉴프로핏'의 수혜기관으로는 '티치포아메리카', '킵스쿨즈'(Kipp Schools), '이어업'(Year Up), '피어헬스익스체인지'(Peer Health Exchange) 같은 유명한 기관이 포함된다. 커쉬와 그녀의 팀은 지원기관에 재정적 지원뿐 아니라 연구 및 분석, 경영 관련 조언, 기술적 지원, 필수 인적 네트워크 형성 등의 도움을 제공한다. 또한 유명 컨설팅업체 '모니터'(Monitor)와 제휴하여 사회적 기업가가 수백만 달러의 가치가 있는 전문지식에 접근할 수 있도록 한다(제프 워커는 '뉴프로핏'의 이사이며, 그 업무를 열렬히 지지한다).

1998년 '뉴프로핏'이 출범하였을 때, 그 이사회의 대부분은 기부한 돈의 사용을 계속 모니터링하며, 자신을 비영리 '투자자'로 생각하는 기부자들로 구성되었다. 기관과 이사회의 관계는 커쉬를 중심에 두는 중앙집중형 시스템을 따랐다. 기관이 작고 단순할 때에는 이 시스템을 충분히 적용할 수 있었다. 하지만 시간이 흐르면서 이 방법은 거추장스럽게 느껴졌다.

2011년에 들어, 커쉬는 이사회를 조직하고 그 구성원들의 통찰력을 활용하는 전문적인 시스템이 필요하다는 것을 명백하게 느끼기 시작했다. 커쉬는 제프의 도움을 받아 이사장 조쉬 켄스타인과 협력하여 전문적 시스템을 구축했다. '버클리음대'의 경우와 비슷한 접근법을 사용하여 이사들로 이루어진 한 팀이 다른 모든 이사들을 면담했고,

피드백과 제안을 요약한 서면 보고서를 작성했으며, 위원회 구조를 만들어 뜻이 있는 이사에게 구체적인 책임을 부여했다. 시스템 구축이라는 목표는 이사들을 고양시켰다. 그들은 '뉴프로핏'과 지원하는 기업가들의 업무에 더 적극적으로 관여했고, 효율적인 업무수행을 위한 발판을 만들었다.

하지만, 커쉬는 극적인 변화를 도입하는 것 자체가 문제를 일으킬 수도 있다는 것을 알게 되었다. 이사회 개선 진행 몇 달 후인 2011년 9월, 커쉬는 이사회에 출석해 기관 운영을 도와줄 새로운 사무총장— 그녀가 20년간 알고 지낸 노련한 비영리기관 관리자 트립 존스— 을 채용할 계획을 발표했다. 그런데 이사회가 그 선택을 바로 승인하지 않는 것을 보고 커쉬는 상당한 충격을 받았다(그 전까지 '뉴프로핏'은 안건을 기계적으로 승인하곤 했다).

"우리는 잠자는 사자를 깨운 것이었습니다"라고 커쉬는 회고한다.

갑자기 그들은 관여하고 싶어 했습니다. 그리고 이는 존스를 채용하는 문제를 포함하여 **모든** 것에 개입하는 것을 의미했습니다. 일부는 그 아이디어에 즉각 찬성했고, 다른 사람들은 더 알아보자고 했습니다. 또 다른 사람들은 헤드헌팅 회사에 맡겨 전국적으로 적임자를 찾아보자고 했습니다. 이는 존스를 후보에서 낙마시키는 것을 의미했지요. 회의는 시끄럽고 혼란스러웠습니다. 이사들이 저와 다른 이사들의 말을 중간에 끊곤 했습니다. 너무 놀라고 화가 나서 저는 어느 시점에 회의장을 빠져나와 울음을 터뜨렸습니다!

그 의견 차이는 곧 해소되었다. 커쉬는 존스를 채용할 수 있었고, 그는 기대했던 대로 '뉴프로핏' 팀의 일원이 되었다. 하지만 그 시끌벅적했던 회의는 이사들과 커쉬와 그녀의 경영팀에 울리는 경종이었다. 그들은 모두 깨달았다. 이사회와의 상호작용을 위한 구조는 자리를 잡고 있었던 반면, 의사소통과 의사결정을 위한 규범적 문화는 아직 만들어지지 않았던 것이다. 이제 그 문화를 만드는 것이 '뉴프로핏'이 안팎으로 집중해야 하는 과제가 되었다.

"우리는 함께 길을 찾고 있었습니다"라고 커쉬는 말한다. 그녀는 최근의 경험 하나를 들려주었다. 신규채용 후보자를 면접하도록 요청받은 이사 한 사람이 "당신은 적당하지 않습니다"라는 말을 던지며 그 후보자를 내쳐 버렸다. 커쉬와 다른 팀원의 견해를 들어 보지 않은 채 자의적으로 일을 처리해 버린 것이다. 며칠 후 커쉬는 전화로 그 이사에게 그가 잘못된 조처를 했다고 이야기했다. 그 이사는 즉각 사과했다. "맙소사, 제가 선을 넘었네요. 앞으로 그런 일은 없을 겁니다."

이사들을 기관 업무에 더 깊이 개입시키고, 이후 확대된 팀이 순조롭고 효과적으로 함께 일하도록 하기까지는 시간과 에너지가 많이 든다. 커쉬는 이제 이사들과 하루 평균 두세 차례 이야기한다. 게다가, '뉴프로핏'의 직원 8~9명이 그들의 직무기술서에 이사들과의 상호작용에 대한 책임을 추가했다. "그렇습니다. 참 만만치 않은 직무지요"라고 커쉬는 말한다.

하지만 이는 매우 가치가 있습니다. 이사회와 끊임없이 대화하기 때문에 우리 직원들이 일을 더 잘할 수 있다고 생각합니다. 결국, 이사들은 우리 기부자들입니다. 그들이 우리 사명의 투자자라는 뜻이지요. '투자자'는 '고객'의 다른 말이지요. 여느 기업에서와 꼭 마찬가지로, 고객의 관점을 이해하고 일상적인 업무에 현명하게 적용하는 것은 누구에게나 가장 중요한 일입니다.

어떻게 하면 이사회를 더 활성화하고 참여시킬 수 있을지를 고민 중인 사람이라면 '뉴프로핏'의 사례를 곱씹어 봐야 한다. 기관에서의 자원의 흐름을 개선하기 위해 이보다 더 좋은 방법은 거의 없다. 하지만 일단 잠자는 거인을 깨우고 나서 발생할 수 있는 문제를 처리할 준비는 확실히 해두어야 한다.

우리 경험에 따르면, 모든 비영리기관의 관리자가 이사회로부터 더 많은 재능과 에너지와 창의성을 얻을 수 있으면 좋겠다고 말한다. 한편, 모든 비영리기관 이사들은 제대로 인정받지 못하고, 충분히 관여하지 못하며, 조직에서 잘 활용되지도 못하는 느낌이라고 말한다. 문제는 양측의 리더들이 이런 생각을 서로에게 알리는 것을 어렵게 생각하고, 함께라면 멋지게 해낼 수 있는 일들을 서로에게서 고립된 채 각각 고민하고 있다는 것이다.

'버클리음대'와 '뉴프로핏' 이야기에서 나온 이사회의 참여과정은 이러한 대화를 시작하고, 생산적으로 이어 갈 수 있는 간단한 수단을 제시한다는 장점이 있다. 특정 이사를 이사회에서 퇴진시키는 간단한 방법을 배울 수도 있을 것이다. 그러나 참여과정에 통해서는 이사장에게 무능한 이사 한 명을 지목하여 해고하라고 요구하지 않으면서도 전체 이사들에 대한 기대치가 높아졌다는 것을 보여 줄 수 있다. 이는 어떤 이사가 "새로운 방향은 이해하지만, 저로서는 그 정도까지 헌신할 능력이 없습니다"라고 말하면서 비난이나 악감정 없이 이사회에서 물러나는 것을 쉽게 한다.

핵심을 이해하는 긍정적인 이사회 만들기

최근, 뉴욕시의 어느 대형 비영리기관에서 사무총장으로 일하는 한 친구가 이사회 때문에 짜증이 난다고 말했다. 그녀는 그들이 더 많이 기부하고 더 열심히 일하도록 할 수 없다며 통탄했다. 그녀가 생각한 해법은 새로운 이사를 찾고, 일하지 않는 이사들을 솎아 내는 것이다. 이는 안타깝게도 흔히 있을 수 있는 문제에 대응하는 더 흔한 방식이다.

우리는 이러한 문제에 다르게 대응할 것이다.

이사회의 구성을 변화시키려 하기에 앞서 이렇게 자문해 보자. 이사회에 정서적으로 동기를 부여하기 위해 우리는 정확히 무엇을 하고 있는가?

우리 경험에 따르면, 대부분의 기관이 이 지점에서 실수를 한다. 즉, 대부분의 기관이 이 필수적인 동기부여 문제에 시간과 에너지를 투자하지 않는다. 그래서 열성적이고 고도로 생산적인 이사회를 만들 수 있는 엄청난 기회를 놓쳐 버린다.

이 문제를 해결하기 위해서 우리는 기본으로 돌아가 시작해야 한다. 무엇이 사회적 행동의 영역에서 인간을 일하게 하는가? 명심하자. 정답은 설득력 있는 생각이나 강력한 주장이 아니다. 대체로 **사람들은 진정으로 영향을 미칠 수 있다는**, 즉 자신의 일이 다른 사람들의 삶과 자신을 둘러싼 세계에 의미 있는 영향을 미칠 수 있다는 근본적이고 정서적인 믿음에서 행동을 시작한다. 정서는 우리를 기계적인 상태에서 깨워, 우리가 왜 여기에 있는지, 무엇이 가능한지, 함께 무엇을 이룰 것인지를 상기시킨다.

이러한 생각을 토대로 하는 효과적인 아이디어가 하나 있다. 다음번 이사회가 열리면, 준비된 의제 논의로 들어가기 전에 회의실을 한 바퀴 돌면서 이사들에게 기관이 근본적으로 세상에 변화를 일으킬 수 있다고 느꼈던 순간을 설명해 달라고 요청하자. (이 기법은 제8장에서 다루었던 제퍼슨 만찬을 참고한 것이다.) 그 기억을 통해 그들은 자기 내면의 가능성과 영감, 그리고 상상력의 근원으로 다가갈 것이다. 그리고 각각의 이야기는 회의실 안의 다른 이야기들과 엮이면서, 사람들을 자극하여 새롭고 강력한 방식으로 함께 행동할 능력을 발견하게 할 것이다.

이사들이 내부에 숨어 있던 개인적 이야기를 재발견하게 함으로써, 그들을 기관에 참여시키고, 동기를 부여하여 행동하게 할 수 있다. 다른 파트너 집단에서도 비슷한 시도가 효력을 발휘할 수 있다. 예컨대, 냉소주의와 탈진이라는 직원들의 고질적인 문제를 떨치고 싶다면, 다음번 회의 때 이 방법을 사용해 보자.

때로 이사회의 분위기와 효율성은 외부환경에 따라 변화한다. 리더의 핵심적인 책임 하나는 긍정적인 정서를 유지하는 것이다. 그렇게 하는 것이 어려울 때조차도 마찬가지다. 모든 기관에는 문제가 있고, 크고 작은 위기의 순간이 있다. 이런 힘든 때가 닥치면, 이사장, 노련한 이사들, CEO 또는 여타 직원들로 구성된 지도부가 차분하고 긍정적이며 현실적이되 단호한 태도로 본보기를 보여야 한다. 설사 이사두세 명이 불평하더라도 방어적인 태도를 보이지 말자. 대신, "우리는 해낼 것입니다"라는 메시지를 보내고, 문제를 팀의 협조를 받아 뛰어넘거나 우회할 '장애물'이나 '도로에 난 구멍' 쯤으로 여기자. 리더가 결의와 자신감으로 도전에 맞설 때, 일은 대개 잘 풀리게 마련이다. 그리고 이사들을 포함한 추종자들은 더 큰 자신감을 얻을 수 있다.

제프와 제니퍼는 리더의 강한 의지가 집단의 분위기와 태도를 형성하는 것을 일선에서 목격했다. 국제개발 관련 기관의 이사들에게 활력을 불어넣고 참여를 고취할 목적으로 마련한 워크숍에서의 일이다. 선임직원 한 사람이 벌떡 일어서더니 세계의 경제와 정치·사회 시스템에 대해 잔뜩 비판적인 어조로 일장연설을 했다. 그 직원이 한 말은 대부분 정확했지만, 이런 전반적인 문제를 해결하기 위해 그 기관이 할 수 있는 일은 거의 없었다. 그래서 그 장광설이 계속되는 동안 방안의 분위기는 갈수록 침울해졌고, 급기야 워크숍의 근본 목적이 위협받을 지경에 이르렀다.

다행이 존 메그루가 그 자리에 있었다. 그 직원의 발표가 끝나자 메그루가 일어서더니 소감을 밝혔다. 그는 이렇게 시작했다. "이것이 바로, 우리가 여기에서 하는 일이 가장 중요한 일인 이유입니다." 그는 이어 그 직원의 부정적인 에너지만큼의 확신과 힘으로 **긍정적인 에너지**를 보여 주었다. 메그루는 '결심의 힘'이라는 것을 이야기했다. 방 안의 분위기는 완전히 바뀌었다. 메그루가 자리에 앉자 그 직원이 다시 일어서더니 앞서 했던 말을 더 긍정적인 견지에서 재구성했다.

워크숍이 다시 시작되었을 때, 그 집단의 에너지와 창의성 수준은 매우 높아져 있었다.

이사회를 다시 만들어야만 할 때

가끔 이사회는 간단한 부분점검이 아니라 대대적 분해정비가 필요하다. 그 과정에는 요령과 감수성은 물론이고 창의성과 전략적 통찰이 있어야 한다.

우리 친구(그리고 제니퍼의 학생) 사라 호울윈스키는 '분쟁지역 민간인을 위한 센터'(Center for Civilians in Conflict)의 사무총장이다. 이 기구는 세계 곳곳에서 무장분쟁에 휩싸인 민간인의 보호를 개선하기 위해 애쓴다. 이 기관은 2003년 마를라 루지카가 설립했다. 용기 있는 인도주의자 루지카는 2005년 이라크 가족들을 돌보던 중 바그다드의 공항로에서 자살폭탄 공격을 받고 비극적으로 사망했다.

2006년 호울윈스키는 당시 'CIVIC'으로 알려졌던 그 기관을 인수했다. 그녀가 물려받은 이사회에서는 기관의 사명부터 정의해야 했다.

"루지카는 '휴먼 라이트 워치'(Human Right Watch)에 있는 친구들을 불러 이사회에 참여시켰습니다"라고 호울윈스키는 설명한다.

그들은 우리의 방침을 적극적으로 옹호했으며 매우 똑똑하고 대단히 박식했습니다. 하지만 제가 기관에 참여한 이후, 우리의 욕구는 진화해 있었습니다. 우리는 이미 정의했던 사명을 확대하고 성장시킬 준비가 되어 있었습니다. 하지만, 기존 이사 8명은 기관 운영의 전문가가 아니었고, 모금에도 관여하지 않았으며, 자원에 특별히 접근할 수 있는 능력도 없었습니다. 그러나 우리 기관의 욕구는 계속 변화하고 있던 터여서 우리는 이사회를 완전히 재설계할 필요가 있었습니다.

물론, 기존 제도를 전면적으로 뜯어고친다는 것은 말처럼 쉬운 일은 아니다. 호울윈스키는 개선 계획을 개발하느라 2년을 보냈다. 새로운 이사회에 영입할 사람 — 기관 운영 및 정책이슈와 관련해 도움을 줄 수 있고, 호울윈스키를 보좌하여 기관의 전략을 수립하며, 자금과 기타 자원에 접근하게 하고, 기관과 기관의 사명을 위한 대변인으로 봉사할 사람들 — 의 명단을 짜는 것은 어렵지 않았다. 하지만 그런 사람을 설득해 이사회로 데려오는 것은 또 다른 문제였다. 호울윈스키는 "생긴 지 얼마 안 된 기관이다 보니, 전문성과 신뢰도가 높은 인물은 아무도 먼저 이사가 되려 하지 않았습니다. 그것도 이해는 됩니다. 무거운 짐을 모두 지고 싶지는 않았던 것입니다"라고 말했다. 호울윈스키는 유력한 후보 몇 사람을 섭외하고자 몇 달을 보냈지만 성과는 없었다.

호울윈스키는 제니퍼와의 대화를 통해 수수께끼를 풀 수 있었다.

제니퍼가 제게 말했습니다. "당신은 필요한 사람의 명단을 이미 모두 확보했어요. 이제 남은 것은 그들에게 다가가 올바른 질문을 하고, 당신을 어떻게 도울 수 있는지 알아내는 것입니다." 그래서 저는 질문했습니다. "우리에겐 어떤 사람이 필요할까? 누가 이 과제를 도와줄 수 있을까?" 그리고 저는 당시 '열린사회재단'(Open Society Foundations)의 대표였던 아리에 나이어를 떠올렸습니다. 그는 저의 멘토이며 우리 기관을 오랫동안 지지한 존경받는 사람이었습니다. 저는 나이어가 이 문제를 푸는 열쇠가 될 수 있음을 깨달았습니다.

나이어는 호울윈스키의 기관이 구축하려던 국제 인권 공동체에서 신뢰를 얻고 있었다. 그는 또한 호울윈스키가 재설계한 이사회를 위해 이상적인 이사가 될 수 있는 사람들이 모두 포함된 네트워크의 중심이었다. 호울윈스키는 고정된 틀에서 벗어나 생각한 후, 특별한 요청을 들고 나이어에게 접근했다. 그녀는 그에게 이사 후보 명단을 제시하고, 이들을 위한 오찬 자리를 마련해 달라고 요청했다.

나이어가 동의했고, 그 전략은 효과를 발휘했다. 나이어의 명성에 이끌려 초대받은 사람 모두가 2012년 1월 오찬에 참석했고, 거기서 그들은 호울윈스키를 만나(일부 경우 처음으로) 위험에 처한 민간인을 위해 일하는 센터의 과업에 대해 들었다. 그들 중 많은 사람이 감명을 받왔고, 이사회 참여를 고려해 달라는 호울윈스키의 요청에 호의적인 반응을 보였다. 그해 초여름에 그녀는 공식적으로 이사회를 개편해 기존 이사회에서 넘어온 2명과 함께 새로운 구성원 9명을 영입하는 작업을 진행할 수 있었다.

그 오찬은 또한 뜻하지 않은 부수적인 이득을 낳았다. 언론인 세바스티안 중거는 호울윈스키가 이사로 영입하려 애쓰던 전문가였다. 그는 《퍼펙트 스톰》(The Perfect Storm)과, 아프간 분쟁을 다룬 《전쟁》(War)의 저자이기도 했다. "저는 그에게 여러 해 동안 지속적으로 요청을 보냈습니다"라고 호울윈스키는 회고한다. "그는 '안 돼, 안 돼, 안 돼요, 저는 할 일이 너무 많습니다'라고 말했습니다. 하지만 이 오찬과 오찬 참석자에 대해 들었을 때, 그는 기관의 정당성과 신뢰성, 그리고 사람들의 관심이 부쩍 커진 것을 느꼈다고 합니다. 우리는 다시 대화를 나누었고, 결국 그는 이사회에 합류했습니다."

호울윈스키는 또한 이전 이사회에서 새로운 이사회로의 전환을 세심하게 진행하고자 노력한다. 옛 이사들의 오랜 세월에 걸친 귀중한 봉사를 인정하기 위해(그리고 앞으로도 그들을 관여시키기 위해) 그녀는 명예 이사회 창설을 준비 중이다. 이 명예 이사회의 구성원들은 더 이상 경영 권한을 갖지 않을 것이다. 하지만 그들은 계속해서 기관에 대한 최신 보고를 받을 것이며, 그들이 내는 아이디어와 의견은 계속해서 존중되고 가치 있게 받아들여질 것이다.

'분쟁지역 민간인을 위한 센터'의 이사회 전환은 이제 거의 마무리단계이다. 하지만 이사회와 관련된 호울윈스키의 일은 아직 끝나지 않앐다. 그녀는 새로운 사람들을 만나고, 그들의 지혜와 에너지 및 인맥으로부터 이득을 얻기 위해 함께 일하고, 그들의 통찰을 최대한 활용할 수 있도록 기관 전체를 변화시키고자 한다. 호울윈스키는 이것이 많은 시간이 걸리고, 때로는 사람을 탈진시키는 일이라고 말한다. 하지만 기대할 수 있는 이익은 엄청나다.

진심으로 위대한 이사회를 구축하자. 잘 만들어진 이사회에서 발생하는 가치는 이를 위한 수고보다 훨씬 더 클 것이다.

생각거리

‚ ‚ ‚

- 이사회 형태에 관한 논의를 되새겨 보자. 어떤 형태의 이사회
  가 기관의 현재 이사회와 가장 비슷한가? 지금의 이사회 구조
  에서 기관의 욕구는 얼마나 충족되는가? 다른 이사회 형태로
  의 전환을 검토하는 것이 필요한가?

- 이사회가 현재 특정한 문제를 집중적으로 다루기 위해 특별위
  원회를 활용하는가? 만약 그렇다면, 기존 위원회가 기관의 욕
  구에 적합한가? 만약 그렇지 않다면, 전체 이사회의 업무를
  보완하기 위해 어떤 위원회를 창설할 수 있을 것인가?

- 현행 이사회가 제공하지 못하지만, 제 2의 이사회를 통해 기대
  할 수 있는 유용한 기능이 있는가? 예컨대, 기관이 자문위원
  회, 전문가위원회, 청년위원회, 지역 또는 현지 위원회, 또는
  다른 특화된 위원회로부터 도움을 받을 여지가 있는가?

- 기관의 이사들이 현재 모금 및 기타 활동의 연간목표를 설정하
  고 그것을 지키고 있는가? 만약 그렇지 않다면, 이사장을 만나
  이사회와 이사들의 생산성 향상을 위한 중요한 수단으로 목표
  설정 시스템을 도입할 수 있는지 논의하자.

- 이사들은 기관에 얼마나 충실히 관여하는가? 회의에 적극적으로 참여하는가? 이사회 회의에서 아이디어를 제시하고, 질문을 던지며, 연락처나 새로운 제안을 내놓는가? 이사들이 충분히 관여하지 않는다면 그들과 대화하여 그 이유를 알아내고, 기관을 위해 그들의 관심과 재능을 활용할 수 있는 계획을 세우자. 그리고 직원 한두 명을 배정하여 정기적으로 이사들과 의사소통하게 하는 것을 검토하자.

"성공은 어떤 모습인가?"

정상에 닿으면 계속 올라가라.
―선(禪) 격언

비영리 영역에서 일하는 것이 결과는 눈에 띄지 않으면서도 고단하고, 영원히 끝날 것 같지 않게 느껴질 때가 있다. 우리가 해결하겠다며 달려드는 문제는 너무 방대하고, 그 복잡한 상태는 무한하며, 이슈도 지나치게 복잡하다. 게다가 빈곤, 질병, 공해, 무지, 편협성, 폭력과 같은 문제는 너무나 만연하고 끈질겨서 정확한 해법 ― 단순히 일회용 반창고 붙이기나 물이 새는 제방을 맨주먹으로 틀어막기를 넘어서는, 도전에 대한 응전 ― 을 상상하는 것조차 어려울 수 있다.

이런 치명적인 문제들을 일생의 사업으로 선택한 우리에게 성공은 어떤 모습인가? 더 심각한 인간의 문제들이 완전히 없어진 세상인가?

그렇지 않다. 대부분이 인정하듯이 그러한 세상은 영영 찾아올 것 같지 않다. 하지만 훨씬 더 현실적인 성공의 비전이 있다. 우리가 매일 도전과 장애물을 맞닥뜨리면서도 계속해서 노력할 수 있게 하는 비전이다.

그 비전, 즉 우리의 성공은 수많은 사람이 지구 반대편 동료들이 직면한 문제를 더 깊이 이해하고, 그 문제에 마음을 쓰고, 나아가 해결에 기여하는 것을 배우는 세상이다.

이는 서로 적대적인 종교의 리더들이 연민과 책임감 공유하며 수많은 아이의 생명을 구하기 위해 힘을 모으고, 말라리아에서 에이즈에 이르는 공동의 적에 맞서는 공동의 노력을 펼칠 가능성을 검토하는 세상이다.

이는 또한 수많은 나라의 정치 리더들이 질시와 논쟁을 제쳐 두고 수많은 국민들이 겪는 인간적 고통을 덜어 주기 위해 공동의 명분을 세울 수 있는 세상이다.

그리고 이는 한 사람이 이 모든 일을 위해 노력하겠다고 결심한 것에서 시작하여 국적과 인종, 종교와 편견, 이기심과 잘못된 가정의 장벽을 뛰어넘어, 비전을 현실로 바꾸기 위해 개방과 관용의 정신으로 함께 일하는 팀을 만들었기 때문에, 바로 그러했기 때문에 모든 일이 가능해지는 세상이다.

이것이 우리가 생각하는 성공의 모습이다. 성공은 크고 힘 있는 기관, 숱한 상장과 트로피, 또는 사회적 문제(기아, 질병, 빈곤)의 개선 실적을 담은 빛나는 성적표가 아니다. 성공은 개방성, 창의성, 에너지가 계속해서 증가하고, 역동적이고 유연하게 흐르는 상태다. 그것은 비영리기관과 이를 이끌고 지원하는 사람들이 끊임없이 진화하고, 변화하고, 성장하여 주변과 세계 곳곳의 사람들에게 희망과 더 나은 삶을 전할 수 있게 한다. 이는 끝이 없는 발견의 여행이다.

　우리의 희망—그리고 깊은 신념—은 이 책을 읽고 그 메시지를 깊이 받아들이는 모든 리더와 팀원과 파트너에게 이러한 성공이 구현되는 것이다. 변화와 성장, 그리고 발견에 초점을 맞추는 끝없는 관계들 … 우리의 공동체들, 나아가 모든 인류의 미래가 창조될 수도 있는 대화들 … 우리와 함께하는 이 관계들 속으로 당신을 초대한다.

우리의 나눔 네트워크 조직도

MDG 보건동맹
www.mdgha.org

163쪽에 언급된 사례

레이 체임버스 '아멜리오재단', 말라리아 및
보건재정을 위한 유엔사무총장 특사
앨런 코트 시니어 '아멜리오재단', 말라리아 및
보건재정을 위한 유엔사무총장 특사 고문
필리스 헤이트 MDG 보건동맹 회장, '필라' 회장
캐시 캘빈 '유엔재단' 이사장
나빈 라오 '필라' 모성보건, 'MDG 보건동맹'
레이스 그린슬레이드 '필라' 아동보건, 'MDG 보건동맹'
수프로틱 바수 'MDG 보건동맹' CEO
블레어 밀러 'MDG 보건동맹' 부사장
존 메그루 'MDG 보건동맹' 공동 CEO, 'APAX' CEO,
'북미 APAX' 파트너스사
앨런 바트킨 'MDG 보건동맹', '필라 어린이' 공동대표,
'국제구호위원회' 전 위원장
애나 레바인 'HIV 없이 태어나는 세대를 위한
재계 지도자 위원회' 위원장

뉴프로핏
newprofit.com

315쪽에 언급된 사례

조시 베켄슈타인 '베인캐피털' 전무,
'뉴프로핏' 회장
바네사 커쉬 '뉴프로핏' 설립자 겸 전무
트립 존스 '뉴프로핏' 전무
아만다 클라크 맥뮬런 '디벨롭먼트' 대표
대럴 해먼드 '카붐!' CEO 겸 공동설립자
쉬루티 세라 '뉴프로핏' 파트너
에릭 그레이텐스 '더미션컨티뉴스' 설립자 겸 CEO
엘리자베스 라일리 밥슨대학 교수
크리스텐 로달 '리프트' CEO
팜 캔터 '턴어라운드포칠드런'
회장 겸 CEO

MIT 미디어랩

269쪽에 언급된 사례

세스 고딘 작가
레이드 호프먼 마이애미대학교
프로스트음대 학장
준 코엔 '테드미디어' 선임 프로듀서
피터 가브리엘 음악가, 인권운동가
조이 이토 'MIT 미디어랩' 이사
수전 슈만 'SY 파트너즈'
CEO 겸 공동설립자
케이스 야마시타 'SY 파트너즈'
공동설립자 겸 회장
미셸 키드 리 '창의적 예술가
에이전시를 위한
재단' 이사

버지니아대학교 명상학 센터

폴 튜도르 존스 '튜도르 투자회사'
회장 겸 CEO,
'로빈후드재단' 설립자
소나 존스 '명상학센터' 공동 설립자
데이빗 저마노 버지니아대학교 교수

12학년 아이들에게 음악을

리처드 포스 '샤우트 팩토리',
'리틀키즈록' CEO
셸리 버그 마이애미대학교
프로스트음대 학장
메이들린 보놋 '퀸시 존스 재단' 전무
데이빗 워시 '리틀키즈록' 설립자 겸 CEO
신시아 앨버트 링크 버클리음대 대외 부총장
퀸시 존스 '퀸시 존스 프로덕션'
로저 브라운 버클리음대 총장
피터 뮬러 PDT 기금, 음악가

영화제작

테리 슈워츠 캘리포니아대학교
로스앤젤레스
캠퍼스(UCLA)
연극·영화·
텔레비전대학
칼리안 맘 〈강이 흐름을 바꾼다〉
영화 제작자

블루스쿨

251, 301쪽에 언급된 사례

맷 골드만 이사회 재무담당
블레이클리 브라니프 개발담당 이사
레니 로렐라이 '블루스쿨' 회장

교량 건설사 협회 (마음 훈련)

주드 브루어 예일 신경과학병원
원장 겸 조교수
스콧 크리엔스 '쥬니퍼 네트웍스' 회장,
'1440' 설립자
디나 반두 '내추럴 요가'
스콧 벡 탱고그룹
짐 지만로 〈마인드풀니스〉 잡지
팀 라이언 하원의원
오스틴 허스트 '체스넛홀딩스'
찰리 하트웰 하버드 경영대학원
개리 웨버 '생각을 넘어선 행복'

버지니아대학교

제럴드 L. 발릴레스 주지사
버지니아대학교 '밀러공보센터' 국장
엘리슨 트라웁 버지니아대학교 개발 및 공보
고든 레이니 '힌튼 앤 윌리엄스' 전 목사
칼 자이슬 버지니아대학교 매킨타이어대학 학장
밥 스위니 버지니아대학교
헨리 스켈시 '다든재단' 이사장
테리 설리반 버지니아대학교 총장
빌 프라이어 '아이어트리캐피털',
버지니아대학교 '로스쿨재단'
존 나우 '버드 텍사스' CEO
에릭 그레이텐스 '더미션컨티뉴스' 설립자 겸 CEO
해리 하딩 버지니아대학교 '프랭크 배튼'
리더십·공공정책대학 학장
존 그리핀 '블루리지캐피털' 사장,
'매킨타이어재단' 이사장
밥 피안타 버지니아대학교 '사범대학' 학장
릴리 바울스 버지니아대학교 동문

하버드

데이빗 저겐	하버드 케네디스쿨 공공리더십센터
니틴 노리아	하버드 경영대학원 원장
짐 빌더	하버드 케네디스쿨 공공정책 외래강사, '하우저센터' 선임연구위원
캐시 코일	하버드 케네디스쿨
나탈리 킬랜더	'하우저센터' 외래강사
아비바 아르골	'하우저센터' 전무
엘렌 레바인	'하우저센터' NGO 지도자포럼 및 기하급수적 모금과정 조정자
크리스 레츠	자선의 실천 및 비영리 지도자정신 담당 '하우저센터' 선임강사
마셜 간츠	하버드 케네디스쿨, '하우저센터' 강사
짐 호넌	하버드 교육대학원 선임강사, 하버드 케네디스쿨 외래교수

링컨센터 영화협회

댄 스턴	'레즈보아캐피털그룹' 사장
로즈 쿠오	'링컨센터 영화협회' 전무
앤 테넨바움	'울프봄 프로덕션'
베넷 굿먼	'GSO 캐피털파트너스' CEO

드레이퍼 리처즈 카플란

앤 마리 부르고인	이사
크리스티 친	포트폴리오 담당 이사
제니 슈타인	전무

마인드 풀 명상

62쪽에 언급된 사례

애덤 엥글	'마음생활연구소' 전 소장
골디 혼	'마인드업'
조우 로이즈	'날란다 연구소'
샤론 살즈버그	통찰명상
비비안 쿠르츠	'카루나 세첸'
조너단 로즈	'조너단로즈 컴퍼니'
디팩 초프라	
다이애나 로즈	'개리슨 연구소'
팀 라이언	하원의원
매티에우 리카드	'카루나 세첸' 대표

몬티첼로

댄 조던	'몬티첼로' 은퇴한 대표
앨리스 핸디	'인베스처' 대표
레슬리 G. 바우먼	'몬티첼로' 대표
리즈 블레인	'몬티첼로' '토마스 제퍼슨 재단' 고액기부 담당

IDEO.ORG

조이실른 와이어트	'IDEO.ORG' 전무
패트리스 마틴	'IDEO.ORG'
팀 브라운	'IDEO.ORG' 대표

모건 도서관

리처드 멘셀	'골드만삭스 그룹'
빌 그리스월드	모건 도서관 및 미술관 관장

자선 활동 협력자들

노아 마이어	'만 명의 여성, 골드만삭스'	댄 팔로타	'인도주의를 위한 광고와 자선옹호위원회' 설립자
멜라니 슈놀-베군	'모건스탠리 프라이빗웰스' 전무	데이빗 본슈타인	'솔루션저널리즘 네트워크' 공동설립자
스콧 해리슨	'채리티워터' CEO		
폴린 브라운	'노스아메리카' 회장	에드마 하인스	'텍스트 100' CEO
존 클루게	'평화·번영노력' 공동대표	데이빗 살츠만	'로빈후드재단' 전무
톰 티어니	'브리지스팬그룹' 회장 겸 공동설립자	로버트 셔만	'노보재단' 전 파트너
		군터 웰	'밸류즈 멘토' 설립자 겸 CEO
크리스 스톤	'오픈소사이어티재단' 이사장	맥 갈링하우스	'링크드인포굿' 대표
크리스 앤더슨	'TED' 큐레이터	크리스 매코넬	'매코넬그룹'
안드레아 커즈너	'LALELA 프로젝트' 설립자	다리아 무어	
테리 토록	'라이브프롬어스' CEO, 'LALELA 프로젝트' 이사	트레이시 더닝	사회적 기업가 겸 고문
		앤 오니쉬	'예방의약품연구소' 부소장
카티아 앤더슨	'EPALS' CEO	딘 오니쉬	'예방의약품연구소' 소장
매기 도인	'블링크나우' 전무	피터 레일링	'아스펜연구소' 리더십·세미나 프로그램 수석 부소장
데이빗 퍼거슨	'퍼렐라 와인버거' 파트너		
수 레먼	경영컨설턴트	크리스 웨어링	'테네오 컨설팅' 대표
에이미 헤르스코비츠	'퍼싱스퀘어재단' 전무		
빌 메이어	'아스펜연구소' 명예회장, '파크애비뉴에쿼티' 파트너		

| 추천자료 |

도서

Csikszentmihalyi, M. *Flow: The Psychology of Optimal Experience*. New York: Harper Collins, 2008.

Ganz, M. *Why David Sometimes Wins: Leadership, Organization, and Strategy in the California Farm Worker Movement*. New York: Oxford University Press, 2010.

Hyde, L. *The Gift: Imagination and the Erotic Life of Property*. New York: Vintage Books, 1979.

Needleman, J. *Money and the Meaning of Life*. New York: Doubleday, 1994.

Panas, J. *Asking: A 59-Minute Guide to Everything Board Members, Volunteers, and Staff Must Know to Secure the Gift*, Revised Edition. Medfield, MA: Emerson&Church, 2013.

Salamon, J. *Rambam's Ladder: A Meditation on Generosity and Why It Is Necessary to Give*. New York: Workman, 2003.

Salzberg, S. *Lovingkindness: The Revolutionary Art of Happiness*. Boston: Shambhala, 2002.

Twist, L. *The Soul of Money: Reclaiming the Wealth of Our Inner Resources*. New York: Norton, 2006.

Tierney, T. J., and Fleishman, J. L. *Give Smart: Philanthropy That Gets Results*. New York: PublicAffairs, 2012.

Vanier, J. *Becoming Human*. Toronto, ON: House of Anansi, 2008.

블로그

Andresen, Katya. Katya's Non-Profit Marketing Blog.
　http://www. nonprofitmarketingblog. com

Bornstein, David. Opinionator (New York Times blog).
　http://opinionator. blogs. nytimes. com/author/david-bornstein/.

Dichter, Sasha. Sasha Dichter's Blog.
　http://sashadichter. wordpress. com

Godin, Seth. Seth's Main Blog.
　http://sethgodin. typepad. com

Kanter, Beth. Beth's Blog: How Nonprofits Can Use Social Media.
　http://www. bethkanter. org/welcome/.

LinkedIn For Good. LinkedIn Blog.
　http://blog. linkedin. com/topic/linkedin-for-good/.

Grant, Adam. Give and Take: A Revolutionary Approach to Success
　(blog). http://www. giveandtake. com/Home/Blog.

Huffington Post. Huffpost Impact (blog).
　http://www. huffingtonpost. com/impact/.

Philanthropy Journal. KInside Philanthropy: A Blog on Philanthropy and
　Nonprofit News and Issues.
　http://philanthropyjournal. blogspot. com

Stanford Social Innovation Review Blog.
　http://www. ssireview. org/blog/.

제니퍼 맥크리어(Jennifer McCrea)는 수많은 비영리기관을 위한 모금가로서 25년을 일했다. 고등교육 분야에서 경력을 쌓기 시작하여, 세인트루이스의 케이스웨스턴리저브대학과 워싱턴대학에서 수십억 달러 모금사업에 참여했다.

제니퍼는 최근에도 모금가, 컨설턴트, 코치, CEO를 위한 조언자로 일했으며, 다양한 기관에서 이사로 활동했다. 그녀가 참여한 기관으로는 '밀레니엄 약속', '애큐먼기금', 'DonorsChoose. org', '그라민아메리카', '티치포아메리카', '위트니스'(Witness), '컬럼비아대학', '코믹릴리프'(Comic Relief), 'X프라이즈재단'(X Prize Foundation), 'VH1세이브더뮤직재단'(VH1 Save the Music Foundation), '로드아일랜드 디자인스쿨', '크리에이티브 커먼즈', '퀸시 존스 재단' 등이 있다.

현재 제니퍼는 하버드대학 '비영리기관을 위한 하우저센터'의 선임연구위원이다. 이 센터에서 그녀는 '혁신적 모금' 과정을 설계하고 주도한다. 또한 그녀는 '아스펜연구소'의 헨리크라운 연구위원으로서, 'MIT 미디어랩', '버클리대학 도시음악' 사업, '블루스쿨'의 조언자이자, '퀸시 존스 뮤직 컨소시엄'의 공동 설립자 겸 이사로도 활약 중이다.

제프리 C. 워커(Jeffrey C. Walker)는 사업에서 성공적인 경력을 쌓은 뒤 자선활동의 세계로 왔다. 제프는 하버드대학에서 MBA를 마치고 케미컬 은행에 입사했으며, 1983년 파트너 한 명과 함께 회사의 허가를 받고 이 은행 최초의 벤처캐피털 사업부를 차렸다. '케미컬 벤처 파트너스'의 연간 수익률은 20%를 넘었으며, 운용자산이 120억 달러 이상으로 불어나는 등 대성공을 거두었다. 미디어, 오락, 소비재, 에너지, 건강관리, 제조의 틈새시장을 공략한 것이 성공의 주요인이었다. 벤처캐피털 사업부는 24년이 넘는 시간 동안 8차례의 합병을 거치며, JP모건 파트너스에서 독립 기업 'CCMP 캐피털'로 발전했다.

사업에 종사하는 내내 제프는 비영리세계의 지도력을 기르기 위해 시간을 할애했다. 1988년 그는 'N파워'(www. npower. org) 라는 비영리기관을 공동으로 설립했으며, '몬티첼로', '버지니아대학교 매킨타이어스쿨', '월튼스쿨 이사회', '빅애플서커스', '밀레니엄 약속', '버클리음대' 등 비영리기관 수십 곳에서 지난 30년 동안 이사로 활동했다.

제프는 2007년 사모펀드 일에서 은퇴하고, 그의 역량을 비영리 및 사회적 기업에 활용하기 시작했다. 그는 2년간 하버드경영대학원의 상주임원으로 일했으며, 하버드행정대학원에서 세미나를 진행하면서 민간기업의 역량을 비영리세계에 적용하는 방법을 가르쳤다. 그는 현재 'MDG 보건동맹', 버지니아대학교 '명상과학센터'와 손잡고 글로벌 보건 분야에서 일하고 있다. 또한 'MIT 미디어랩', '위트니스', '블루스쿨', '티베트 마을' 사업, 'Ideo. org'를 비롯한 수많은 자문위원회에서 활동 중이며, 수많은 사회적 기업가들에게도 조언하고 있다.

칼 웨버(Karl Weber)는 이 책의 세 번째 저자로 논픽션 작가이자 편집자이다. 경제, 정치, 시사를 전문적으로 다루며, 높은 평가를 받은 베스트셀러 저작을 많이 펴냈다.

최근작으로는 2008년 노벨평화상 수상자 무하마드 유누스와 함께 집필하여 〈뉴욕타임스〉 베스트셀러에 오른 《빈곤 없는 세상의 창조》(*Creating a World Without Poverty*, 2008), 속편 《사회적 사업 만들기》(*Building Social Business*, 2010), 지속가능한 사업을 위한 안내서로서 앤드류 W. 사비츠와 함께 쓴 《3배의 최종 결산 결과》(*The Triple Bottom Line*, 2009) 등이 있다. 또한 칼은 영화 〈푸드 주식회사〉(2009), 〈슈퍼맨을 기다리며〉(2010), 〈링컨〉(2013)의 출판본을 편집했다.